GELEBTE DEMOKRATIE

Peter Glotz

Gelebte Demokratie

Essays und Porträts aus drei Jahrzehnten

Herausgegeben von
Annalisa Viviani und Wolfgang R. Langenbucher

unter Mitwirkung von Felicitas Walch

DIETZ

Bibliografische Information der Deutschen Bibliothek

Die Deutsche Bibliothek verzeichnet diese Publikation in der
Deutschen Nationalbibliografie; detaillierte bibliografische Daten
sind im Internet über *http://dnb.ddb.de* abrufbar.

ISBN 3-8012-0370-0

© 2006 Verlag J. H. W. Dietz Nachf. GmbH
Dreizehnmorgenweg 24, 53175 Bonn
Umschlag: Jens Vogelsang, Aachen
Satz: Just in Print, Bonn
Druck und Verarbeitung: braunschweig-druck, braunschweig
Alle Rechte vorbehalten
Printed in Germany 2006

Besuchen Sie uns im Internet: *www.dietz-verlag.de*

INHALT

PORTRÄTS

ANHANG

VORWORT

»Ihre Lieblingsbeschäftigung?« wollte der berühmte »Fragebogen« des *FAZ-Magazins* auch von Peter Glotz wissen. Seine Antwort hat wohl niemand verblüfft: »Schreiben«. Damit hat er in den 6oer Jahren als junger Wissenschaftler begonnen, und auch am Ende seiner Karriere und seines Lebens publizierte er wieder in dieser Berufsrolle Forschungsberichte und kommunikationswissenschaftliche Aufsätze. Dazwischen aber war er in mancherlei unterschiedlichen Rollen und für Jahrzehnte einer der fleißigsten (eine Eigenschaft, auf die er großen Wert legte) politischen Buchautoren, Publizisten, Journalisten, multimedialen Kommunikatoren der Republik – und Parlaments- und Debattenredner sowieso.

Begonnen hat diese intellektuelle Karriere parallel zu seiner politischen; seit 1972 war er MdB und 1975 erschien sein erstes Buch *(Der Weg der Sozialdemokratie)* mit dem er sich als deutscher »homme politique« präsentierte, als »Typus, für den zwischen praktisch-politischem Handeln und dem Nachdenken über Politik kein Gegensatz besteht« (Wolf Lepenies). Es gab auch andere, denen solchen Rollenunionen, solche Doppelexistenzen gelangen, wenigstens phasenweise, aber wohl keinen, der auf dieser Bühne von Politik und Medien so kontinuierlich, multimedial und profiliert spielte. Das wurde zu seinem unverkennbaren Markenzeichen, weil er auch als politischer Funktionär ein Mensch der sorgfältigen Sprache, des gekonnten Formulierens blieb. Dafür waren z. B. seine »Offenen Briefe« in der Tradition eines Émile Zola beeindruckende Dokumente.

Diese »Begabung« fiel gerade den journalistischen Beobachtern schon bald auf – etwa 1978 den Verantwortlichen der WDR-Serie »Kraftproben«. In einer Rezension der *Frankfurter Rundschau* wurde angemerkt, daß es gegenwärtig wenig Berufspolitiker gäbe, die sich für eine abendfüllende (ARD-)Sendung eigneten. Ein intellektuell und menschlich gewinnender Schwung wird dem 39jährigen Politiker attestiert. Dann heißt es: »Glotz hat als früherer Medienexperte der SPD ein ziemlich ungebrochenes Verhältnis zu Presse, Funk und Fernsehen. Ungestört von surrenden Kameras, grellen Lampen und brechend vollen Hörsälen mit einem hohen Lärmpegel und aggressiver Stimmung denkt er schnell und präzise und formuliert stets druckreif. Er wirkt unverkrampft, ehrlich und überzeugend. Er zwingt zum Mitdenken und zur unmittelbaren Auseinandersetzung, denn aus einer liberalen Grundüberzeugung macht der liberale Sozialdemokrat aus Bayern kein Hehl. Er biedert sich nicht den Studenten an, für die ein solcher Politiker-Typ sichtlich verwirrend ist, weil die Drahtzieher- und Marionetten-Theorie nicht mehr paßt. Er biedert sich aber auch nicht wehleidigen und unzufriedenen Hochschullehrern an, sondern sucht die Auseinandersetzung.« (19.12.1978)

Auch dem hellsichtig-kritischen Bonner und Berliner Langzeitbeobachter des Politikbetriebes Gunter Hofmann *(Die Zeit)* fiel dieses »Kommunikationsgenie« bald angenehm auf: »Glotz ist überaus wach, neugierig und sensibel und es macht Spaß, ihm zuzuhören.« (17.10.1980)

Seit 1975 erschienen seine politischen Essays regelmäßig im *Spiegel* und in *der Zeit,* zusammen fast 60 Texte. Daraus resultiert auch die Auswahl unseres Bandes. Manche hatte Peter Glotz selbst schon in frühere Sammelbände aufgenommen (so in ein Taschenbuch mit dem Titel *Die falsche Normalisierung,* 1994), die wir deshalb hier unberücksichtigt gelassen haben. Später arbeitete er intensiv mit der neu gegründeten *Woche* zusammen, für die er in den 90er Jahren eine Serie von Porträts schrieb, von denen wir eine Auswahl präsentieren. Unsere Recherchen galten auch weiteren Blättern wie der *Süddeutschen Zeitung,* der *Frankfurter Rundschau,* der *Welt,* der *Frankfurter Allgemeine,* dem *Rheinischen Merkur* oder dem schweizerischen *Sonntags-Blick;* auch in Zeitschriften wie *Europa-Archiv, Merkur, Kursbuch* oder *Cicero* taucht der Beiträger Peter Glotz auf. Und nicht zuletzt ist da die Monatszeitschrift *Neue Gesellschaft/Frankfurter Hefte,* deren Chefredakteur er ja von 1982 bis zu seinem Tod im August 2005 war. Wir entschieden uns schließlich – auch angesichts der notwendigen Umfangsgrenzen dieses Buches – für eine Auswahl aus den drei Wochenperiodika (mit einer Ausnahme, einem Text aus der *taz*), deren Habitus und Linie den publizistischen Bedürfnissen dieses »homme politique« wohl ideal entgegenkamen. Bei Recherche und Sichtung wurde klar: ein solches Buch kann nichts anderes sein als eine Stichprobe aus einer unbekannten Grundgesamtheit. Diese zu rekonstruieren bleibt die philologische Aufgabe einer hoffentlich findigen Dissertantin. In einer solchen Arbeit wäre dann der Essayist und Porträtist in den Gesamtzusammenhang eines Werkes einzuordnen, zu dem nicht zuletzt Dutzende von Büchern, die Texte des politischen Kommunikators und auch seine wissenschaftlichen Veröffentlichungen gehören.

Wer den Schreiber Peter Glotz im Laufe der Jahrzehnte auch nur unregelmäßig verfolgt hat, wird sich immer wieder die Frage gestellt haben, wie eine solche Produktivität – neben einem Hauptberuf – realisierbar ist. In seinen Büchern, in die seine Tagebuchaufzeichnungen Eingang fanden, gibt er darauf immer wieder eine ebenso einfache wie erstaunliche

Antwort: Er ist ein problemloser Frühaufsteher und vermag »Tag für Tag zwischen sechs und neun« – vor der Aufnahme des institutionellen täglichen Berufsbetriebes – eine gutgehende Schreibwerkstatt zu unterhalten. Wobei Schreibwerkstatt im Grunde der falsche Begriff ist, denn zu diesem Glück des Frühaufstehens kommt, daß Peter Glotz ein begnadeter Diktierer ist, der täglich und wöchentlich gleich mehrere Personen mit dem Schreiben seiner Diktate in Atem zu halten vermochte.

Die hier gesammelten Texte entstanden überwiegend in den 80er und 90er Jahren. Sie sind Teil des Zeitgesprächs der Gesellschaft dieser Epoche. Auch stammen sie aus sehr verschiedenen Phasen seiner (haupt-)beruflichen Karriere. Zur Orientierung haben wir deshalb das Erscheinungsjahr hinzugefügt; die genauen Quellenangaben finden sich am Ende des Buches. Alle Texte sind ungekürzt und unverändert abgedruckt, nur die jeweilige redaktionelle Aufmachung (Kopfzeilen, Zwischenüberschriften u. ä.) haben wir nicht übernommen, wohl aber die Gliederung in Absätze; sie mag nicht typisch für den Buchsatz sein, trägt aber ganz offensichtlich zum Verständnis bei und entspricht sehr gut dem ja sehr rhetorischen Stil dieses Autors.

Spricht man mit den (Chef-)Redakteuren der Blätter, für die Peter Glotz geschrieben hat, so bekommt man fast gleichlautende und immer begeistert formulierte Auskünfte: Er war wichtig, weil er einen guten Namen hatte, druckreife Texte pünktlich und zeilengenau ablieferte, und »aus dem Stand« heraus, wenn man einen Auftrag vergab, sich begeistern ließ und produzieren konnte – und zwar in immer gleichbleibender, hervorragender Qualität. Und außerdem: Er war ein leidenschaftlicher Debattierer, mischte sich mit Lust in viele Diskurse und war dabei stets belesen (auch viele Buchbesprechungen belegen das), kannte die neuesten Moden des Geistes und der Politik und war ebenso prominent wie in viele Zirkel von Gesellschaft und Wirtschaft vernetzt – ein unschätzbarer Wert für die Redaktionen, mit denen er kooperierte. Auch seine gelegentliche Blatt-Kritik und seine Redaktionsberatung waren geschätzt, weil ebenso praxisnah wie visionär. Anders gesagt: auf der Beziehungsebene empfand man Peter Glotz wie einen Kollegen, der, weil professionell arbeitend, gewissermaßen pflegeleicht war. Aber nicht nur das. Als Politiker erschien er geradezu als Unikat: ein Intellektueller, eine bei aller Parteibindung autonome Stimme, fern der klischeehaften Sprache der politischen Klasse, ein wortgewandter Schreiber, der einen selten gewordenen generalistischen Zugang zu vielen Ideen und Problemen hatte. Und im glücklichsten Fall konnte man so sein Blatt mit einer prägenden semantischen Premiere bereichern: »Zweidrittelgesellschaft«, »Beweglichkeit des Tankers«, »Kampagnenfähigkeit«, die »Arbeit der Zuspitzung« oder »Digitaler Kapitalismus«. Wenngleich von den Redaktionen – bis zu seinem Ausscheiden aus der Politik (1996) – die Wertschätzung gerade dem Publizisten galt, waren diese Auftrittsmöglichkeiten auch für den Politiker Peter Glotz von großem Wert. Er war in seinem Selbstverständnis ein Macher, ein am Regieren Interessierter. Daß seine Partei lange Zeit in die Opposition geriet, mußte ihn frustrieren. Mit Schreiben konnte er, so seine Hoffnung, ja Überzeugung, mehr als durch Opponieren beeinflussen. Seine kommunikativen Wirkungen stehen jedenfalls außer Frage. Der Blick in jedes Zeitungsarchiv belegt das.

Gibt es in der Überfülle dessen, was Peter Glotz gesagt, geschrieben, diskutiert und publiziert hat, eine große Linie, einen roten Faden? Die Frage ist vielleicht angesichts eines solchen Werkes unsinnig. Aber eine Konstante fällt doch auf, die sein Auftreten im Berlin der 70er Jahre als Wissenschaftssenator zum Skandal machte: gegen die vollkommen verkrampften Fronten an den Berliner – wie auch anderen – Universitäten, operierte er mit einer Strategie des Dialogs. Trotz manchen Scheiterns ließ er sich davon nicht abbringen und wurde nicht müde, diese Position immer wieder zu verteidigen, argumentativ zu untermauern. Das war der Kommunikationswissenschaftler in Peter Glotz, wie er es in München am damaligen Institut für Zeitungswissenschaft gelernt hatte und an das er später als Honorarprofessor zurückkehrte. Es waren zentrale Erkenntnisse der Sozialwissenschaften, die er umsetzte, anwandte, brillant zuspitzend verständlich machte, um auf diese Weise aufklärerische politische Wirkungen zu erzielen. Mit diesem Praxisbezug war Peter Glotz eine Ausnahmeerscheinung – in der Wissenschaft, in der Politik und als Publizist.

Das war seine größte Sorge um diese Gesellschaft: die notorische Diskussionsverweigerung der politischen und medialen Eliten in Deutschland und Österreich – für ihn einer der größten Mißstände der politischen Kultur in diesen Ländern. Wütend schrieb er an gegen den »Hochmut von Politikern, Publizisten und Intellektuellen, gegen ihr bloß strategisches Kommunikationsverhalten, ihre Publizisten-Ideologie, ihre autoritäre Tantenhaftigkeit«.

Wer die Texte dieses Bandes liest, wird an vergangene Epochen eindrücklich erinnert – und diese unnachahmliche Stimme heute vermissen.

München, im Juni 2006

ESSAYS

DEUTSCHLAND

▍ Am Widerstand scheiden sich die Geister

Die Raketendebatte treibt die Gesellschaft der Bundesrepublik schon seit Jahren auseinander. Eine erhebliche Minderheit der Gesellschaft hat die Stationierung neuer Mittelstreckenraketen mit kurzer Vorwarnzeit für eine existentielle Gefahr. Gegenwärtig sind zwar 83 Prozent unserer Bürger für eine Verankerung der Bundesrepublik im westlichen Bündnis; aber eine knappe Mehrheit (50,3 Prozent) lehnt sich gegen die Politik dieses Bündnisses – die Stationierung neuer Raketen – bedingungslos ab, »egal, was der Osten tut«. 75 Prozent der Menschen wollen, daß die Verhandlungen in Genf weitergehen sollen, wenn es bis zum Herbst zu keiner Einigung gekommen ist. Trotzdem meinen 52 Prozent der Deutschen, daß noch in diesem Jahr neue Raketen aufgestellt werden.

Niemand weiß, wie sich diese Momentaufnahmen von Meinungsbildern unter dem Einfluß der öffentlichen Debatten und der politischen Kämpfe der nächsten Monate verändern werden. Eins aber ist klar: die tiefe Spaltung in unserer Gesellschaft in zwei Lager, die sich keineswegs mit den traditionellen Grenzen zwischen den politischen Heerhaufen decken. Nichts leuchtet in diesen Riß tiefer hinein als die leidenschaftliche theoretische Debatte katholischer Bischöfe über die Hinnehmbarkeit der Abschreckungsdoktrin. Man muß sich klarmachen: Hier wird nicht eine von tausend politischen Streitfragen verhandelt, hier bündelt sich die ganz Ratlosigkeit einer sich selbst fragwürdig gewordenen industriellen Zivilisation an einer technischen Entscheidung.

Nichts wäre schlimmer, als wenn die politischen Führer unseres Staates auf diesen Konflikt mit nonchalantem Rechtspositivismus oder gar mit autoritären Drohgebärden reagieren würden, Die Idee, daß man diesem Staat einen Gefallen täte, wenn man gleichzeitig mit der Stationierung das Demonstrationsstrafrecht verschärfte und ein Vermummungsverbot erließe, ist von lebensgefährlicher Dummheit. Wer Konflikte wie diesen – statt sie politisch zu lösen – der Polizei hinschiebt, mißbraucht die Polizei und riskiert eine schwere Beschädigung der politischen Kultur.

Unser effektiver Innenminister befürchtet einen »heißen Herbst«. Mal abgesehen davon, daß man den auch herbeireden kann: Bei allen Konflikten, die uns bevorstehen mögen, müssen wir im Auge behalten, daß die Legitimation durch Verfahren – also der bloße Verweis auf die

Mehrheitsentscheidung – allein nicht mehr genügt. Was wir brauchen, ist der Prozeß der stets neu erforderlichen Versöhnung von Legalität und Legitimität. In der Staatsform, die wir uns ausgesucht haben, ist Recht ein auf Konsens angelegtes – und angewiesenes – Ordnungsprogramm. Recht, das bei einem Großteil der Bevölkerung keinen Widerhall mehr fände, wäre als Recht nicht durchzusetzen. Deshalb müssen wir es uns zum Prinzip machen, in vernünftigem Argumentieren eine zwanglose Einigung zu versuchen, alles zu unterlassen, was zur Eskalation der Gewalt führen könnte, und alles zu tun, was den Gemeinschaftsfrieden mit politischen Mitteln herstellt.

Die Sozialdemokraten haben diesen Staat mitgeschaffen; sie haben gar nichts dagegen, als »Staatspartei« bezeichnet zu werden, wenn man ihnen nicht abspricht, auch Gesellschaftspartei zu sein; sie sind für Recht und Gesetz. Sie sind aber gleichzeitig gegen die schematische Einsetzung staatlicher Machtmittel, für die überlegte Abwägung unterschiedlicher Rechtsgüter – und für die Maxime des Philosophen Hans Jonas, der gesagt hat, daß es die Voraussetzung der Staatskunst sei, künftige Staatskunst zu ermöglichen.

I.

Die Bundesrepublik ist eine parlamentarische Demokratie; das aber heißt nicht, daß Bürgerprotest und Bürgerinitiativen nur ein halb-legitimer Bestandteil unserer Verfassungswirklichkeit wären. Bürgerinitiativen gehören genauso zur Demokratie wie Parlamente, Parteien und Verbände.

Deswegen keine schnell fertigen Vorwürfe gegen das angeblich »Plebiszitäre« oder gar »die Straße«. So ist es nicht, daß die Bürger zwischen den Wahlen zu »schweigendem Gehorsam« verpflichtet wären. Es dient dem Sozialstaat, wenn unterrepräsentierte Interessen durch Bürgeraktivitäten in den politischen Prozeß eingeführt werden. Das Parlament ist der zentrale Ort zur Austragung von Konflikten, aber nicht der einzige.

Die Friedensbewegung, so schreiben wir Sozialdemokraten in unseren Resolutionen, sei ein schwieriger Bündnispartner, aber eben ein Bündnispartner der SPD. Das heißt: Die Sozialdemokratische Partei – als Partei – hält ein anderes Bindemittel zusammen als die lose Bewegung. Wir orientieren uns nicht auf einen Punkt hin, sondern auf ein zusammengesetzteres Ziel. Aber wer wollte bestreiten, daß die Friedensbewegung die erstarrte Diplomatie der Rüstungskontrolle in Bewegung gebracht hat? Und zwar zu einem Zeitpunkt, als das mehr als nötig war?

14

Wenn das Parlament das zentrale Forum der parlamentarischen Demokratie ist, dann muß über die Nachrüstung auch durch das Parlament entschieden werden; und zwar nicht *en passant,* sondern in einer großen, für alle verständlich werdenden Debatte. Dabei ist nicht die juristische Frage entscheidend, ob man ein Gesetz braucht, oder ob eine Entschließung genügt – was immer für spitzfindige Folgerungen die Staatsrechtler an diese Streitfrage koppeln. Im Kern geht es darum, daß jeder Abgeordnete zu einem Zeitpunkt, wo er alle verfügbaren Informationen hat, nach einer ausführlichen und ernsthaften Abwägung aller Argumente mit seinem Namen für ein Ja oder ein Nein einsteht.

Die Berufung auf eine Entscheidung von 1979 – als man den Verlauf der Genfer Verhandlungen nicht kennen konnte – ist genauso untauglich wie die auf die letzte Wahl, die von der Kontroverse um den »Aufschwung« entschieden wurde. Wenn das Parlament hier die Chance verpassen würde, sich als Forum der Nation zu präsentieren – und damit übrigens auch die Grünen gerade durch die Auseinandersetzung mit ihrem Widerspruch zu integrieren – entmachtete es sich selber.

Der Verfassungsrichter Helmut Simon hat eine konsultative Volksbefragung vorgeschlagen, um die Legitimität der Entscheidung zu untermauern und dadurch einem gewaltsamen Widerstand den Boden zu entziehen. Wenn der Bundestag eine solche Befragung mit Zwei-Drittel-Mehrheit beschlösse, dürften die rechtlichen Bedenken dagegen in sich zusammenfallen.

Die SPD greift diesen Vorschlag aus politischen Gründen nicht auf. Der Grund dafür liegt nicht im grundsätzlichen Bedenken gegen Volksbefragungen, von denen zwar einige Sozialdemokraten bewegt werden, die sich aber aus Programmatik und Geschichte der SPD nicht schließen lassen. Viele Landesverfassungen kennen dieses Instrument; die bayerische Sozialdemokratie hat, aus einer aussichtslosen Minderheitsposition heraus, ihre größten Erfolge mit Volksbegehren erkämpft; die Tradition von Männern wie Hoegner und Zinn ist unvergessen. Aber es wäre falsch, der Verfassungswirklichkeit ein neues Handlungsinstrument *ad hoc* einzufügen, zur Lösung eines – noch so wichtigen – Konflikts. Man muß sich auch die Frage stellen, ob der konsultative Charakter nicht eine Fiktion wäre – könnte das Parlament gegen eine Mehrheit des Volkes entscheiden? Und vor allem: Wer befragt das Volk? Wenn Volksbefragungen nicht das Instrument einer Minderheit sind, das gegen die Mehrheit unter qualifizierten Bedingungen durchgesetzt wird, sondern wenn die Parlamentsmehrheit ihr Volk schlicht so befragt, wie sie es für richtig hält – kann das Instrument dann seinen Sinn erfüllen?

In einer Zeit, in der die technischen Fähigkeiten des Menschen so gewachsen sind, daß er nicht nur sein eigenes Volk, sondern die ganze menschliche Existenz auslöschen kann, kann man fragen, ob die Verfassung, Wie sie die Bonner Gründer-Generation aufgrund der Weimarer Erfahrungen formuliert hat, auch noch für die Zukunft ohne jede Ergänzung geeignet ist. Aber man sollte diese Frage nicht entscheiden, um jetzt in einer konkreten Streitfrage die Konflikte zu entschärfen.

II.

Zum Angelpunkt der Auseinandersetzung wird im Raketenkonflikt für viele Menschen das *Gewissen*. Es ist die alte Diskussion: »Wenn aber das Gesetz so beschaffen ist« – so formulierte Henry David Thoreau vor mehr als 100 Jahren gegen die Sklaverei in Amerika –, »daß es notwendigerweise aus Dir den Arm des Unrechts an einem anderen macht, dann sage ich, brich das Gesetz. Mach Dein Leben zu einem Gegengewicht, um die Maschine aufzuhalten.« In der modernen Fassung formuliert Bundesrichter Heinz Recken: »Wenn man davon ausgehen muß, daß die sogenannte Nachrüstung, die ja dann zu einer Nach-Nachrüstung führt, unsere Existenz unmittelbar bedroht, weil den Sowjets unter Umständen gar nichts anderes übrigbleibt, als sich gegen die amerikanischen Raketen durch einen Präventivschlag abzusichern ..., dann bedeutet das eine akute Lebensgefahr für uns alle, und das gewährt andere Rechte, als wenn es nur darum geht, daß irgendein Gesetz den Bürgern paßt oder einer Minderheit nicht paßt.«

Wir Sozialdemokraten haben für die Gewissensfreiheit immer gekämpft und werden es weiter tun. Wir warnen aber davor, zu schnell aus der Politik ins Gewissen zu retirieren und die Gewissensfreiheit als Grundrecht zu verstehen, das alle anderen Grundrechte aushebelt. Für den einen ist Abtreibung Mord und rechtfertigt den Boykott von Steuern oder Krankenversicherung; für den anderen ist es die *Pershing* oder ein Atomkraftwerk. Der eilfertige Rückzug auf das Gewissen gefährdet die Kulturleistung des staatlichen Gewaltmonopols.

Im übrigen hilft in aktuellen Streitfällen immer noch der Rückgriff auf die Väter. Adolf Arndt: »Wenn Gesetz und Gewissen zueinander in Widerspruch geraten, befreit Artikel 4 Abs. 1 des Grundgesetzes allein von der Verpflichtung, die vom Gewissen unüberwindlich als böse erkannte Handlung eigenhändig zu vollziehen. Die Gewissensfreiheit erspart insoweit einzig das Selber-Tun. Wer auf den Einfall kommt, sein Gewissen verbiete ihm, die Steuern zu bezahlen, muß sich gefallen lassen, daß die Steuern zwangsweise bei ihm eingezogen werden.«

Die Stationierung neuer Raketen in der Bundesrepublik rechtfertigt auch für den, der sich schärfstens ablehnt, nicht die Anwendung von Gewalt. Wer sich »für das Leben« entscheidet, darf nicht das Opfer von Menschenleben in Kauf nehmen. Wer den Frieden will, darf nicht Unfrieden stiften. Und dies nicht aus »strategischen« Gründen – weil Gewaltanwendung »aussichtslos« wäre oder die Gegenkräfte »spalten« würde, sondern aufgrund einer fundamentalen Wertung: Die Sozialdemokraten billigen dem von ihnen mitgestalteten Staat Bundesrepublik Deutschland – anders als dem Staat der Nazis und anderer Diktaturen und Unrechtsstaaten – das Monopol einer als legitim angesehenen Gewaltsamkeit zu. Deswegen akzeptieren sie auch nicht die Unterscheidung von Gewalt gegen Personen und Gewalt gegen Sachen. Unsere Beurteilung lautet: So schwer auch bei uns erstarrte Verhältnisse verändert werden können, nichts rechtfertigt den verhängnisvollen Schritt in den Teufelskreis der Gewalt.

III.

Den Putsch von Kapp und Lüttwitz im März 1920 hat ein Generalstreik der Arbeiter niedergeschlagen, den die SPD unterstützte. Otto Wels forderte damals im Namen des sozialdemokratischen Parteivorstandes: »Streikt! Schneidet dieser reaktionären Clique die Luft ab. Kämpft mit jedem Mittel um die Erhaltung der Republik. Laßt allen Zwist beiseite.«

In einer vergleichbaren Situation würde die SPD nicht anders handeln als damals, Die Stationierung von neuen Raketen rechtfertigt aber den »Kampf mit jedem Mittel« nicht. Es wäre unverantwortlich, über eine noch so wichtige Kontroverse um die Sicherung des äußeren Friedens den inneren Frieden zu zerschlagen.

Im übrigen wird über den Massenstreik in der Bundesrepublik eine Philisterdiskussion geführt. Hätte Oskar Lafontaine Rosa Luxemburg gelesen, er hätte das Wort vom Generalstreik auch in vorsichtiger Form nicht erwähnt. Rosa Luxemburg hat nämlich gesagt: »Den Anlaß und den Moment vorauszubestimmen, an dem die Massenstreiks in Deutschland ausbrechen sollen, liegt außerhalb der Macht der Sozialdemokratie, weil es außerhalb ihrer Macht liegt, geschichtliche Situationen durch Parteitagsbeschlüsse herbeizuführen.« Generalstreiks brechen aus, wenn sich Millionen von Menschen unter ganz bestimmten Bedingungen gegen schreiendes Unrecht gemeinsam erheben. Eine Mehrheit wird es begrüßen, eine Minderheit wird es bedauern, aber unbestreitbar ist: Wegen der Aufstellung neuer Raketen wird eine solche Erhebung in der Bundesrepublik nicht stattfinden.

Ähnlich schrieb Eduard Bernstein: »Große Massen sind aber nur bei tiefgreifender Erregung zur gemeinsamen Arbeitsniederlegung zu bewegen, Aus diesem Grunde verbietet es sich, mit der Idee des politischen Massenstreiks irgendein Spiel oder Sport zu treiben. Leichtfertige Inszenierung von politischen Streiks ist nicht anders zu beurteilen wie ehedem die leichtfertige Inszenierung von Barrikadenputschen, d. h. sie ist als zwecklose Aufopferung von Existenzen zu verwerfen.«

Es gibt Meinungen in der Rechtswissenschaft, nach denen die Stationierung von Nuklearraketen den Artikel 2 Abs. 2 des Grundgesetzes verletze oder der Ersteinsatz von Nuklearwaffen gegen das Kriegsvölkerrecht und das Verbot des Angriffskriegs (Art. 26 GG) verstoße; die Stationierung solcher Waffen sei als »Vorbereitungshandlung« deshalb ebenso verboten. Wer solche Ansichten teilt, muß den Rechtsweg beschreiten. Er kann keineswegs geltend machen, daß er sich gegen illegale Maßnahmen des Staates wehren müsse.

Das Widerstandsrecht aus Artikel 20 Abs. 4 des Grundgesetzes ist ein exzeptionelles Notrecht in einer staatsstreich- oder bürgerkriegsähnlichen Situation, Es schützt den demokratischen und sozialen Bundesstaat, die repräsentative und gewaltenteilende Demokratie und die Rechtsstaatlichkeit; nichts sonst. Als Notrecht kann es nur in extremen Ausnahmesituationen – etwa im Falle eines offenen Verfassungskonflikts zwischen Verfassungsgerichtsbarkeit und Exekutive oder bei einem Putsch – zum Zuge kommen. Wir können uns fragen, ob wir mit dem Widerstandsrecht nicht das schlechthin Unnormierbare normiert haben; aber wir können die großen Streitfragen unserer Zeit nicht unter Berufung auf ein Widerstandsrecht *neben* der Verfassung austragen.

Eine erhebliche Minderheit der Bürger der Bundesrepublik proklamiert nun gegen die Stationierung von *Pershing* und *Cruise Missiles* gewaltfreien Widerstand. Für die Sozialdemokratie als der ältesten politischen Kraft unseres Landes ist der Begriff »Widerstand« untrennbar mit dem Kampf gegen den Staat der Sozialistengesetze, die Nazi-Diktatur oder den Stalinismus verbunden. Wir bestehen auf der begrifflichen Klarheit, daß die Auseinandersetzung mit ungerechten Sozialgesetzen oder falschen außenpolitischen Entscheidungen in der Bundesrepublik etwas anderes ist als beispielsweise der Existenzkampf der demokratischen Opposition gegen Hitler.

Ziviler Ungehorsam, der nach den Vorbildern von Gandhi oder Martin Luther King durch moralischen Druck die Regierenden zu einem Überdenken als fragwürdig angesehener Entscheidungen führen soll, darf nicht moralisch disqualifiziert werden. Er stammt aus einer *individuellen* Gewissensentscheidung; deshalb kann die Partei als *Kollektiv* dazu niemals auffordern. Wer aufgrund einer individuellen Gewissensentscheidung zivilen Ungehorsam leistet und gewaltfrei Gesetze oder gesetzesähnliche Bestimmungen übertritt, muß für die Konsequenzen einstehen. Tut er das, mag man sein Handeln als falsch kritisieren; wenn man ihn dann aber zum Gegner der freiheitlich-demokratischen Grundordnung stilisieren will, wird das den Widerspruch der Sozialdemokraten finden.

IV.

Die SPD als große Volkspartei hat in den gesellschaftlichen Konflikten eine andere Rolle als die Bürgerinitiativen; sie fällt politische Entscheidungen nach dem Mehrheitsprinzip, aber sie betrachtet auch diejenigen, die einer solchen Entscheidung im Einzelfall nicht zustimmen, weiterhin als Genossen. Eine Volkspartei muß aushalten, daß sie bei vielen Demonstrationen sowohl unter den Demonstranten als auch unter den Polizisten, die pflichtgemäß gegen die Demonstration vorgehen, Anhänger hat. Wer nicht begreift, daß eine politische Partei die Gewissen ihrer Mitglieder nicht normieren kann, hat die Demokratie nicht begriffen.

Die Friedensbewegung handelt auf der Grundlage eines Minimalkonsenses; das ist ihre Stärke und ihre Schwäche zugleich. Wenn sie sich eindimensional nur auf die Verhinderung der Stationierung von *Pershing* und *Cruise Missiles* orientiert, läuft sie Gefahr, nach einem Mißerfolg zu zerfallen wie die außerparlamentarische Opposition Ende der 60er oder die Anti-Atombewegung der 50er Jahre.

Die SPD dagegen handelt auf der Grundlage eines in der Praxis (von Wahlkämpfen und Diplomatie) gehärteten außenpolitischen Konzepts von Entspannungspolitik und Sicherheitspartnerschaft. Ihre Aufgabe ist es, den Kampf um eine neue konsensfähige Strategie des westlichen Bündnisses aufzunehmen und auszuhalten.

(1983)

19

❚ Deutsche Gefahren

Werden die Deutschen wieder eine Gefahr für Europa? Auf diese Frage gibt es in Deutschland zwei schnelle, typische Antworten. Die eine ist schmetternd: Nach über 40 Jahren gelungener Demokratie ist schon Zweifel eine Frechheit.

Die andere kommt selbstquälerisch daher. Die ganze deutsche Geschichte, jedenfalls die seit 1866 und der Reichsgründung von 1871, wird als Vorgeschichte des Jahres 1933 mißdeutet, als unausweichlicher Marsch in die faschistische Brutalität. Beide Antworten greifen zu kurz.

Gleichwohl sind die Sorgen der Nachbarn, selbst wenn sie unberechtigt wären, ein Faktum, das selbst wieder Politik in Gang setzt. Und aus unserer machtgeographisch gefährlich-vertrackten Mittellage kommen wir nicht heraus.

Die deutsche Vereinigung ist die zweite im Laufe von 120 Jahren. Was kann Europa aus der ersten für die zweite lernen?

Die Abkoppelung der nationalen Einheits- und Machtideale von den liberalen Freiheitsidealen vollzog sich ja nicht sprunghaft, sondern in einem 40jährigen Prozeß. Der Rechtsnationalismus setzte sich bei den bürgerlichen, bäuerlichen Massen, die zuerst einmal unpolitisch oder regional und dynastisch loyal gewesen waren, nicht von heute auf morgen durch. Der Historiker Thomas Nipperdey hat diese Bewegung eines »langsam sich nach rechts verschiebenden Nationalismus« geschildert.

Was wir heute »Wilhelminismus« nennen, ein modern-cäsaristisches Imperial-Kaisertum, setzte sich erst nach 1890 durch. Erst dann wunden die 700 Bismarcktürme und -säulen auf die Bergrücken des protestantischen Deutschland gestellt. Erst dann begann der große Einfluß der Alldeutschen, der Fichte-Bünde, des Flotten- und Ostmarkenvereins.

Wann, so müßte man zum Beispiel im Interesse der CDU/CSU, der großen liberal-konservativen Union des heutigen Deutschland, fragen, reichte der Liberalismus der National-Liberalen nicht mehr aus, Wähler und soziale Gruppen zu integrieren? Wann gewann die nationale Programmatik die integrative Funktion? Wann spürten das die Schäubles und Stoibers von damals und warfen das Ruder herum? Wann – und wie? – entwickelte sich aus dem »Mitte-Auftrag«, den die Deutschen bekommen zu haben glaubten, die aggressive Verdrängungspolitik zwischen Deutschen und Polen? Das geteilte Land wiedervereinigt, der Nationalstaat halb und halb rehabilitiert, die europäische Idee am Boden, die Amerikaner von der notdürftigen Reparatur ihrer Infrastruktur in Anspruch genommen, die Russen in der großen Krise – da liegt es nahe, daß die Sinnvermittler auf das Nationale zurückkommen.

Nationalismus ist, wie der Tscheche Miroslav Hroch gezeigt hat, in den Entstehungsphasen immer ein Produkt kleinbürgerlicher Intellektueller. Werden sie die in der alten Westrepublik nie ganz durchgesetzten, aufklärerischen Leitideen (Verfassungspatriotismus, zivile Gesellschaft) durch eine nationale Kulturidee ersetzen?

Dieser Versuch ist, natürlich, seit 1989 im Gange. Man kann auch jetzt, wie es Nipperdey bei seiner Analyse des Nationalismus für die Zeit der ersten deutschen Vereinigung gezeigt hat, speziell seit 1890, drei Haupttypen unterscheiden: durchschnittlicher Normal-Patriotismus, Normal-Nationalismus, Radikal-Nationalismus.

Der »Normal-Patriotismus« setzt auf Wir-Gefühle, Zusammengehörigkeitsstrukturen: »Die Nation ist Heimat, man liebt sie, man bangt um sie.« Wenn der Chefredakteur der liberalen *Zeit* eine Patriotismus-Serie beginnt, ist er diesem Denkmuster genauso verpflichtet wie der ostdeutsche Sozialdemokrat Wolfgang Thierse, der davor warnt, das Stadium des Nationalstaates zu »überspringen«, und Helmut Kohl, der ein Zwischenglied zwischen seinem pfälzischen Föderalismus und seiner europäischen Vision sucht, um den rechten Teil seiner Klientel ruhigzustellen.

Der Normal-Patriotismus verwischt Partikular-Geschichten (wie zum Beispiel die bayerische), ist in der Gefahr, in einen gemäßigten (Berliner) Zentralismus zu verfallen, und schwelgt gelegentlich ein wenig zu opulent in Schwarz-Rot-Gold, zum Beispiel bei geschichtspolitischen Projekten (Geschichts-Museen). Gefährlich aber oder auch nur vermeidbar ist eine solche Haltung nicht.

Den »Normal-Nationalismus« des wilhelminischen Reiches muß man heute als »Normalisierungs-Nationalismus« kennzeichnen: Die These unserer Zeitgenossen ist ja, daß Deutschland die »Normalität« des Nationalen verloren habe und zurückgewinnen müsse. In der ersten Vereinigung gehörten zum Normal-Nationalismus nationale Feste, Rituale, Mythen und Symbole, ein gesteigerter Anspruch der Unterwerfung gegenüber Minderheiten (vor allem den Polen) und das Anti-Parteien-Pathos »das Vaterland über die Partei«.

Wir stehen noch nicht im Jahr 1890, die Wiedervereinigung wurde erst vor dreieinhalb Jahren vollzogen. Aber erste Elemente dieser geistigen Strömungen sind erkennbar, so im theatralischen Machtpathos des bedeutendsten deutschen Zeithistorikers, Arnulf Baring, in der vorsichtigen, aber höchst wirksamen Rehabilitierung Carl Schmitts durch den langjährigen Chef des mächtigsten deutschen Feuilletons, Joachim Fest, aber auch in den Ideen jüngerer Leute, so der »Deutschland zuerst«-Rhetorik Brigitte Seebacher-Brandts oder der deutschen Mitte-Ideologie der Truppe um den Feuilletonchef der *Welt*, Rainer Zitelmann.

Der »Radikal-Nationalismus'«, nach der ersten Vereinigung stark ab 1894, abenteuerlich und dominierend ab 1909, ist im Deutschland von heute noch ein dünnes Rinnsal. Massenorganisationen wie den Alldeutschen Verband oder die imperialistischen Vereine, zum Beispiel den Flottenverein, gibt es nicht; ob sich einzelne Vertriebenenverbände zu Kernen solcher Machtgruppen entwickeln, ist offen.

Die Kulturkritiker, die damals das Bildungsbürgertum aufrührten, sind zwar längst wirksam: zum Beispiel Botho Strauß, Hans Jürgen Syberberg, Karl Heinz Bohrer. Aber sie sind weder so verstiegen noch so erfolgreich wie Paul de Lagarde oder Julius Langbehn; eine völkische Bewegung von Rassegläubigen (Houston Stewart Chamberlain) ist nach dem Massenmord Hitlers an den Juden nicht denkbar. Aber es gibt wieder eine intellektuell ernst zu nehmende und vielfältige Rechte, so zum Beispiel einen »tragischen« Nationalkonservativismus (Armin Mohler, Ernst Nolte); einen harten wenn auch nur auf Minderheiten wirkenden Nationalimperialismus (Hans-Dietrich Sander); einen völkischen Nationalismus (zum Beispiel Robert Hepp) und sogar einen grün schillernden Volksnationalismus, zum Beispiel bei dem nach Dänemark ausgewichenen Henning Eichberg oder dem lange Zeit höchst prominenten Friedensforscher (und Grünen-Bundestagsabgeordneten) Alfred Mechtersheimer.

Ob diese Tendenzen – die inzwischen ein erfolgreiches, wenngleich elitäres Publikationssystem aufgebaut haben – eine Episode bleiben oder ob sie einmal zuerst die Zuträger der Macht und später die Mächtigen beeinflussen, ist offen. Es hängt von den Gegenkräften ab, dem liberalen Konservativismus und der Linken.

Angesichts dieser Lage ist es alarmierend, daß die CDU/CSU heute erkennbar in der Situation der National-Liberalen um 1879 ist; der wirtschaftsliberale und christlich-soziale Impuls hält die Wählerschaft der Union nicht mehr zusammen, man muß national zulegen. Es wäre abwegig, den badischen Föderalisten Schäuble oder den bayerischen Föderalisten Stoiber als »Nationalisten« abzukanzeln; sie sind die beamteten Strategen, denen die Aufgabe zufällt, ihre Parteien zusammenzuhalten.

Sie meinen zu spüren, daß das nur noch mit nationalkonservativem Geraune (Schäuble) oder antieuropäischem Populismus (Stoiber) ginge. Ob das Ziel, ihre Partei bei den gewohnten Ergebnissen zu halten, allerdings das Spiel mit dem Feuer rechtfertigt, darf man bezweifeln. Der demokratische Mechanismus erlaubt es nicht, die Stimmungen des eigenen

Volkes links liegen zu lassen, weshalb es von entscheidender Bedeutung ist, welchen Stimmungen man Nahrung gibt. Die Lektion der deutschen Geschichte lautet, daß man ins Verhängnis stolpern kann, wenn man den Zeitpunkt verpaßt, zu dem man diesen Regelkreis sprengen muß, Schäuble und Stoiber stehen am Bruchpunkt.

Und die Linke? Ihr fehlt der Kontrapunkt und Gegenhalt im Kommunismus. Die Konjunktur des Marktradikalismus – freundlicher ausgedrückt: ein neuer Schwung wirtschaftsliberaler Ideen – beunruhigt sie; die Politik der »dritten Wege« ist ohne Resonanz, und manche von ihnen haben sich aus schwer erklärlichen Gründen eine Art Kontaktschuld für den zusammengebrochenen Kommunismus aufreden lassen, wurden nervös und defensiv. Also entsteht gelegentlich der Eindruck peinlichen Schweigens, obwohl die meisten weiter reden.

Die letzten 50 Jahre waren in Deutschland vielleicht keine Epoche großer, wirkungsmächtiger Kunst, vergleichbar dem Abschnitt zwischen 1780 und 1830 oder dem frühen 20. Jahrhundert. Aber was es gab und was ein größeres, natürlich bürgerliches Publikum erreichte, stand eher in der aufklärerischen als der romantischen Tradition, Daran hat sich durch den Epochenbruch von 1989 bisher nichts geändert.

Die wirklich einflußreichen Großintellektuellen (Habermas, Graf, Kluge, auch Enzensberger) waren und sind nationalkritisch, Die Mehrzahl der Texte, die »die Nation« (wer immer das auch sei) kennt, kommen aus einer sozialrealistischen Schule (Brecht, Böll, Grass, Andersch und natürlich auch Walser, den man wegen ein paar normal-patriotischer Essays nicht plötzlich zur Rechten schlagen kann). Es gibt sogar eine Art national-kritischer Antisystemkunst mit einiger untergründiger Resonanz (vor allem Thomas Bernhard, aber auch Rolf Dieter Brinkmann und Hubert Fichte) und ein paar – wenn auch versprengte – Linke in der Populär-Kultur: Johannes Mario Simmel, Hans W. Geißendörfer, Marius Müller-Westernhagen.

Die Lage mag sich ändern: Unter dem Druck der Internationalisierung und Privatisierung des Mediensystems schreitet die Konzentration von Pressekonzernen, Filmhandel und privaten Fernsehstationen voran, und die Mogule (Leo Kirch, Berlusconi, Murdoch) sind natürlich konservativ, Ob sie ihre Programme allerdings der Nationalisierung öffnen oder nicht doch der gewinnträchtigen, grenzüberschreitenden, postnationalen amerikanischen Popularkultur verpflichtet bleiben, muß man abwarten, Hier liegt eine Chance für die Linke, wenn sie sie denn kapiert.

Es wird darauf ankommen, ob die durchaus europäisch orientierte Mehrheit der SPD den Mut faßt, eine Art »liberale Revolution« anzuzetteln, das heißt, ob sie den Kampf im Volk aufnimmt und eine neue europäische Bewegung aufbaut – oder ob sie beim Parlamenteln bleibt, beim verbalen Widerspruch gegen den neuen National-Konservativismus. Eine Resolution ist eine Resolution ist eine Resolution. Eine bilinguale Schule, eine europäische Studentenverbindung, ein funktionierender Ausländerbeirat dagegen sind Biotope, Machtzentren, Handlungskerne, Die deutsche Sozialdemokratie ist heute stark genug, um dafür zu sorgen, daß die Radikalisierung und Dynamisierung des Nationalismus, wie sie nach der ersten Vereinigung stattfand, aufgehalten oder wenigstens kanalisiert wird. Dann muß sie aber dem in Massenparteien weit verbreiteten Harmoniestreben widerstehen und scheinheilige Friedensangebote (wir alle haben das Nationale unterbewertet) in den Wind schlagen.

Mit dem Nationalismus ist es wie mit manchen Drogen: Wer die erste Dosis intus hat, braucht bald eine stärkere. Wer in die Drift gerät, segelt hinab.

Nicht alle Parallelen zwischen der ersten und zweiten Vereinigung sind fragwürdig. Allerdings: Eine gewisse Skepsis gegenüber dem eigenen Charakter ist sympathisch, eine übertriebene Angst vor der Wiederholung der Geschichte neurotisch.

Die Mörder betreten die Bahnhofsgaststätte nicht immer durch die gleiche Tür. Die Nationalisierung Deutschlands, wie sie sich zwischen 1890 und 1914 vollzogen hat, ist diesmal zu verhindern. Umgekehrt gilt allerdings: Es gibt keine Garantie, daß sie verhindert wird – und Deutschland ist der weiche Bauch Europas. Wenn sich hier Koliken entwickeln, windet sich der ganze Kontinent.

(1994)

▌ Endzeit für Flakhelfer

Eine Generationsdebatte ist losgebrochen; gelegentlich auch ein Generationsgeschwafel. Natürlich prägen Geschichtsbrüche die Zeitgenossen, besonders die empfänglichen, noch nicht festgefahrenen, zuallererst also die jungen. Natürlich gibt es Kollektivimpulse, beflügelnde Ereignisketten, Kristallisationspunkte, Generationsstile. Aber doch auch massenhafte Gleichgültigkeit gegenüber jedem Zeitgeist: Millionen Unberührte, über ihr Leben gebeugt. Und Hunderte Verwischungen, Übergänge, Widersprüche.

Rudi Dutschke, Jahrgang 1940, war der Phänotyp der Kulturrevolution von 1968. Aber er war nicht der Phänotyp der um 1940 Geborenen. Als er, rebellisch, integer und anmaßend, die Bundesrepublik mit dunklen Wortkaskaden herausforderte, wurde Wolfgang Schäuble aus Gengenbach, Jahrgang 1942, ganz cool ein geschickter Anwalt.

Peter Gauweiler, gequält von linker Meinungsführerschaft an der Universität der sechziger Jahre, mag als rechte Variante des 68ers durchgehen. Der Verteidigungsminister Volker Rühe, geboren 1942, scheint sich ohne wilde Verzückungen auf den Weg gemacht zu haben, im Hamburg des Bürgermeisters Nevermann, ein Studienrat für Englisch zu werden. Bei Nevermanns gingen sogar die Kinder ganz entgegengesetzte Wege. Anke, verheiratete Fuchs, ging zu Gewerkschaftens, Knut, der nur wenige Jahre jüngere, wurde für ein paar Jahre zur Ikone der APO. Heute gehören beide zum Establishment, Gott mit ihnen.

Der Generationszusammenhang existiert. Als Generalschlüssel – zur Aufschließung aller möglichen Geheimnisse – taugt er allerdings nicht.

Der aktuelle Generationsdisput leidet zusätzlich an einer blindwütigen Konfrontation von 68ern und 89ern, also der dünnblütigen Debatte zwischen gealterten oder gereiften Kulturrevolutionären mit noch ganz unsicheren und höchst verschiedenen jungen Leuten, die im radikalen Bruch des Jahres 1989 groß zu werden versuchten. Ulrich Greiner, langjähriger Feuilletonchef der *Zeit* und nach eigenem Zeugnis ein 68er, hat für seine Generation sogar ein »intellektuelles Deutungsmonopol« behauptet. Davon kann keine Rede sein.

Die Bonner Republik wurde von den Soldaten des Zweiten Weltkriegs (Phänotyp Helmut Schmidt) und den Flakhelfern (von Genscher bis Habermas) viel tiefer geprägt als von allen 68ern zusammen. Das Pathos des Fluchs, man habe (zum Beispiel) »vom Krieg die Schnauze voll«, war weit wirksamer als die Beschwörung von »Entfremdung« und »Manipulation«.

Die Soldaten sind in Pension. Fünf Jahre nach der Revolution von 1989 ist die Endzeit für Flakhelfer weit wichtiger als der Zank zwischen Grüppchen, die man als 68er und 89er bezeichnen könnte.

Autobiographischer Einschub: Ich bin 1939 geboren, also »generationstheoretisch« ein 68er par excellence. Aber Pfeifendeckel; der frühe Tod meines Vaters bescherte mir eine Jugend als Regulierer von Kraftfahrzeug- und Allgemeinen Haftschäden. Diese Erfahrung immunisierte mich vollständig gegen das Theoretisieren und das Moralisieren einiger Jahrgangsgenossen.

1964 wurde ich, ziemlich außer Atem vor Anstrengung, Assistent an einer Universität. Als 1968 siebzig teils unternehmungslustig harmlose, teils ungepflegt fanatische Revolutionsgarden unter Führung der späteren Terroristen Brigitte Mohnhaupt und Rolf Heißler mein Institut »befreiten«, saß ich völlig skrupellos im Keller und telefonierte mit der Staatsmacht, damals personifiziert in Manfred Schreiber, einem Münchner Polizeipräsidenten. Ich gab die richtigen Ratschläge: Als die Polizei um drei Uhr früh die Besetzer wegtrug, gab es keinerlei Gewalt – die Revoluzzer hatten, wie ich wußte, zuviel Wein intus.

Wenige Jahre später verteidigte ich meine ersten politischen Mandate gegen ganze Horden von 68ern, die in meine Partei, die SPD, eingesickert waren. Alles vorbei, Tom Dooley. Die Herausforderer, die Anfang der Sechziger mit Walter Ulbricht schäkerten und alle Banken verstaatlichen wollten, wurden unauffällige Stützen unserer Gesellschaft, ob als Realpolitiker, Renegaten, linke Gourmets oder enttäuschte Pädagogen. Ein paar mußten sogar zu Kreuze kriechen und Parlamentarische Staatssekretäre und Bankpräsidenten werden, tüchtige, pflichtbewußte obendrein. Such is life!

Das prägende Erlebnis meiner frühen Jugend waren die Bombenkeller des Jahres '44, Ich sah, wie sich unsere herrschsüchtige Hausbesitzerin unter einen Waschtrog verzog und laut betete. Ich spürte die Angst der Volkssturmmänner, die aus der Generation meiner toten Großväter stammten. Was für einen Grund sollte es geben, habe ich mich 25 Jahre später gefragt, diesen armen Hunden triumphierend Prozesse zu machen?

Ich bin weit davon entfernt, Egon Bahrs neueste Erkenntnis zu teilen. In einem *Spiegel*-Gespräch erklärte er die Berufung des NS-Rassengesetze-Kommentators Hans Globke in Adenauers Kanzleramt zur weisen Strategie. Weder gehörte Globke ins Kanzleramt noch Filbinger auf den Stuhl eines Ministerpräsidenten. Der hämische Haß gegen Mitläufer der Nazis aber, den die 68er erfanden, war unreif, effekthascherisch und grausam. Der hämische Haß auf die Mitläufer der Kommunisten, der sich heute auf die 68er beruft, ist dasselbe.

Ulrich Greiner, der Erfinder der Generationsdebatte, wollte eigentlich die neoromantische Fraktion der 68er verteidigen. Botho Strauß, Peter Handke, Wim Wenders, die Talkshow-Verächter, die einsamen Wölfe, die Gesprächspartner der Engel. Ein wenig unpräzise hat er zu dieser Gruppe auch die Flakhelfer Hans Magnus Enzensberger und Martin Walser geschlagen.

Warum? Weil er im Widerstand jüngerer Leute gegen seine angebliche Phalanx Aufstand, Abrechnung und Revolte sieht. Die verbohrten linken

Alt-68er, so Greiner, seien uninteressant, längst Geschichte. Seine Phalanx aber – jene, »die der gewandelten Lage intellektuell Rechnung tragen« – ereile der Faschismusverdacht. Die 89er fielen in blankem Ressentiment über Leute her, deren Theorien zwar falsifiziert worden seien, die aber immerhin eine Botschaft gehabt hätten.

Und was, fragt der 68er Greiner, hatten die 89er? »Heraus damit, laßt sehen«, faucht er sie an. Er vermutet, hinter der Fassade gähne die Leere.

Hinter dieser handgreiflichen Gegenüberstellung stehen mindestens zwei trickreiche Verallgemeinerungen.

Erstens ist Greiners Phalanx keine Phalanx. Zweitens sind die 89er (noch) keine intellektuelle Schule. Greiner will als Verteidiger des Angeklagten Botho Strauß den Casus zum Exemplarischen machen. Er konstruiert zwei Parteien: selbstkritische, ins Konservative mutierende Alt-68er und karriereverliebte Zertrümmerer aus der 89er Generation. Keine der beiden Gruppen existiert.

Strauß, Handke und Wenders mögen künstlerisch weitläufig verwandt sein. Ein aggressives Manifest gegen die eigene Zeit, einen »Bocksgesang«, haben weder Handke noch Wenders abgeliefert. Während Strauß sich von leichtfertigen Jungkonservativen als Galionsfigur mißbrauchen läßt, treiben die beiden anderen lakonisch ihr Geschäft: schreiben, filmen. Mag sein, daß sie wegen ihrer präzisen Innerlichkeit und ihres hohen Tons gelegentlich in ein und derselben Kritik vorkommen. Eine Gemeinschaft der Geschmähten und Versprengten bilden sie nicht.

Die Flakhelfer Walser und Enzensberger schließlich passen ganz und gar nicht ins Bild. Natürlich ist es schwachsinnig, das bedeutende gesellschaftskritische Lebenswerk Martin Walsers wegen ein paar dahingeschluchzter Einheitsessays in eine rechte Schublade zu schieben.

Natürlich kann man von dem beweglichen Scharfschützen Enzensberger nicht die Treue verlangen, die man bei einem Unterbezirkskassierer der SPD unbedingt erwarten muß. Die Herren erfahren – seit drei Jahrzehnten – gelegentlich übertriebenes Lob, gelegentlich ungerechte Aburteilungen. Daß sie von einer umschreibbaren Generation dem »Faschismusverdacht« ausgeliefert würden, ist eine durch nichts zu beweisende Behauptung.

Und die »89er«? Gibt es sie überhaupt schon? Mathias Döpfner, der 31jährige Chefredakteur der Berliner *Wochenpost,* bescheinigt seiner Generation Kompetenz, Lust zur Leistung und Realisierungswut. Er hat recht – für einen Teil seiner Brüder und Schwestern. Andere Stamme sind sprunghaft, cool-gleichgültig, politisch feige und ästhetisch verspielt.

Das Urerlebnis ihrer Eltern, die Kulturrevolution von 1968, bewegt sie alle miteinander nicht; erinnerungsselige 50jährige verachten sie, mit Recht. Aber den Bruch von '89, der ihr eigenes Leben prägen wird, haben nur die wenigsten begriffen.

Die Revolution von '89, der janusköpfige Wurm, wühlt in den Eingeweiden der Menschheit. In den Köpfen ist er nur bei wenigen angekommen. Von einer bewußt handelnden 89er Generation kann keine Rede sein.

Was wirklich geschieht, ist die (vielleicht unvermeidliche) Historisierung von Krieg und Holocaust. Schmidt und Strauß sprachen in großen Bundestagsdebatten noch die Sprache des Gefreiten Asch aus Hans Hellmut Kirsts 08/15; vielleicht auch die Sprache Remarques. Schon Schäuble und Rühe verstehen die Zwischentöne dieser Sprache nicht mehr.

Genscher stößt noch gelegentlich alttestamentarische Flüche auf den deutschen Hochmut aus. Aber wirkt er, verglichen mit seinem Jünger Möllemann, nicht wie King Lear im letzten Akt? Und Jürgen Habermas, der Ankläger im Historikerstreit, schweigt verstört.

Das Zeittypische der zweiten Hälfte der neunziger Jahre wird die Entwertung der Erfahrungen von 1945 sein, nicht die Rache der Jungen an alternden 68ern.

Wieder einmal zeigt sich, daß man Generationserfahrungen zwar überliefern, aber nicht wirksam halten kann. Die Leute, die nach 1945 wie betäubt aus den Aufführungen von Wolfgang Borcherts berühmtem Kriegsstück *Draußen vor der Tür* gekommen waren, hatten die läppische Vorliebe des kroatischen Caudillo Franjo Tudjman für Phantasieuniformen wütend verurteilt. Tschetschenische Selbstbestimmung? Eine moslemische »Nation« in Jugoslawien? Ein unabhängiges Korsika?

Eure Sorgen möchten wir haben, hätten die Überlebenden des Zweiten Weltkriegs gesagt. Seid froh, daß ihr am Leben seid und etwas zu fressen habt, jagt eure nationalistischen Schullehrer, Psychotherapeuten und Biesterlinge zum Teufel und vertragt euch, das Leben ist kurz und beschissen genug. Heute aber strotzen wir längst wieder vor »Verständnis«. Wir »verstehen« die Loslösung Quebecs von Kanada genauso wie pompöse Trauerfeiern für irgendwelche Hohenzollern oder den ungarischen Reichsverweser Horthy. Nur ganz exaltierte Predigten erregen noch Anstoß, jedenfalls in der einen Hälfte der deutschen Gesellschaft.

Hier liegt auch der Grund für den Aufschrei, den der »Bocksgesang« des Botho Strauß zu Recht erzeugte. Ich verschweige es nicht: Wer, wie Strauß, Kriege für das kroatische »Sittengesetz« rechtfertigt, ist mein

Feind. Es kann auch das serbische, moslemische, georgische, abchasische oder deutsche Sittengesetz sein. Die Lektion aus meinem Luftschutzkeller sitzt. Ich werde sie mir nicht nehmen lassen, um keinen Preis.

Hier läuft die Grenze, nirgendwo anders.

(1994)

▌ Die Krankheit Nationalismus

Ich hatte Glück – von Eger, meiner Heimatstadt nahe der deutschen Grenze, konnte man zu Fuß fliehen. Keine Viehwagen, keine Gewaltmärsche. An einem wunderschönen Septembermorgen des Jahres 1945 tippelte ich an der Seite meiner tschechischen Mutter über die Grenze bei Waldsassen. Sie schob ein Fahrrad (radfahren konnte sie nicht), auf dem ein riesiger Koffer montiert war. Und ich war so fröhlich, daß ich durch mein Pfeifen die Grenzer, die um fünf Uhr früh noch schliefen oder Kaffee tranken, auf den Plan rief. Sie konfiszierten ein teures Lorgnon meiner Großmutter, über dessen Verlust sie bis zum Ende ihres Lebens klagte. Harmlose Variante einer Vertreibung.

Die gewaltsame Vertreibung von Menschen von dem Stück Erde, auf dem sie leben, auf dem ihre Vorfahren gelebt haben und begraben sind, ist ein Verbrechen. Wenn sich mit der Austreibung die Absicht verbindet, die nationale, religiöse oder ethnische Identität einer Gruppe zu zerstören, spricht man von Völkermord. Nicht nur die von Hitler geplante Vernichtung des jüdischen Volkes war Völkermord. Auch Austreibungen, die ohne den Willen oder die Möglichkeit betrieben wurden, diese Bevölkerungsteile anderweitig wieder geschlossen anzusiedeln, zum Beispiel die brutale Zerstreuung von Millionen Armeniern über Rußland, Syrien, Griechenland, Frankreich und Belgien bis 1920 durch die Türken, sind genozidisch.

Nur die individuelle, von einem Gericht verfügte Zwangsexilierung, die es in vielen Rechtskulturen seit dem Altertum gab und gibt, kann man nicht über den Leisten »Verbrechen« schlagen. Hätte der tschechische Präsident Eduard Beneš, der gerieben taktierende Nachfolger des großen Strategen Tomáš Masaryk, fünfhundert deutsche Nazis vertrieben, stünde sein Volk heute besser da. Aber er dachte, wie alle Nationalisten, im Kollektiv: Alle Deutschen sollten raus, einschließlich der Juden und der Widerstandskämpfer. Heutzutage nennt man ein derartiges Vorgehen »rassistisch«.

29

Vertreibungen sind, natürlich, keine Erfindungen des 20. Jahrhunderts. Sie kamen in den seit dem Ende des dritten Jahrtausends vor Christus in die Weltgeschichte eingreifenden Wellen von Völkerwanderungen vor, aber auch, damals noch gelegentlich, in der neueren Geschichte. Betroffen waren zum Beispiel 250 000 französische Hugenotten nach 1685, 20 000 protestantische Exilanten aus dem Salzburgischen (1730). Buren des britisch besetzten Transvaal (1900), natürlich die Indianer des amerikanischen Kontinents, die in kümmerliche Reservate gejagt wurden: einen besonders grotesk-brutalen Beispielfall lieferte die britische Kolonialregierung, als sie 1755 Neuschottland »franzosenfrei« machte. Sie vertrieb nicht nur 15 000 Bauern, deren Vorfahren seit hundert Jahren dort gelebt hatten, sondern sie riß auch Männer und Frauen auseinander und siedelte sie verstreut in anderen Kolonien an. Die Massenvertreibung als systematisch angewandtes Instrument der Politik und Kriegszielplanung aber ist eine Erfindung des 20. Jahrhunderts.

Es begann nach dem zweiten Balkankrieg 1913; Bulgarien mußte 120 000 Vertriebene bulgarischer Herkunft aufnehmen. 1915 wurden 250 000 Wolhyniendeutsche zwangsumgesiedelt. 1,8 Millionen Menschen mußten nach der sowjetischen Oktoberrevolution ihre angestammten Gebiete verlassen; durch den Versailler Vertrag verloren 1,2 Millionen Deutsche ihre Heimat.

Vor allem aber legte dieser Vertrag eine hochwirksame Zündschnur durch Europa: Über drei Millionen Ungarn wurden als Minderheiten in Nachbarstaaten verfrachtet, im neuen Nationalstaat Tschechoslowakei lebten seither 3,5 Millionen Deutsche. Bei den Südslawen warf man die Völker, die jahrhundertelang unter byzantinischer und islamischer Kultur gelebt hatten, mit denen zusammen, die nördlich der Donau Untertanen der Habsburger gewesen waren: Die mörderischen Auseinandersetzungen, die daraus bis heute folgten, wurden geradezu programmiert. Auch die Konstruktion des polnischen Staates, der nach rund 150 Jahren neu begründet wurde, trug von Anfang an Keime späterer Konflikte -und Vertreibungen – in sich, im Westen gegenüber den Deutschen, im Osten gegenüber den Ukrainern, im Nordosten gegenüber den Litauern. Kurz: Mittel- und Osteuropa wurde in Kleinstaaten zerlegt. Seit 1989 sind wir bei einer ähnlichen Prozedur.

Die größte Umsiedlungs-, Emigrations- und Vertreibungswelle, welche die Geschichte kennt, begann im Herbst 1939 mit dem Beginn des Zweiten Weltkrieges. Schon in der ersten Phase wurden neun Millionen Menschen in dem von Hitler beherrschten Europa »rückgesiedelt«, »umgesiedelt«, »eingedeutscht«, »umgevolkt« oder einfach verschleppt. Die

Millionen deportierter Juden sind in dieser Zahl gar nicht enthalten. Allein 1,2 Millionen Polen mußten ihre Heimat in den neuen »Reichsgauen« Wartheland und Danzig-Westpreußen verlassen und ins sogenannte »Generalgouvernement« übersiedeln, Die Richtschnur war: eindeutschen oder beseitigen. Auch Stalin verschob bedenkenlos ganze Volksgruppen um Tausende Kilometer, ob die Krimtataren oder die Wolgadeutschen. Durch Europa schleppten sich Tausende Trecks entwurzelter Menschen.

Der Anlaß für diese Radikalisierung, für die Entwicklung einer regelrechten Vertreibungs-»Politik«, war der Germanisierungswahn der Nazis. Noch am 3. August 1944 erklärte Heinrich Himmler auf einer Gauleitertagung in Posen unter stürmischem Beifall: »Es ist unverrückbar, daß zu den neunzig Millionen die dreißig Millionen übrigen Germanen dazukommen werden, so daß wir unsere Blutbasis auf 120 Millionen Germanen vermehren.« Die Konsequenz war schließlich die erzwungene Flucht und die Vertreibung von rund zwölf Millionen Deutschen. Der Anteil der »Flüchtlinge« an der Gesamtbevölkerung betrug 1950 allein für die Bundesrepublik 16,5 Prozent.

Was aber ist der tiefere Grund für diese Exzesse des 20. Jahrhunderts? Es sind der Nationalismus als europäische Krankheit, die »Eroberung des Staates durch die Nation« (Hannah Arendt) und die daraus folgende Verfluchung der Vermischung. Die Geschichte dieses Diskurses ist lang, sie beginnt beim deutschen Philosophen Johann Gottlieb Fichte. Sohn eines Brandwebers aus dem Dorf Rammenau bei Bischofswerda, von dem der schöne Satz stammt: »Charakter haben und deutsch sein ist ohne Zweifel gleichbedeutend.« Die Deutschen, so Fichte in seinen fürchterlichen *Reden an die deutsche Nation,* seien das »Urvolk«, sprächen die »Ursprache«. Nur in den »unsichtbaren und den eigenen Augen verborgenen Eigentümlichkeiten der Nation« liege die »Bürgschaft ihrer gegenwärtigen und zukünftigen Würde«. Und dann wörtlich: »Werden diese durch Vermischung und Verreibung abgestumpft. So entsteht Abtrennung von der geistigen Natur.«

Das ist als Programm für die Drangsalierung von Minderheiten, Ausländerangst, Ausländerhaß und eben Vertreibung verstanden worden, und nicht nur von den Deutschen, sondern fast überall in Europa, besonders bei den laienreligiösen, ethnopathetischen und romantischen Nationalistenführern Mitteleuropas, den Kossuths, Palackýs, Mickiewiczs bis zu den Horthys und Pilsudskis. Inzwischen kann man die Reihe fortsetzen. Tudjman, Milošević, Landsbergis, Mečiar ...

Das interessante ist, daß die politischen Klassen im Europa des 20. Jahrhunderts immer gewußt haben, daß Vertreibung elementare Menschen-

31

rechte verletzt. Sie haben phantastische Dokumente produziert – vom »Nationalitätenprogramm der österreichischen Sozialdemokratie« (dem weisesten Papier von allen, schon 1899) über die Haager Landkriegsordnung (1907), die Allgemeine Erklärung der Menschenrechte der Vereinten Nationen (1948), das Genfer Abkommen zum Schutz von Zivilpersonen in Kriegszeiten (1949) bis zum Schlußdokument der KSZE (1990),

Fabelhaft! Nur: Man sah sich nicht in der Lage, sich an die eigenen Prinzipien zu halten. Von den bedeutendsten und geachtetsten Staatsmännern gibt es die verächtlichsten Zitate. Winston Churchill steht für viele: »Denn die Vertreibung ist«, erklärte er im Dezember 1944 im Unterhaus, »soweit wir in der Lage sind, es zu überschauen, das befriedigendste und dauerhafteste Mittel, es wird keine Mischung der Bevölkerung geben, wodurch endlose Unannehmlichkeiten entstehen, zum Beispiel im Fall Elsaß-Lothringen. Reiner Tisch wird gemacht werden.« Churchills reiner Tisch war beschmutzt.

Natürlich kann man die zynische Maxime »Die Zeit heilt alle Wunden« von den Lippen kräuseln. Völkerrechtlich hoffähig wurde der Gedanke des Bevölkerungstransfers durch einen Vertrag zwischen Bulgarien und der Türkei über die freiwillige Umsiedlung von jeweils 50 000 Menschen. Auf dieses Vorbild griffen Briten und Franzosen 1923 zurück, als sie in Lausanne einen griechisch-türkischen Konflikt beilegten und dabei einen zwangsweisen griechisch-türkischen Bevölkerungsaustausch vereinbarten, Viele europäische Politiker beriefen sich später auf diese gelungene »Homogenisierung«. In Wirklichkeit war schon diese Prozedur, obwohl »humaner« durchgeführt als die Austreibungen in und nach dem Zweiten Weltkrieg, eine »barbarische und ruinöse Aktion«, wie Klaus Dietmar Henke vom Institut für Zeitgeschichte in München schreibt.

Wenn seit der Vertreibung fünfzig Jahre vergangen sind, nur noch alte Leute eine plastische Erinnerung an die Heimat haben und die Vertriebenen nicht gezwungen wurden, wie die Palästinenser, in Lagern zu existieren, dann mag die »nationale Purifizierung« auf lange Sicht scheinbaren Frieden erzeugen. Oft aber schwelt der Haß unter der Oberfläche. Der Rechtsfrieden zwischen den betroffenen Völkern kann dann nur durch ein einziges Mittel wiederhergestellt werden, durch einen alle schmerzlichen Fragen berührenden, ungeschminkten Dialog ohne Vorbedingungen. Das theologische Leitmotiv für einen solchen Dialog haben die polnischen Bischöfe formuliert: »Wir gewähren Vergebung. Wir erbitten Vergebung.«

Aber solche Dialoge kommen selten zustande. Als der tschechische Präsident Václav Havel den tollkühnen Mut aufbrachte, ein Gespräch mit den Nachbarn anzufangen – er nannte die Vertreibung der Deutschböhmen »eine zutiefst unmoralische Tat« –, ließ ihn die deutsche Seite ohne zureichende Antwort. Fünf Jahre später, im Februar 1995, zog er sich gezwungenermaßen auf die akzeptierten tschechischen Geschichtslegenden zurück.

Wie die Grenzen verlaufen, auch nach Jahrzehnten, hat Lew Kopelew aus russischer Sicht geschildert. Als er Soldaten der Roten Armee am Plündern eines Trecks hindern will, führt ihn einer an: »Was fällt Dir ein, hier Moral zu predigen? Hast Du's noch immer nicht satt, die Fritzen zu bedauern? Es ist Krieg, verstehst Du, Du Intelligenzler mit Schulterstükken. Krieg nämlich und keine Vorlesung an der Universität. Wozu quakst Du hier herum? Wir saufen ihren Cognac, fressen ihren Schinken, nehmen ihre Uhren, ihre Weiber, ihren ganzen Kram. Das ist Krieg, verstehst Du, Du bärtiger Säugling.« – »Aha, und Du merkst wohl gar nicht, daß Du wie ein Faschist redest?« – »Leck mich doch am Arsch mit Deiner Philosophie, mit Deinem liberalen Gesäusel.«

Keiner soll glauben, daß es keine Tschechen, Polen, Deutschen, Russen oder Angehörigen an, derer Volker mehr gibt, die noch heute so denken. Oder die (in Bosnien zum Beispiel) heute gerade lernen, so zu denken.

Vertreibung ist ein Verbrechen. Geschichte ist allerdings kein Film, den man rückwärts laufen lassen kann, und Politik muß sich vom Allmachtswahn der Fanatiker freihalten. Es ist ein Irrtum, sich einzubilden, daß Menschen alle Schuld sühnen, jedes Verbrechen wiedergutmachen könnten. So wird es zum Beispiel keine Entschuldigung für die gegen geltendes Völkerrecht enteigneten und vertriebenen Sudetendeutschen geben, weil jeder Versuch zur Restitution des deutschen Eigentums die Tschechische Republik in die Luft jagen würde. So werden viele der gerade eben widerrechtlich vertriebenen Muslime, Serben und Kroaten nicht in ihre Heimat zurückkehren können; der Haß, den der nationalistische Krieg erzeugt hat, würde die neuen Republikchen zerfressen.

Man kann aus der Geschichte lernen, obwohl man es selten tut. Revidieren kann man Geschichte nur dann und wann. Die meisten Revisionen werden im übrigen mit Gewalt durchgesetzt. Wer aber neues Unrecht begeht, um vergangenes Unrecht ungeschehen zu machen, fängt sich im Teufelskreis.

Vertreibung im 20. Jahrhundert ist in aller Regel kein Bewegen von Menschen von A nach B. Vertreibung bedeutet in unseren Zeiten dies: »Vier Tage nach unserer Ankunft wurden auch wir erneut verhaftet und in das Lager in F. eingeliefert. Meine Tochter sollte zuerst von mir getrennt werden, wurde dann aber doch bei mir belassen. Schläge und Schimpfnamen waren die Begrüßung. Von sieben Uhr früh bis oft in die Nacht hinein mußten wir schwere und schmutzige Arbeit verrichten. Zum Essen bekamen wir nichts anderes als Kaffee, Wassersuppe und hundertachtzig Gramm Brot pro Tag. Oft wurden wir in der Nacht von unseren Schlafstellen herausgejagt, mußten am Lagerhof antreten, dann tanzen, singen, einander Ohrfeigen verabreichen, auf allen Vieren herumkriechen ... Diese sadistischen Akte wiederholten sich immer wieder, und viele meiner Mitgefangenen begingen aus Verzweiflung Selbstmord.«

Diese Schilderung einer Sudetendeutschen aus der Jahrhundertmitte könnte ebenso von einer Tschechin, einer Polin stammen; sie könnte auch von heute sein, von einer Serbin, einer Kroatin, einer Muslimin. In allen Völkern gibt es einen Bodensatz von Folterknechten. In den Stunden der Gewalt, des Krieges, der Vertreibung sind sie die Herren der Welt.

(1995)

▌ Dein Abgeordneter, der arme Schlucker

Es ist ja nicht zu bestreiten: Das deutsche Volk glaubt in seiner Mehrheit, daß seine Politiker Abzocker, Abstauber, jedenfalls grotesk überbezahlt seien. Kürzlich war ich in einer Fernsehsendung bei Johannes B. Kerner zu Gast. Ich bekam viel freundlichen Beifall. Nur ein einziges Mal, als ich darauf hinwies, daß auch ein Bundesminister nicht so arg viel verdient (es sind 165 138 Euro), erntete ich heftige Proteste. Darüber sollte man sich auch nicht wundern. Wer mit 20 000 oder 25 000 Euro eine ganze Familie ernähren muß, hält selbst die 82 536 Euro, die ein Abgeordneter jährlich bekommt, für viel Geld. Die 8,4 Millionen Euro des Vorstandsvorsitzenden der Deutschen Bank oder die 6,1 Millionen Euro des Chefs von DaimlerChrysler sind außerhalb der Vorstellungskraft der Hausfrau aus Pinneberg und des Oberamtmanns aus Murnau. Dem Durchschnittsverdiener zu erklären, daß wir uns im digitalen Kapitalismus befinden, daß unsere Aktiengesellschaften sich international behaupten müssen und daß deutsche Unternehmen mit amerikanischen Unternehmensteilen schon eine gewaltige Schwerkraft brauchen, um bei »deutschen« Bezügen zu bleiben, ist nahezu unmöglich.

Wer eine Zeitlang in der Politik verbracht hat, weiß, daß Debatten um Diätenerhöhungen zu den unangenehmsten Szenerien im Leben eines Politikers gehören. Zwar ist einem als Bundestagsabgeordneter nur zu gut bekannt, daß noch die vierte Reihe bei den großen Aktiengesellschaften besser bezahlt wird als man selbst. In den Versammlungen – jedenfalls der großen Volksparteien – sitzt aber nicht das Management von Siemens, der Telekom oder von DaimlerChrysler. Dorthin kommen Facharbeiter, Bibliothekarinnen, Sekretärinnen, alleinerziehende Mütter mit Teilzeitjobs, Oberstudienräte und Beamte vom Inspektor bis zum Direktor. 80 000 Euro im Jahr und dazu noch eine Unkostenpauschale und eine ordentliche Altersversorgung? Märchenhaft. Deswegen sind die Bundestagspräsidenten, Fraktionsvorsitzenden und Fraktionsgeschäfts-führerinnen, die immer wieder vor Diätenerhöhungen zurückschrecken, weil sie die Headline der *Bild*-Zeitung fürchten, keine Feiglinge, sondern Realisten. Sie wollen sich nicht die Knochen brechen lassen. Das ist die eine Seite der Medaille.

Es gibt aber auch eine andere. Wenn der Vorstandsvorsitzende eines großen Unternehmens zu Konrad Adenauer, Ludwig Erhard, Franz Josef Strauß, Herbert Wehner oder Helmut Schmidt gehen mußte, war er ge-legentlich ein wenig nervös. Wenn heute Bundes- oder Landesminister zu Heinrich v. Pierer, Jürgen Schrempp oder Henning Schulte-Noelle müssen, sind sie es, denen die Nerven flattern. Der Wind hat sich gedreht. Die alten Elefanten der deutschen Politik, die aus der Emigration oder aus dem Krieg gekommen waren, die – genauso wie die Unternehmer der ersten Stunde – bei null anfangen mußten und dabei ein unbändiges Selbstbewußtsein entwickelt hatten, sind längst tot. Heute erhält das ein-fache Mitglied des Vorstands einer Aktiengesellschaft nicht nur sehr viel höhere Bezüge als ein Abgeordneter, er verfügt auch über einen weit grö-ßeren Handlungsspielraum als selbst ein Minister. Das bedeutet: In der Regel sind die durchschnittlichen Mitglieder der Vorstände unserer Akti-engesellschaften stärker (das heißt: selbstbewußter, härter und präziser) als der Durchschnittspolitiker. Im Zuge der Entwicklung des Industriekapi-talismus zum digitalen Kapitalismus ist die wirtschaftliche Elite ohnehin mächtiger geworden als die politische. Wollen wir zulassen, daß sich das mehr und mehr auch in der Qualität des politischen Personals ausdrückt? Die Parteien überaltern. Wenn einer gut, jung und links ist, geht er eher zu Greenpeace als zur SPD. Wenn einer gut, jung und (halb)rechts ist, geht er eher zu BMW als zur CSU. In den sechziger Jahren wollten die be-sten jungen Leute Kennedy, Brandt oder Dag Hammarskjöld nacheifern. Inzwischen träumen sie davon, wie Jack Welch, Steve Case, Rainer E. Gut oder Joe Ackermann zu werden.

Natürlich ist das Nachlassen der Attraktivität des Politikerberufs nicht nur die Folge unangemessener Bezahlung. Eine wichtige Rolle spielt die kommunikative Wehrhaftigkeit, die von Politikern verlangt wird. Jeder Manager kann sich Dauerpetenten, problematische Naturen und aggressive Nervensägen locker vom Leib halten. Der Politiker ist in jeder Versammlung, jeder Sprechstunde solchen Leuten ausgesetzt. Die Arbeitszeit ist nicht kürzer als in den Spitzenjobs der Wirtschaft. Aber die »Macht«, also die Chance, Lösungen durchzusetzen und Gehorsam zu finden, ist ungleich geringer. Dazu kommt der gewaltige Aufwand an Überzeugungsarbeit. Niemand muss sich mehr mit Gremien befassen als der Politiker. Während der Geschäftsbereichsleiter der Telekom, der eine Runde seiner Mitarbeiter zusammengerufen hat, die Beratung abbrechen kann, wenn er weiß, was er tun will, muß der Politiker immer noch die Meinung der Kollegin aus Sachsen-Anhalt und das *ceterum censeo* des Zwölfenders aus Niederbayern anhören. Warum sollte sich, wer eine Business-Card von Harvard, Insead, der WHU oder anderen international führenden Managementhochschulen erworben hat, solch einen Job antun?

Eine gute Antwort ist: weil er dem Gemeinwesen, dem Vaterland, seinen Mitmenschen oder auch einer ganz bestimmten Gruppe dienen möchte. Solche Idealisten gibt es auch heute. Man sollte sie in Ehren halten. Die Forderung allerdings, daß ein ganzes Parlament – für das föderalistische Deutschland müßte man sagen: daß 17 Parlamente – aus solchen Leuten bestehen sollte, ist naiv. Das wäre im übrigen nicht einmal zweckdienlich. Ohne Idealisten funktioniert keine Demokratie. Aber eine Demokratie, die nur auf Idealisten angewiesen wäre, würde zum Irrenhaus. Der materiell bedürfnislose, leidenschaftlich auf ein einziges Ziel konzentrierte Gesinnungsethiker wird mit dem Volk, dem großen Lümmel, samt seinen ordinären Bedürfnissen nicht fertig. Da sind schon noch ein paar Rechtsanwälte nötig, die nebenbei eine ordentliche Praxis haben; oder ein paar Gewerkschaftsvorsitzende und Aufsichtsratsprofis.

Gewiß, man kann Politiker nicht so gut bezahlen wie das Spitzenmanagement. Das würden die Wähler nicht ertragen. Doch die Qualität des Personals, das in der politischen Klasse die 100 bis 150 Schlüsselpositionen besetzt, hat in den letzten 30 Jahren kontinuierlich abgenommen. Wenn wir die Entwicklung nicht weiter in diese Richtung treiben lassen wollen, müssen wir die Politiker besser bezahlen, nicht schlechter. Und wir müssen aufhören, die *fringe benefits* zu skandalisieren, die einen Spitzenpolitiker gerade mal darüber hinwegtrösten können, daß er weniger verdient als der Vorstand einer mittleren Sparkasse. Wenn eine Spitzenpolitikerin ein paar Wochen lang Leute damit beschäftigen muß, Flugaufträge zu überprüfen, weil man ihr übelnimmt, daß sie – die ihre Familie sowieso kaum sehen konnte – angeblich einen Umweg zu ihrer Tochter gemacht hat, dann ist das schlicht ein Stück aus dem Tollhaus. Wenn gestandene

Staatsrechtsprofessoren die steuerfreien Kostenpauschalen für Abgeordnete als »heimliche und verfassungswidrige Schatteneinkommen« verunglimpfen, ist das unverantwortlich. Vielleicht reden wir einmal über die Wirklichkeit. Diese Wirklichkeit besagt, daß von der Kostenpauschale nicht viel übrig bleibt, wenn der Abgeordnete sein Bürgerbüro finanziert, seine Mandatsträger-Abgaben berappt und seinen Wahlkampf abbezahlt hat. Zudem sind diese Kostenpauschalen gesetzlich geregelt und gehören zum traditionellen Diätenrecht. Sie sind eher zu knapp bemessen; von »Verfassungswidrigkeit« kann keine Rede sein.

Erinnern wir uns noch an die Debatte um die deutsche Hauptstadt? Die Berlin-Befürworter schwelgten in Phantasien von der Metropole Berlin. Man tat so, als ob sich dort – im Unterschied zum popeligen Bonn – der Vorsitzende der IG Metall mit Günter Grass, Hajo Neukirchen und dem Bundeskanzler bei Borchardts oder in der Paris Bar treffen werde. Nichts davon. Die Politiker leben nach wie vor in subventionierten, flüchtig eingerichteten Einzimmerapparatements. Gesellschaft? Katia Mann erzählte, daß ihre Eltern, die Pringsheims, in München ein »ziemliches Haus« führten. So gut wie kein deutscher Politiker führt ein »ziemliches Haus«, in dem sich die unterschiedlichen Eliten treffen könnten. Vor einem Vierteljahrhundert gab es das noch. Ich habe bei Conrad und Heilwig Ahlers Carlo Schmid und Rudolf Augstein kennengelernt, bei den Lambsdorffs Erwin Conradi von der Metro. Ein junger Politiker, der heute ein Netzwerk aufbauen will, muß zu Thomas Borer-Fielding gehen.

Nun könnte man freilich den dreifachen Rittberger springen und eine Reform an Haupt und Gliedern verlangen. Der sympathische Rumäne Andrei Plesu, kurzzeitig Kultus- und Außenminister seines Landes, hat das versucht: »Ich meine, daß die einzig effiziente, gesunde und anständige Art und Weise, Politik zu machen, darin besteht, sie als einen Nebenberuf zu betreiben.« Wer dem folgte, könnte die grüne Rotation einführen: nicht länger als zwei Legislaturperioden im Parlament. Er könnte das Mehrheitswahlrecht an die Stelle des Verhältniswahlrechts setzen, um kleinere Wahlkreise zu schaffen, in denen der direkt gewählte Abgeordnete seinen Wählern unmittelbar verantwortlich wäre. Eine stärkere *classe politique* bringt das aber nur hervor, wenn man zugleich die deutsche Versäulung der Eliten aufbricht. Es müßte hier wie in den USA sein: daß Leute in die Politik gehen, um bekannt zu werden, dann ihren Namen teuer an eine Investmentbank oder ein großes Unternehmen verkaufen, um irgendwann wieder (für einen bestimmten Posten und für ein paar Jahre) in die Politik zurückzukehren. Mit diesem System kann man Leute wie Henry Kissinger, George Shultz, Dick Holbrooke oder Rick Burt an die Politik binden. Aber glaubt irgendjemand, daß sich in Deutschland solch eine Kulturrevolution durchsetzen ließe?

Wer also nicht will, daß die Politik zur Magd der Wirtschaft wird, muß den Politikerberuf attraktiver machen. Das hat nun einmal auch mit Geld zu tun. Ein erster Schritt könnte sein, den Politikern die Entscheidung über ihre Bezahlung aus der Hand zu nehmen und einem unanfechtbaren Areopag zu übertragen – je würdiger, desto besser. Vielleicht könnte diese Aufgabe ein ehemaliger Bundespräsident übernehmen – womöglich auch ein früherer Bundestags-, Verfassungsgerichts- oder Rechnungshofpräsident. Geschehen muß jedenfalls etwas; sonst wird man in zwei Jahrzehnten schon auf den ersten Blick sehen, ob jemand in der Wirtschaft, also wichtig, oder in der Politik, also unwichtig, ist. Auch solch ein Staat wäre eine Demokratie. Aber was für eine.

(2002)

EUROPA

▌ Neue Freiheit – alter Hader

Paradigmenwechsel brauchen ihre Zeit – nicht nur in der Sowjetunion, auch im goldenen Westen. Besonders gut kann man das derzeit an den Diskussionen eines mächtigen Ordens studieren: der Bruderschaft der Sicherheitspolitiker. Die mitteleuropäische Revolution von 1989 hat eine vollständig neue Situation gebracht: die Rückkehr zur Vielfalt, den Wiederaufstieg des Vorkriegsnationalismus, die täglich wachsende Gefahr einer Balkanisierung Europas. Die meisten Sicherheitspolitiker aber debattieren unbeirrt Szenarien, in denen Nationalitätenkämpfe, Minderheitenprobleme, Massenzwangswanderungen, nationalistische Pogrome gar nicht vorkommen. Kein Wunder, daß sie mit ihrem Expertenwissen mehr und mehr aus der Mode geraten.

Wie ist die neue Lage? Jugoslawien zerfällt. Serben, Kroaten und Slowenen sprechen offen von der Souveränität ihrer Staaten; und auch die »Mazedonische Nation« sendet schon wieder Signale aus. Wer dramatische Akzente liebt, kann den Schatten von Sarajevo beschwören. Und niemand sollte sich einbilden, daß zur Auslösung blutiger Konflikte unbedingt Kronprinzenehepaare notwendig wären.

Über die brutalen Menschenrechtsverletzungen an Albanern im Kosovo wird wenig gesprochen. Der Konflikt der baltischen Staaten mit der Sowjetunion dagegen ist in aller Munde. Und er ist nur einer von vielen Nationalitätenkonflikten in der Sowjetunion. Es gärt in Georgien, im Kaukasus, in der Ukraine, in Weißrußland, bei den Turkvölkern. So absurd es klingt: Viel wahrscheinlicher als ein Angriffsbefehl aus Moskau ist heute die Eroberung eines »Sonderwaffenlagers« durch Freischärler in Armenien und Aserbeidschan. Was, bitte, tun wir in einem solchen Fall?

Nationale Konflikte erschüttern aber keineswegs nur die Sowjetunion und Jugoslawien. Reden wir von West-Thrazien, wo die Griechen der türkischen Minderheit verbieten, sich türkische Minderheit zu nennen, oder von der Türkei, wo die Kurden, fast zehn Millionen Menschen, ihre eigene Sprache kaum verwenden dürfen. Schauen wir auf die Konflikte der Bulgaren mit den Turk-Bulgaren, schauen wir nach Siebenbürgen, wo eine nationalistisch-großrumänische Organisation sich gegen die ungarische Minderheit wendet, schauen wir (endlich) auch auf das Schicksal der deutschen Oberschlesier und anderer Minderheiten in Polen. In diesen Konfliktfeldern liegen die neuen Gefahren. Ein berühmter englischer Journalist, Neil Asherson, hat neulich 46 davon gezählt, und es ist sehr die Frage, ob seine Liste vollständig war.

Das Problem, vor dem Europa steht, wurde schlagartig klar in einer Nacht kurz vor Weihnachten des Jahres 1989. Da tobte der Kampf zwischen der rumänischen Armee und der Securitate in Bukarest, Temesvar und anderswo. Niemand wußte, wer gewinnen würde: Ceauşescu oder seine Widersacher? Der damalige ungarische Außenminister Gyula Horn verlangte ein Zusammentreten des Warschauer Pakts. Die Amerikaner signalisierten: Wenn Gorbatschow in Bukarest einmarschiert, werden wir stillhalten. Aber was wäre bei einem »Sieg« von Ceauşescu wirklich geschehen? Es ist mehr als unwahrscheinlich, daß Gorbatschow Truppen in Marsch gesetzt hätte. Wäre nicht vielmehr dasselbe passiert wie in Berlin 1953, in Ungarn 1956 oder in Prag 1968? Wir hatten der *Deutschen Welle* ein paar neue Stellen für das Rumänienprogramm bewilligt und eine Reihe von flammenden Protesterklärungen verabschiedet. Den Menschen aber, die in irgendwelchen Massengräbern oder Folterkellern verschwunden waren, hatten wir unseren Respekt bezeugt – sonst nichts.

Wer verhindern will, daß wir solchen Situationen in der Zukunft alle paar Monate gegenüberstehen, darf nicht einfach an den alten Konzepten zu einem Europäischen Sicherheitssystem weiterstricken. Nichts gegen die Verifikationsagenturen und Krisenmanagement-Zentren. Aber die Debatte um Personalobergrenzen, geographische Dichtebeschränkungen und Luftbeweglichkeit darf nicht zu einer neuen Scholastik erstarren. Die neue Lage erzwingt neue politische Konzepte.

Das Wichtigste ist eine wirksame Konfliktverhütung und -schlichtung, das Stichwort heißt *peace keeping missions;* und zu fragen ist danach, wie Staaten daran gehindert werden können, unter dem Vorwand ihrer »Souveränität« völkerrechtswidrig zu handeln. Die Verbrechen, um die es dabei geht, sind seit vielen Jahrzehnten bekannt. Sie reichen von der Verweigerung kultureller und politischer Autonomie für Minderheiten über die Zwangsassimilation bis zur innerstaatlichen Deportation, der Vertreibung und dem Völkermord. Wenn die Europäer nicht zu einem System finden, mit dem solche Verbrechen rasch und effektiv bekämpft werden können, werden sich Millionen von Menschen bald nach der zweifelhaften Hegemonie der beiden Weltmächte Amerika und Sowjetunion zurücksehnen.

Es hat in den vergangenen Monaten durchaus Politiker gegeben, die dieses Problem aufgegriffen haben. So haben der Präsident der ČSFR, Václav Havel, und sein Außenminister Dienstbier eine »Europäische

Sicherheitskommission« vorgeschlagen. Gorbatschow, Genscher und Kohl haben ein Europäisches Konfliktverhütungszentrum als politisches Instrument der Konsultation und der Streitschlichtung zwischen allen europäischen Staaten ins Gespräch gebracht, und ganz kühne Leute (wie der Friedens- und Konfliktforscher Dieter Senghaas) reden schon über ein erweitertes Konzept kollektiver Sicherheit mit einer integrierten multinationalen Friedenstruppe, die bei lokalen Konflikten intervenieren könnte. Hier liegen in der Tat die Themen der Zukunft.

Nun stellt sich allerdings die Frage, wie und wo ein solches »Konfliktverhütungszentrum« eingerichtet werden sollte. Die gängige Antwort weist heute auf die »Konferenz zur Sicherheit und Zusammenarbeit in Europa« (KSZE) hin, ein Forum von Staaten, dem unter anderem auch die Sowjetunion und die Vereinigten Staaten angehören. Die KSZE könnte, so glaubt insbesondere die europäische Linke, in absehbarer Zeit die NATO und den Warschauer Pakt ersetzen und sowohl als Forum für den Dialog der Militärs als auch als Organisationszentrale für Verifikation, Krisenmanagement, Konfliktverhütung und außermilitärische Einsätze der Streitkräfte dienen.

Nun hat sich die KSZE ohne Zweifel als ein politisch wichtiges Forum erwiesen. Ob sie allerdings künftig in der Lage sein könnte, die Rolle eines »Rationalitätsgaranten« zu spielen, muß man zuerst einmal bezweifeln. Auch wer sich die zynische Bemerkung Henry Kissingers – wenn jeder mit jedem verbündet sei, sei keiner mit keinem verbündet – nicht zu eigen macht, muß sich ja fragen, wie fest die einzelnen Mitgliedsstaaten der KSZE in dieses System eingebunden werden können. Wann werden wir ein wirksames »Konfliktverhütungszentrum« mit dem Rumänien Iliescus vereinbaren können? Und wann mit den in den nächsten Jahren möglicherweise aus der Erbmasse der Sowjetunion entstehenden neuen Nationalstaaten, die zuerst einmal ihre »Souveränität« hüten werden wie einen Augapfel? Und wie vermeiden wir, daß dieses »Konfliktverhütungszentrum« das gleiche Schicksal erleidet wie das Minderheiten-Sekretariat des Völkerbunds, das durchaus die richtigen Einsichten hatte, dem aber schlicht die Durchsetzungsmacht fehlte, um diesen Einsichten Geltung zu verschaffen?

Deswegen wäre es unklug, einigermaßen funktionierende europäische (oder auch amerikanisch-europäische) Organisationsansätze aufzugeben, solange neue Ansätze nicht wirklich in Aussicht sind. Wobei man allerdings ehrlich sein muß: Über ein wirksames europäisches »Konfliktverhütungszentrum« wird man sich auch mit den Militärs des NATO-Partners Türkei in absehbarer Zeit kaum einig werden. Deshalb lohnte es, darüber nachzudenken, ob man auf längere Sicht nicht die in der Einheitlichen Europäischen Akte gegebenen Möglichkeiten zu einer außen- und sicherheitspolitischen Zusammenarbeit der Europäischen Gemeinschaft stärker nutzen sollte. Denn der entscheidende Hebel der Westeuropäer ist ihre ökonomische Stärke, also die Wirtschaftsgemeinschaft. Es spricht manches dafür, in einer minderen Perspektive die wirtschaftliche Vereinigung Europas (konkretisiert in der EG) und die sicherheitspolitische (konkretisiert in der NATO) zusammenzuführen, also Sicherheit mit wirtschaftspolitischen Mitteln zu organisieren, und zwar nicht mit Strafaktionen, sondern durch Einbindung.

Die Gegenargumente sind bekannt. Wer die Österreicher mit ihrer »immerwährenden Neutralität« in die EG aufnehmen will, muß die EG als reine Wirtschaftsgemeinschaft konzipieren. Wer die amerikanische Präsenz in Europa für alle Zukunft für unverzichtbar hält, darf Aufgaben, die bisher die NATO wahrnimmt, nicht auf die EG übertragen. Und wer sich vor einer allzu rigorosen Politikverflechtung in Europa fürchtet, muß am Konzept eines »Europas der Vaterländer« festhalten. Das spricht gegen eine Übertragung außen- und sicherheitspolitischer Aufgaben auf die EG, in der die Kommission (unter Delors) sowieso schon verdächtig effektiv geworden ist.

Aber die alten Zeiten sind vorbei. Die »Blöcke« fallen. Die Polen, Ungarn und Rumänen wollen keine Ostpolitik mehr, sie wollen eine Polen-, Ungarn- und Rumänienpolitik. Die flache Europakarte an der Wand wird, um mit Willy Brandt zu sprechen, wieder zum Relief. Die Chance, daß die Sowjetunion und die Vereinigten Staaten etwas miteinander vereinbaren und alle anderen sich daran halten, wird immer geringer. Die neue Lage bringt mehr Freiheit für Millionen von Menschen; mehr Freiheit bedeutet aber auch mehr Risiko, – weil sich die Zahl der Mitspieler vergrößert. Wer in einer solchen Situation die Übertragung konkreter (nicht nur symbolischer) Macht an überterritoriale, übernationale Organisationen verweigert, provoziert den Rückfall Europas in die Zwischenkriegszeit. Vor genau dieser Gefahr stehen wir heute – vor einer Balkanisierung Europas. Es wäre gut, wenn sich auch unsere Sicherheitspolitiker auf diese Gefahr einstellen würden.

(1990)

▌ Neue deutsche Ideologie

Europa ist wieder einmal glücklich. Der Putsch von Moskau ist gescheitert. Der Frühkapitalismus, der sich jetzt in dem zerfallenden Reich – bei höchst gebrechlichen staatlichen Strukturen – entwickeln dürfte, ist zukunftsträchtiger als der Alt-Stalinismus, den die dilettantischen Verschwörer repräsentierten.

Ungebändigter, wilder Kapitalismus ist zwar brutal; aber immerhin entwicklungsfähig.

Nur sollten sich die Regierungen der Europäischen Gemeinschaft mit dem Freuen nicht allzu lange aufhalten; sie müssen jetzt Konsequenzen ziehen. Der Moskauer Putsch hat noch einmal vor Augen geführt, daß die mitteleuropäische Revolution von 1989 die politische Welt radikal verändert hat. Kleine Kriege sind wieder möglich. Die ethnischen und sozialen Konflikte in Mittel- und Osteuropa vermischen sich zu einem ebenso revolutionären wie explosiven Gebräu.

Die Kooperation der Europäischen Gemeinschaft hat sowohl im Golfkrieg als auch bei der jugoslawischen Krise kläglich versagt. Gibt es irgendeine Begründung für die Hoffnung, daß man angesichts dieser blamablen Eiertänze das alte Konzept einer Politischen Union Europas einfach von 12 auf 20 oder 25 Nationen übertragen könnte?

Die Konferenz über Sicherheit und Zusammenarbeit in Europa (KSZE) – ein Gesprächszusammenhang mit großen Verdiensten bei der Beendigung des Kalten Kriegs – wurde gestern noch als Kern eines bündnisübergreifenden europäischen Sicherheitssystems betrachtet. Machen solche Überlegungen noch irgendeinen Sinn, wenn der typische Konflikt der Zukunft so ähnlich abläuft wie der zwischen Kroatien und Serbien, und die Herren Tudjman und Milošević demnächst in den Regierungsbesprechungen dieser Konferenz Sitz und Stimme haben?

Der Warschauer Pakt ist aufgelöst. Manche hofften, die NATO werde jetzt ihre Aufgaben in einem langen, vorsichtigen Prozeß auf die EG übertragen. Ist es Zufall, daß die Stimme Manfred Wörners, des NATO-Generalsekretärs, einen so sonoren Klang gewonnen hat? Oder haben wir irgendwelche Ideen, wie wir verhindern könnten, daß in einem Teil der Welt der Nationalismus und im anderen der Fundamentalismus über uns zusammenschlagen?

Nehmen wir das Beispiel der Deutschen. Sie sind zweimal in diesem Jahrhundert blutig gescheitert, als sie das Gleichgewicht der europäischen Nationalstaaten störten. Ihr oberstes Interesse müßte sein, in eine Struktur einbezogen zu werden, in der sich dieser Prozeß nicht wiederholen

43

kann – also ein supranationales Europa, in dem es keine »Staatskerle« mehr gibt, die ihre Kräfte messen können.

Ganz ähnlich dachten die Gründervater der Europäischen Gemeinschaft: Konrad Adenauer, Alcide De Gasperi, Robert Schuman. Nichts anderes betreibt heute das Europäische Parlament, dessen Ziel die Umwandlung der EG in eine auf dem Subsidiaritätsprinzip und auf stärkeren legislativen und demokratischen Kontrollbefugnissen beruhende Europäische Union ist.

In Wirklichkeit ist die Situation düsterer, als die offiziellen Dokumente ausweisen. Die Rückkehr Deutschlands zum Nationalstaat hat das Bewußtsein seiner Eliten weit nachhaltiger beeinflußt, als heute zugegeben wird. Noch hat sich keine Mehrheitsmeinung, kein »nationaler Wille« herausgebildet. Noch formuliert man vorsichtig und benutzt die alten Worte. Aber schon sind Zweifel angebracht, daß Helmut Kohl seine entschiedene Unterstützung eines supranationalen Europas durchhalten kann. Denn Kohl ist kein Täter, er ist ein osmotisches System. Es wäre ein Wunder, wenn er auf die schon erkennbaren Stimmungsumschwünge nicht geistesgegenwärtig reagieren würde.

Zumal sich solche Stimmungsumschwünge in beiden politischen Lagern, dem rechten wie dem linken, abzeichnen. Ein ungeplantes deutsches Bündnis wird denkbar: zwischen den Souveränitätsdenkern des nationalen Lagers und den linken, sozial und kulturell motivierten Verfechtern einer gesamteuropäischen Idee. In der alle Widersprüche verwischenden, alle Unvereinbarkeiten leugnenden politischen Rhetorik der späten Bonner Republik heißt die Maxime dieses Bündnisses, es gebe »keine Alternative« zwischen der Vertiefung und der Erweiterung der EG – beides, Vertiefung und Erweiterung, sei notwendig und möglich.

Die nationale Argumentation hat am offensten Herbert Kremp in der *Welt* formuliert. Die Idee, den Westen, »die industriellen Herzstücke Europas«, politisch zusammenzufügen, sei »eine Form der Behauptung gegen den sowjetischen Hegemonialanspruch und gegen das bipolare, amerikanisch-sowjetische Welt-Direktorium« gewesen. Inzwischen sei die »Philosophie der Kern-Europäer, der Vertiefer«, tot: »Mit der Verbreitung der politischen Freiheit über Osteuropa verlor diese Idee das plausible machtpolitische Motiv. Dennoch weiterverfolgt, mußte sie zu einem europäischen Direktorium über das wiedervereinigte Deutschland degenerieren.«

Allerdings ist der nackte nationale Machtwille auch heute in Deutschland noch nicht so recht formulierbar. Deswegen schiebt Kremp eine »soziale« Argumentation nach. Die Vertiefung der Europäischen Gemeinschaft, »als die sich die Zernierung Deutschlands tarnt«, ziehe automatisch die Begrenzung der EG-Mitgliedschaft osteuropäischer Staaten nach sich. Damit werde »das große Ziel, die ökonomisch-politische Sicherung der jungen osteuropäischen Freiheiten«, verfehlt. Also müsse man zwei Fliegen mit einer Klappe schlagen. Mit der Beschränkung Europas auf eine »Freihandelszone« lasse sich erstens der »harte Zweck der Integration, die Kontrolle Deutschlands«, durchkreuzen und gleichzeitig ein gutes Werk tun. Man integriere Václav Havel, Lech Wałęsa und andere Helden der mitteleuropäischen Revolution nach Europa, ins Abendland.

Die Linke denkt nicht vom Begriff der Souveränität her; ihre Schlüsselbegriffe heißen Integration und Verflechtung. Es ist ja auch eine plausible Idee, mit den osteuropäischen Staaten zu exerzieren, was mit Spanien und Portugal gelungen ist: Stabilisierung der Demokratie durch Einfügung in einen europäischen Kontext. Die Konsequenz daraus ist die Forderung nach den »Vereinigten Staaten von Europa« – und zwar, wie sogar die SPD auf ihrem Bremer Parteitag 1991 beschlossen hat, mit »allen Staaten Europas, die dies wünschen« (!).

Von links bis rechts – eine neue deutsche Ideologie?

Schon die Behauptung, daß die vielbenutzte Formel von der »Heimkehr nach Europa« die Bereitschaft der Slowaken, Kroaten, Litauer oder Georgier signalisiere, ihre noch hart umkämpfte Selbständigkeit ohne viel Federlesens an ein Europäisches Parlament und eine Europäische Kommission weiterzureichen, ist illusionär. Wo ein Volk fast bedingungslos auf die eigene nationale Identität ausgerichtet ist, wird es sich sein Einwanderungsrecht, seine Medienpolitik und vielleicht sogar seine Milchquoten für eine gewisse Zeit nicht vorschreiben lassen wollen.

Zudem ist die Debatte »Erweiterung oder Vertiefung« demokratietheoretisch ziemlich absurd. Wer behauptet, er wolle eine Politische Union Europas, und gleichzeitig insinuiert, ein Europa von Brest am Atlantik bis Brest am Bug sei von einem Parlament in Brüssel oder Straßburg regierbar, betrügt sich selbst. Er muß entweder zugeben, daß »Politische Union« für ihn ein loser Staatenbund mit einem lediglich symbolisch-dekorativen Parlament ist – oder er muß das große, das »geographische« Europa als Pluralität mehrerer Staatsverbände (Bundesstaaten, Staatenbünde oder Allianzen) begreifen. Ein »Europäisches Parlament«, das seinen Namen verdiente und 500 Millionen Menschen mit 40 oder 50 Sprachen repräsentieren müßte, ist keine »Utopie« mehr, sondern eine Zwangsvorstellung. Verglichen mit diesem Monstrum ist das Österreich-Ungarn selbst des Jahres 1913 ein wohlgeordneter Staat gewesen.

Am gefährlichsten aber wäre eine Trennung der deutschen von der französischen Politik.

Frankreich drängt auf eine Einbindung des größten, wirtschaftlich stärksten EG-Staats Deutschland; nach bitteren historischen Erfahrungen zu Recht. Wenn Deutschland jetzt anfinge, sich dieser gemeinsam formulierten Politik zu entziehen – egal ob aufgrund eines erneuerten Souveränitätsdenkens oder eines paneuropäischen Idealismus –, wäre der Rückfall Europas in die alten Rivalitäten programmiert. In wenigen Monaten könnte zerstört werden, was Adenauer mit de Gaulle, Brandt mit Pompidou, Schmidt mit Giscard und Kohl mit Mitterrand sorgsam und vorsichtig aufgebaut haben.

Denn die Schönschwätzer, die von einer »neuen Weltordnung« faseln, wissen nicht, wovon sie reden. Sie benutzen das abgelebte Pathos des amerikanischen Präsidenten Woodrow Wilson, der nach der ersten europäischen Katastrophe die »Allianz aller gegen den Missetäter« schmieden wollte. Das Ergebnis waren die ungerechten Pariser Vorort-Verträge, die heute noch Mord und Totschlag auslösen, und der edel-wirkungslose »Völkerbund«. Sind wir wieder in der Stimmung, auf solches Gesäusel hereinzufallen?

Die offizielle deutsche Außenpolitik schwankt hin und her, und die Opposition schwankt mit. Außenminister Genscher hat erkannt, daß es eine tödliche Gefahr für Deutschland bedeuten würde, wenn Westeuropa die mittel- und osteuropäischen Staaten absaufen ließe. Deswegen kämpft er zu Recht um die wirtschaftliche Assoziation Polens, der Tschechoslowakei, Ungarns oder der Balten.

Gleichzeitig aber ergreift er die Rolle des gesamteuropäischen Visionärs. Er will die Politische Union von Lettland bis Portugal, von Hammerfest bis Lampedusa. Aber wer den Spaniern die Perspektive nimmt, daß ihre strukturschwachen Gebiete mit Hilfe der EG saniert werden, wer die Bedeutung der Franzosen in der Gemeinschaft drastisch mindert und in einem kaum entwickelten europäischen Parlamentarismus auch noch nationale Populisten aus Polen, frischgewendete Kommunisten aus der Ukraine oder kleine Landwirte-Parteien aus Rumänien integrieren will, muß scheitern.

Die Deutschen sollten sich nicht täuschen: Die schiere Größe ihres neuerstandenen Nationalstaats macht die westlichen Nachbarn mißtrauisch. Sie werden die Vergangenheit von Wilhelminismus, Hitlerismus und Auschwitz nicht los. Schon kleinere Kunstfehler, schon verzeihbare Wallungen lösen in Rom, London und Paris die Alarmanlagen aus.

Als Beispiel die jugoslawische Krise. Zugegeben, die Bundesregierung spielte ein wenig leichtfertig mit der scharfen Handgranate der »Selbstbestimmung« und »drohte« mit der Anerkennung Kroatiens. Aber die Versuchung, sich in einer exzentrischen Rolle zu gefallen, dauerte nur Tage. Inzwischen ist jeder Verdacht, die Bundesrepublik könnte einen Alleingang riskieren, glaubhaft dementiert.

Und doch geht auch bei den seriösesten Freunden die Furcht um, die Deutschen wollten erneut die Vormacht Mitteleuropas werden. Nur staubtrockene Nüchternheit, nur langweilige Geradlinigkeit könnten die Deutschen vor dem Ruf bewahren, sie gründelten erneut faustisch in der unermeßlichen Tiefe ihrer Seele. Bitte keine deutsche Mission, keine Visionen in Übergröße, keine Reichsidee vom Donezbecken bis zu Land's End. Es ist notwendig, Mittel- und Osteuropa in einem langen, kontinuierlichen Prozeß in einen europäischen Wirtschaftsraum einzubeziehen. Es ist unverzichtbar, die Nationen, die dem Kommunismus entronnen sind, in einem Europäischen Sicherheitssystem zu verankern. Aber keine falschen Versprechungen.

Das Aufblähen der Europäischen Gemeinschaft zu einem gesamteuropäischen Völkerbund würde den östlichen Nationalismus nicht disziplinieren, sondern den westlichen stimulieren. Über die Wiedervereinigung der Südtiroler mit Österreich debattieren wir schon. Wie lange wird es dauern, bis die deutsche Minderheit in Polen ihr »Selbstbestimmungsrecht« einfordert und Grenzveränderungen verlangt?

Die integrationswilligen europäischen Staaten sollten deshalb für eine Politische Union, die den Namen verdient, entschieden und wirkungsvoll eintreten.

Es gibt Entscheidungssituationen, in denen nicht Engelsgeduld und diplomatische Raffinesse, sondern schroffe, fortreißende, scheinbar gewaltsame Maßregeln am Platze sind.

Die mitteleuropäische Revolution von 1989, die deutsche Vereinigung und die neuen, kleinen, mitteleuropäischen Kriege haben eine solche Situation geschaffen.

(1991)

▌ Die Sieger in der Zwickmühle

»Dank der Gnade Gottes hat Amerika den Kalten Krieg gewonnen«, hat Präsident George Bush in seiner Botschaft zur Lage der Nation im Jahre

1992 gesagt. »Eine einstmals in zwei bewaffnete Lager geteilte Weit anerkennt jetzt eine einzige herausragende Macht, die Vereinigten Staaten von Amerika. Und sie betrachtet dies ohne Schrecken, denn die Weit vertraut in unsere Macht – und die Welt hat recht.« Mag sein.

Aber hinter der militärischen Bilanz steckt eine andere. Die westliche Welt, in der die Vereinigten Staaten trotz drückender Schulden, verlorener Weltmarktanteile und einer da und dort schon verrottenden Infrastruktur nach wie vor die stärkste Macht sind, steckt in mehreren strukturellen Dilemmata. Ich bin nicht abgeschmackt genug, dem Kapitalismus wieder einmal die »große Krise« zu prophezeien. Aber ich rate der Linken, ihr Instrumentarium zu überprüfen, statt es wegzuwerfen.

Wir leben nicht in einer Situation, in der der Osten sich durch Modellwechsel nach ein paar Anpassungskrisen in eine blühende kapitalistische Landschaft verwandelt. Die Lage des Südens ist seit den mit großem Propagandaaufwand verkündeten Hilfsprogrammen der Vereinten Nationen von Anfang der achtziger Jahre nicht etwa besser geworden, sondern eher hoffnungsloser. Über die ökologische Krise debattieren wir zwar seit zwei Jahrzehnten, aber es ist uns – trotz Herausbildung einer veritablen neuen Disziplin, der Umweltökonomie – noch nicht gelungen, den Gedanken, daß verschiedene Ressourcen endlich sind, in unser ökonomisches Denken (vom Handeln zu schwelgen) zu integrieren.

Auch sind wir, durch die mikroelektronische Revolution, mit völlig neuartigen Produktivkräften der Rationalisierung und Automatisierung konfrontiert worden, mit denen wir noch nicht so recht umgehen können; selbst Bankanalytiker beginnen, eine seltsame, archaische Sprache zu benutzen: »Der Kapitalismus wurde von der Kette gelassen und ist über sich selbst hergefallen«, hat einer von ihnen kürzlich in der *Zeit* – er sprach über den Zustand der US-Ökonomie – gesagt.

Vor allem: Die Ökonomie hat sich radikal internationalisiert, die Politik jedoch ist mit all ihren Versuchen, aus dem Gefäß des Nationalstaats auszubrechen, bisher gescheitert. Angesichts dieser Lage wäre es absurd, wenn sich die europäische Linke von den aggressiven Siegerillusionen neoliberaler Ökonomen und den rührenden Hoffnungen osteuropäischer Politiker anstecken ließe.

Wenn ich die Projektionen vieler Großpolitiker über die Entwicklung in Ostdeutschland, Polen, der Tschechoslowakei oder den baltischen Staaten höre, fällt mir gelegentlich mein eigenes Land ein, Deutschland, eine der erfolgreichsten Volkswirtschaften der Welt. Aber selbst dieses Land entwickelt sich seit mehr als einem Jahrzehnt auf das Schnittmuster der Zweidrittelgesellschaft zu, das heißt hin auf eine dualistische Struktur, in der das untere Drittel oder Viertel die Politik kaum mehr beeinflußt, weil die konkurrierenden politischen Eliten es nicht wagen können, deren Probleme ernsthaft zur Debatte zu stellen, Die Frage, wer die Wahlen gewinnt, wird in der Oberwelt entschieden, nicht in der Unterwelt.

Um die Wahrheit zu sagen: Selbst in der unbestreitbar reichen, mit einer phantastischen Infrastruktur ausgestatteten Bundesrepublik Deutschland, in der es einer deutlichen Mehrheit der Bevölkerung, die Kernbelegschaften der Fabriken und Verwaltungen eingeschlossen, wirtschaftlich vorzüglich geht, gibt es knapp sieben Millionen Arme, deren Einkommen um fünfzig Prozent unter dem Durchschnitt liegt. Es gibt weit mehr als drei Millionen Sozialhilfeempfänger, obwohl nur 48 Prozent der Berechtigten Sozialhilfe beantragen. Nur noch rund 35 Prozent der Arbeitslosen beziehen Arbeitslosengeld; die anderen sind schon zu lange arbeitslos.

Das bedeutet: Es ist absehbar, wann diese Mischung von alleinerziehenden Frauen, kinderreichen Familien, Ausländern, Flüchtlingen, Behinderten, psychisch Kranken, Obdachlosen, Studenten, Kleinrentnerinnen und Kleinrentnern, Langzeitarbeitslosen und systematisch Unterbeschäftigten aus der Realität der alltäglichen Politik verschwindet. Diese Leute trifft man noch in Supermärkten; und die meisten von ihnen unterscheiden sich nicht sichtbar von der Mehrheit – man kann ja, wenn einer nur Margarine, Brot und Joghurt in dem Drahtwagen hat, mir dem er zur Kasse fährt, nicht wissen, ob er Diät hält, um nicht dick zu werden, oder ob er nicht genügend Geld hat, um richtig einzukaufen. Aber in den politischen Treffen, Zirkeln, Versammlungen, dort wo Entscheidungen vorbereitet und getroffen werden, dort wo die Mehrheit in einem durchaus demokratischen Prozeß mit sich selbst umgeht, dort findet sich dieses untere Drittel oder Viertel der Bevölkerung weniger und weniger.

Wenn das aber schon die Wirklichkeit des reichen Deutschland ist – wie stellt man sich die Wirklichkeit in einem Vorort von Prag, in einer Industriestadt im polnischen Kohlerevier oder gar in einem rumänischen Dorf vor? Die Weltbank, eine vorsichtige, des Antikapitalismus unverdächtige Einrichtung, hat vorhergesagt, daß keines der osteuropäischen Länder vor dem Jahr 2000 wieder den Lebensstandard von 1989 erreicht haben wird.

Was das für das jeweilige untere Drittel dieser Gesellschaften bedeutet, läßt sich aus der Perspektive der oberen zwei Drittel in Deutschland, Frankreich oder den Niederlanden nur schwer ermessen. Werden die mittel- und osteuropäischen Unterschichten den beschleunigten Abstieg, der ihnen zugemutet wird, für ein ganzes Jahrzehnt hinnehmen? Werden sie unerschütterlich, in der Hoffnung auf Licht am Ende des Tunnels, die friedenstiftenden Prozeduren der Demokratie anwenden?

Ich war mein Leben lang ein überzeugter Anhänger der marktwirtschaftlichen Regulation. Ich habe der Effizienz des »realen Sozialismus« nie getraut; deswegen war ich nur über das Ausmaß des Bankrotts von Honeckers DDR überrascht, nicht über das Faktum. Aber ich finde es leichtfertig, wenn im Westen derzeit verdrängt wird, daß Griechenland, ein EG-Land, nicht viel besser dasteht als mancher osteuropäische Staat. Die Vorstellung, der Modellwechsel der realsozialistischen Gesellschaften garantiere rasche Prosperität und erfolgversprechende neue Märkte ist erstaunlich leichtfertig.

Halten wir uns nicht mit Banalitäten auf. Einerseits ist es sinnlos, ja unmoralisch, den wirtschaftlichen Egoismus abstrakt zu negieren. Märkte sind wunderbare Instrumente zur Streuung von Verantwortung in der Gesellschaft. Wenn man sie mit politischer Demokratie kombiniert, entwickeln sie die Fähigkeit, elastischer als jedes andere System auf Herausforderungen zu reagieren. Andererseits sind Marktwirtschaften – das lehrt die Geschichte des Sozialstaats – natürlich nur dann »überlegen«, wenn sie politisch-institutionell reguliert werden.

Triumphgeschrei ist immer gefährlich, auch marktwirtschaftliches Triumphgeschrei. Es kann nicht darum gehen, alle »nichtmarktmäßigen« Formen der Regulation ökonomischer Prozesse zu beargwöhnen. Es geht darum, einen möglichst intelligenten, der jeweiligen Situation angepaßten Zusammenhang von Markt, Demokratie und Plan zu organisieren und am Leben zu erhalten.

Ich sehe drei strukturelle Dilemmata, in denen sich »der Westen« verfangen hat. Ich behaupte nicht, daß es sich um unlösbare Widersprüche handelt, gar um solche, die mehr oder weniger automatisch in einen Zusammenbruch führten. Aber es handelt sich auch nicht um einfache Fehlentwicklungen, die prinzipiell und mit einem bekannten Instrumentarium zu korrigieren sind, wie zum Beispiel konjunkturelle Krisen. Es sind regelrechte Zwickmühlen.

Ich habe den Ton der apokalyptischen Selbstalarmierung immer gehaßt. Meine Sympathie gilt den mit globalen Schlußfolgerungen vorsichtigen, alle Hypothesen abwägenden, für realisierbare Gegenstrategien kompetenten Wissenschaftlern und Fachbeamten. Aber auch die können einen inzwischen nicht mehr beruhigen.

Nach sorgfältiger Lektüre all der großen Regierungsberichte, der Jahrbücher des World Watch Institute, der Studien des Club of Rome, des Brundtland-Berichts, kommt ein *middle-of-the-road*-Mann wie der 1960 geborene Philosoph Vittorio Hösle zu dem Ergebnis, »daß die Geduld der Erde zu Ende geht«. Sein Resümee: »Bei allen Mängeln dieser Schriften, die bei der Analyse so komplexer Zusammenhänge des Weltklimas, der Entwicklung der Ernährungssituation, der Umweltbelastung unvermeidlich sind, ist es abwegig, ihrer Grundthese den Glauben zu verweigern – die demographische Entwicklung, die Erhitzung der Atmosphäre, die Zunahme giftiger Chemikalien im Wasser, die Erosion des Bodens, die Verdünnung der Ozonschicht, die Abnahme der Nahrungsmittel, die Verringerung der Artenvielfalt müssen eine Situation schaffen, in der es zu ökologischen Katastrophen kommen wird.«

So ähnlich wie Hösle formuliert heute praktisch jeder, der sich ernsthaft mir der vorhandenen Literatur auseinandergesetzt hat.

Dabei ist das eigentlich Beängstigende die Erkenntnis, daß unser politisches System nicht so beschaffen ist, daß wir uns durch den großen Entschluß einer charismatisch geführten Regierung aus der geschilderten Situation befreien können. Das liegt einmal an der Tatsache, daß das politische System auch noch das wirtschaftliche System braucht, wenn Ergebnisse erzielt werden sollen. Auch reicht die politische und die wirtschaftliche Elite eines – selbst mächtigen – Landes nicht aus; es müßten sich viele zusammentun. Selbst wenn man all diese Schwierigkeiten vergessen wollte, käme man noch an den komplizierten Zusammenhang einer Natur, die sich in langen Zeiträumen regeneriert, und der Dynamik einer Geldwirtschaft, die sehr viel kürzere Zyklen kennt.

Es ist, grob vereinfacht ausgedrückt, das Problem, daß wir, wenn wir das Entropiegesetz bedenken, das Wirtschaftswachstum drosseln beziehungsweise von einem quantitativen in einen qualitativen Prozeß umwandeln müßten, daß dies aber auf erhebliche Schwierigkeiten stößt, weil Begrenzungen des Wachstums in einer modernen Geldwirtschaft sehr schnell zu einer allgemeinen Tendenz der Schrumpfung und zur wirtschaftlichen Krise führen.

Rohstoffe sind wertvoller als Abfälle; je mehr Rohstoffe wir ausgraben, desto mehr wird die Natur entwertet. Je mehr wir an die Stelle von natürlicher Regeneration künstliches Recycling setzen, um so kostspieliger wird der ökonomische Prozeß. Gleichzeitig ist es aber schwierig, diesen Prozeß an einem beliebigen Punkt zu unterbrechen.

Aufgrund des ökologischen Traditionsbruchs, der vor 400 Jahren seinen Ausgang nahm, betragen die Ölreserven beim gegenwärtigen Verbrauchsniveau noch 28 Jahre, die Erdgasreserven 48 Jahre, die Kohlereserven 260 Jahre. Eine sogenannte Back-Stop-Technologie aber – also eine Form der Energieversorgung für einen unbegrenzten Zeitraum zu tragbaren Kosten und in einem Umfang, der zur Befriedigung der Energienachfrage ausreicht – scheint es nicht zu geben. Die Experten sagen: Auch die Sonnenenergie ist keine Back-Stop-Technologie dieser Art. Unsere beneidenswert tüchtigen deutschen Manager würden sagen: »Es besteht Handlungsbedarf.«

Die achtziger Jahre waren, so heißt ein geflügeltes Wort der Entwicklungspolitiker, für die verschuldeten Länder der Dritten Welt ein »verlorenes Jahrzehnt«. Das ist schrecklich, weil hinter dem Wort vom verlorenen Jahrzehnt eine verlorene Generation steht.

Das Hauptproblem liegt aber wieder im Mechanismus, nicht in der Moral. Natürlich gibt es korrupte Oberschichten in den Entwicklungsländern, die Fluchtkapital in Lugano oder Luxemburg deponieren. Natürlich gibt es dilettantische Formen von Entwicklungshilfe und fragwürdige, rücksichtslose Entscheidungen, zum Beispiel bei der Rezyklierung des Petrodollars in den siebziger Jahren. Aber es geht weniger um Privatmoral als um die Frage, ob die Probleme der schwachen Länder der Dritten Welt im Regelwerk des freien Weltmarktes, wie er heute beschaffen ist, lösbar sind – und ob es irgendeine Chance gibt, dieses Regelwerk so zu ändern, daß nicht immer mehr Gesellschaften in die aussichtslose Lage gedrückt werden, in der Bolivien, Argentinien, Brasilien oder die meisten afrikanischen Länder schon vegetieren.

Die Schuldenkrise brach um 1981 aus. Seitdem haben die armen Länder der Dritten Welt an die reichen Länder der ersten Welt 336,2 Milliarden US-Dollar netto transferiert. In Indien übertrafen im Jahr 1988 die Zinszahlungen für Auslandsschulden die Nettoauszahlungen der öffentlichen Entwicklungshilfe um eine Milliarde.

Wenn europäische Staaten rückzahlbare Zuschüsse an arme afrikanische Länder geben, dann müssen diese mehr als die Hälfte davon für Zinszahlungen (Tilgungen nicht eingerechnet) ausgeben. Das heißt: In aller Regel werden in den verschuldeten Ländern die durch Exportüberschüsse geschaffenen Einkommen als Schuldendienst ins Ausland transferiert. Dies aber bedeutet, daß dieses Geld als Nachfrageimpuls im verschuldeten Land ausfällt. Es entsteht Arbeitslosigkeit, es wird nicht mehr genug investiert, man erhöht die Steuern, senkt die Ausgaben, weitet die interne Staatsverschuldung mit Hilfe der Notenpresse aus und landet schließlich in einer galoppierenden Inflation.

In den lateinamerikanischen Ländern gab es 1989 eine Inflation von durchschnittlich 500 Prozent. Das bedeutet, daß ganze Gesellschaftsgruppen in die Subsistenzökonomie abgedrängt wurden, daß an die Stelle des durch Geld vermittelten Tausches der Naturaltausch tritt, daß parallel zu den offiziellen Ökonomien illegale – etwa die Drogenwirtschaft – entstehen. Viele dieser Gesellschaften werden mehr oder weniger unregierbar. An ihre Spitze treten politische Schauspieler, die eine Zeitlang zwischen den übriggebliebenen Machtgruppen herumspringen und dann politisch oder physisch liquidiert werden.

Die Ökonomen nennen es einen »neuen Akkumulationstyp«. Es geht um eine prinzipielle Formänderung der Arbeit, die in den entwikkelten Industriegesellschaften wie die Vereinigten Staaten, Japan oder Deutschland Ende der sechziger Jahre einsetzte. Die Ursachen für diese Entwicklung sind komplex: sektorale Marktsättigungen, veränderte Konsumpräferenzen von Millionen von Menschen – etwa beim »Konsum« von Natur –, ein wachsender Widerstand gegen standardisierte Produkte bei größer werdenden Minderheiten, vor allem aber der Zusammenbruch von Massenmärkten aus wirtschaftspolitischen Gründen nach 1973, nach der Freigabe der Wechselkurse, und der Liquidierung des Regimes von Bretton Woods.

Die Bedeutung dieser Freigabe der Wechselkurse kann man im übrigen kaum überschätzen. Der geldwirtschaftliche Prozeß war eine Magd der realen Produktion. Heute ist die Magd zur Herrschaft geworden. Zinsen und Wechselkurse werden immer mehr auf den hochspekulativen Geld- und Kapitalmärkten gebildet, immer weniger aufgrund realer Transaktionen bei Produktion, Investition und Welthandel. Dann und wann sind die Zinsen schon höher als die Realrendite.

Das aber heißt, daß sich unternehmerische Aktivitäten von der Produktion von Waren und Dienstleistungen zu Finanzanlagen verlagern. Es entsteht eine Art »Casinokapitalismus«. Regierungschefs und Finanzminister der »großen Nationen« mögen immer noch vielbeachtete Weltwirtschaftsgipfel inszenieren. Die Außenwirkung dieser Konferenzen ist inzwischen aber größer als ihre reale Macht.

Man würde mich völlig mißverstehen, wenn man diese Analyse der »Dilemmata« des Westens als zynische Abrechnung mit »dem Kapitalismus« verstehen wollte, als schadenfrohe Aufforderung, nur auf den Crash zu warten, als höhnische Abrechnung mit uns vermeintlichen Siegern. Der Markt ist der einzig bewährte Motor der Erneuerung des Produktionsapparates, den die Geschichte hervorgebracht hat; es wäre verrückt, auf ihn zu verzichten.

Kapitalistische Gesellschaften provozieren mit der Dynamik ihrer Geldwirtschaft nicht nur Konflikte, sie stellen auch deren Bearbeitungsform zur Verfügung: Man kann – um beim Beispiel der ökologischen Krise zu bleiben – ein Preissystem für nachhaltiges Wirtschaften bestimmen, man kann die Leistungen der Natur honorieren, die ökologischen Schäden in die ökonomische Rechnung einbeziehen, man kann eine Energiepolitik machen, die Energiesparen erzwingt. Man muß es nicht hinnehmen, daß der Energieverbrauch des westdeutschen Pkw-Verkehrs mit etwa vierzig Millionen Tonnen Steinkohleeinheiten pro Jahr so hoch ist wie der gesamte Energieverbrauch der mehr als 300 Millionen Bewohner Schwarzafrikas. Man kann den Markt, auch wenn man ihn anerkennt, beeinflussen, wirksame internationale Organisationen schaffen.

Aber es wäre falsch, mit dem »perspektivischen Reden« weiterzumachen, mit der Beschwörung der eigenen Wünsche statt der Beschreibung der Wirklichkeit, mit der Verkündung falscher Versprechungen, die bei den Betroffenen schon nach wenigen Jahren bittere Enttäuschung auslösen müssen, mit der Konstruktion luftiger Völkerbünde, deren Gründung immer wieder feierlich besiegelt wird, während in Wirklichkeit Nationalismus. Rassismus und Populismus um sich greifen.

Dieselben Leute, die in herrlich restaurierten Rokokosälen Friedenspreise an frühere osteuropäische Dissidenten verleihen, mit denen sie gestern nichts zu tun haben wollten, betreiben zu Hause ein Asylrecht, das der Maxime folgt, »das Boot ist voll«. Es kann nicht mehr lange dauern, bis die nachrevolutionäre Schauspielerei als solche erkannt wird. Das europäische Publikum wird die idyllischen Schäferspiele und den romantischen Spuk irgendwann ziemlich unvermittelt von der Bühne schreien.

Denn die Familie Tyminski vermehrt sich. Stanislav Tyminski war jener Auslandspole, gleichzeitig Staatsbürger von Kanada, Peru und Polen, der gegen Lech Wałęsa immerhin ein Fünftel der Stimmen gewonnen hat, bevor er aus dem Land, in dem er gerade Präsident werden wollte, wieder verschwand. Auch früher hatte es solch windige Figuren in der Politik gegeben, aber eher in Bürgermeisterwahlkämpfen auf der schwäbischen Alb als bei Präsidentenwahlen in einem europäischen Nationalstaat. Tyminski ist ein Symptom. Diese politische Familie könnte sich rasch vermehren, wenn die politischen Eliten Europas auf die Krisensymptome weiterhin so nonchalant reagieren wie bisher.

(1992)

▌ Wer kämpfen will, soll vortreten

I.

Südosteuropa? Der Westen ist ratlos. In Deutschland zum Beispiel erzielt der Postminister, ein gebildeter, eher scheuer Technokrat, vom Studium her Sinologe, das erste und wahrscheinlich letzte Mal in seiner politischen Laufbahn Balkanüberschriften: Er tritt zurück, weil er es nicht mehr erträgt, einer in der Südosteuropa-Politik »untätigen« Regierung anzugehören, Großer Tusch! Wenn man aber liest, was er über Südosteuropa zu sagen hat, dann geht's über die Gedankenstummel des wohlmeinenden Deutschen nicht hinaus: »Es muß etwas geschehen« – »Zur Not muß geschossen werden« – »Die Serben sind die schlimmsten«.

Keines dieser Motive – es sind eher ethisch eingefärbte Gefühle als empirisch gehaltvolle Schlußfolgerungen – ist ganz falsch. Aber leider enthalten solch innere Schübe nicht die Spur einer Idee, wie man die Massenmorde beenden könnte, die 200 000 Bewaffnete in Bosnien begehen. Nach Angaben des amerikanischen Generals McCaffrey sollen sie in fünf Fraktionen gespalten sein und von neunzehn regionalen Kriegsherren angeführt werden.

Natürlich, auf der Ebene der Zuständigen ist man einen Schritt weiter. Da hat man Sanktionen gegen die Bundesrepublik Jugoslawien verhängt. Sie sind nicht wirkungslos. Wer sich in Belgrad operieren lassen will, muß den Faden, mit dem seine Wunde genäht werden soll, selbst mitbringen; auch können serbische Intellektuelle die vernichtende Kritik ihres Landes in der *FAZ* (»ein unzivilisierter Staat«) nicht mehr lesen, es gibt keine ausländischen Zeitungen, Der Nachteil der Sanktionen scheint zu sein, daß der serbische Präsident Milošević, einer der schlimmsten national-bolschewistischen Demagogen auf dem Balkan, sich bei all seinen Mißerfolgen auf die Sanktionen herausreden kann. Auch kann er geheimnisvollerweise immer noch einen indischen Großauftrag zur Lieferung moderner Feuerleitanlagen für Panzer bedienen; die Elektronikbauteile kommen aus dem eigentlich verfeindeten Slowenien.

Demnächst will man die Sanktionen verschärfen – Milošević hat, nachdem der Westen der serbischen Opposition keinerlei Perspektiven bot, die Wahlen, wenn auch mit üblen Kunstgriffen, gewonnen. Ob mit solcher Verschärfung allerdings mehr beruhigt wird als das schlechte Gewissen der westeuropäischen Mittelklassen, steht dahin.

Bleibt die Idee einer Militärintervention. Ihr kann man, anders als bis 1989, nicht mehr mit dem Hinweis begegnen, daß jeder regionale Konflikt zum Nuklearkrieg ausarten kann. Auch pazifistische Formeln (»Menschen und ihre Rechte dürfen nicht im Namen der Menschenrechte militärisch vernichtet oder verletzt werden«) helfen nur über die Sonntage. Wenn die »zivilisierten Völker« Landraub und Völkermord – den sie verhindern könnten – geschehen lassen, könnte es mit ihrer Zivilisiertheit bald vorbei sein, Moralisch wäre ein militärischer Eingriff in Bosnien längst legitimierbar. Man muß sich allerdings klarmachen, was er bedeutet, wer ihn führen könnte und wohin er führen soll. Gerade daran aber hapert es. Das vernichtendste Urteil über die politischen Klassen Europas ist es, daß die Debatte der Generäle realistischer und vorsichtiger ist als die der Politiker, die sich alle naselang von bramarbasierenden Bellizisten (jeglicher Färbung) unter Druck setzen lassen.

Wer den Balkanvölkern Lösungen von außen aufzwingen will, muß ein paar banale Tatsachen berücksichtigen.

• Es muß Schluß sein mit »gespielter Entschlossenheit«, mit Vorschlägen für den Hausgebrauch. Es hat keinen Zweck, vom Abschuß aller Kampfflugzeuge oder vom Lufteinsatz gegen strategische Ziele zu fabulieren, wenn das Kriegsgeschehen vor Ort vor allem von mobilen Mörsertrupps bestimmt wird.

• Eine echte Militärintervention, also eine »Operation Balkansturm«, verlangt zwischen 400 000 und einer Million Soldaten. Der stellvertretende Befehlshaber der UN-Truppen in Jugoslawien, General Morillon, schätzt die Opfer auf Seiten der Interventionstruppen auf bis zu 100 000. Ohne die Beteiligung der Vereinigten Staaten wäre eine solche Operation de facto nicht möglich.

• Begrenztere Optionen, zum Beispiel die Befreiung belagerter Städte, die Begleitung von Hilfskonvois, die Einrichtung von Schutzzonen und die Öffnung von Korridoren sind denkbar, auch für die Europäer. Auch solche Ziele verlangen hohe Einsätze, die Entsetzung Sarajevos zum Beispiel würde zwei Kampfdivisionen mit modernsten Transportkapazitäten erfordern.

• Ein Einsatz unter der Verantwortung und Kontrolle der Vereinten Nationen fällt aus, weil dem schon die Vereinigten Staaten nicht zustimmen dürften. Selbst das höchst fragwürdige Golfmodell wird kaum zustande kommen, weil der Sicherheitsrat keine gemeinsame Lageanalyse hat. Die Russen begreifen sich wieder stärker als Anwälte der Serben. Von der

KSZE wollen wir schweigen. Man müßte auf eine umfassende Legitimation der Völker- und Staatengemeinschaften verzichten,

• Einsatzfähig wäre die NATO: Bei Ihr existieren auch militärisch durchführbare Pläne, Die Frage ist, ob man das Verteidigungsbündnis in eine Interventionsarmee umfunktionieren will.

• Im übrigen sind die wenigsten europäischen Völker darauf vorbereitet, junge Landsleute in Zinksärgen aus schwer übersehbaren Kriegsschauplätzen zurückzubekommen. Die potentiellen Kriegsherren der westlichen Großstaaten müßten eiserne Nerven haben, eine derzeit eher seltene Grundausstattung bei Politikern.

Das heißt: Die Anwendung oder die glaubhafte Androhung militärischer Mittel ist denkbar, aber höchst risikoreich. Vor allem aber: Wenn »der Westen« (was immer das im konkreten Fall dann sein mag) Bosnien, das Kosovo oder Mazedonien nicht für Jahre besetzen will, muß er eine Lösung präsentieren, die friedensfähig ist, aber die Interessen keines Partners unzumutbar verletzt. Unzumutbar heißt: im subjektiven Empfinden der Mehrheit des jeweiligen Volkes. Wer die Kriegsziele der Milošević, Tudjman, Karadžić, Boban oder Šabanović kennt, weiß, welche Aufgabe da zur Debatte steht.

II.

Der Hauptgrund für das Versagen der Westeuropäer liegt in dem täppischen Hantieren mit dem Nationalstaatsgedanken und der Mehrheitsregel in einer Völkermischzone. Diesen Fehler machten zuerst die Jugoslawen selbst. Mag sein, daß der Vielvölkerstaat in der von Tito erzwungenen inneren Balance unter dem Druck der unvorbereiteten, schlagartig einsetzenden Demokratisierung nicht zu halten war: die Idee aber, die bisher geltenden und oft willkürlich gezogenen inneren Grenzen abhängiger Bundesländer zu Staatsgrenzen selbständiger, nach dem Mehrheitsprinzip regierter Nationalstaaten zu machen, mußte zum Krieg führen.

Natürlich läßt sich Jugoslawien auseinanderdividieren. Das ist zwar nicht so leicht, wie es sich die modischen Wiederverwender alter Kampfformeln (»Zwangsstaat«, »Kunstprodukt«, »Völkerverkehr«) vorstellen. Die panbalkanische Idee hat tiefe Wurzeln. Selbst Ranke nannte Kroaten, Serben und Dalmatiner »ein einziges Volk«, im Wiener Schriftsprachenvertrag von 1850 erklärten Slowenen, Kroaten und Serben, sie sprächen »ein und dieselbe Sprache«. Und der sozialdemokratische Reichstagsabgeordnete Hermann Wendel (1884 bis 1936), der beste Südosteuropa-Kenner, den die deutsche Politik je hervorgebracht hat, verstieg sich sogar zu der Behauptung: »Sollten Jugoslawen nicht ein Volk sein, dann sind auch die Deutschen keines.«

Das mögen unzeitgemäße Gedanken sein. Daß sich aber 800 000 Serben im kroatischen Knin, in Slawonien oder gar in der Krajina und 1,2 Millionen Serben in Bosnien niemals als Minderheiten in einen kroatischen oder bosnischen Staat einordnen würden, konnte man wissen. Zu furchtbar sind die – gegenseitigen – Erinnerungen. »Bekehre ein Drittel, treibe ein Drittel aus, töte ein Drittel«, hieß die Maxime der kroatischen Ustascha, die auch Bosnien beherrschte. Die meisten Morde an Serben, zum Beispiel im berüchtigten Konzentrationslager Jasenovac, waren so brutal, daß selbst die deutsche Besatzungsmacht einschließlich der SS protestierte. Später rächten sich Tito-Partisanen grausam. Bei dieser Vorgeschichte, die ihrerseits wieder viele Vorgeschichten hat, war es absurd, sich vorzustellen, eines dieser Völker würde das andere als Titularvolk anerkennen. Für die 700 000 Kroaten in Bosnien-Herzegowina (vor allem in der fanatisch nationalistischen Westherzegowina) gilt dasselbe wie für die Serben.

So war die europäische Politik in Jugoslawien eine Kette von Fehlleistungen. Sie begann mit den unverzeihlichen Pressionen der Deutschen auf die Anerkennung Sloweniens (die noch hingehen mochte) und Kroatiens (die in Serbien die fixe Idee von der Notwendigkeit eines Präventivkriegs forderte). Daß die meisten deutschen Medien und die meisten deutschen Politiker inzwischen keinen Unterschied mehr zwischen Milošević, Karadžić, Šešelj und ihren Anhängern und »den Serben« machen, ist die größte Schande, die wir seit 1945 im Verhältnis zu anderen Völkern auf uns geladen haben. Die Deutschen sollten nicht vergessen, daß der serbische Widerstand gegen Milošević weit stärker ist, als es der deutsche gegen Hitler je war.

Die Anerkennung Bosniens führte sofort zum bosnischen Krieg. Man fragt sich vergeblich, warum die gleichen Leute, die den Vielvölkerstaat Jugoslawien für mausetot erklärten, glaubten, daß ein Vielvölkerstaat Bosnien lebensfähig sei. Die Macht des bosnischen Präsidenten Izetbegović dürfte sich inzwischen auf seinen Bunker beschränken.

Die Krone gebührt schließlich der Mazedonienpolitik der EG. Der schwierige, von dem reformkommunistischen Präsidenten Kiro Gligorov meisterhaft zusammengehaltene Dreivölkerstaat erfüllte zwar – im Unterschied zu anderen jugoslawischen Republiken – alle politischen Forderungen nach der Gleichberechtigung seiner Volksgruppen. Auf griechischen Druck kümmerte man sich aber um das ansonsten vielberufene »Selbstbestimmungsrecht« der Mazedonier keinen Deut. Nichts könnte die Prinzipienlosigkeit der europäischen Balkanpolitik greller beleuchten.

Nachdem man der Katastrophe ihren Lauf ließ, hält man sich jetzt an ethisch wohlbegründeten Forderungen fest, gewaltsame Grenzänderungen sollen nicht akzeptiert, Vertreibungen rückgängig gemacht, Bevölkerungsverschiebungen verhindert werden. Alles richtig! Aber wie bringt man Familien, deren Männer erschlagen, deren Frauen vergewaltigt und deren Häuser verbrannt worden sind, zurück in eine Nachbarschaft, die diese Verbrechen verübt hat oder jedenfalls geschehen ließ? Wie restituiert man die Autorität von Staaten, in denen Privatarmeen, Schieberbanden und Emigrationszirkel größere Macht haben als die formell legitimierten Institutionen? Wie verhindert man, daß der Balkan zu einem Archipel sich befehdender, bitterarmer Kleinstaaten zerfällt? Westeuropa hat auf diese Fragen keine Antwort. Statt dessen hat es Prinzipien.

III.

Man muß es inzwischen grob sagen: Die Westeuropäer müssen sich entweder aufraffen – oder sie müssen ihren Diplomaten die Weisung »low profile« geben. Aufraffen hieße: die Rechte der schwächeren Völker und Volksgruppen, zum Beispiel der muslimischen Bosniaken und der Mazedonier, durch internationale Garantien absichern und zwischen den stärkeren (den Serben, Kroaten und Albanern) einen Ausgleich erzielen.

Das verlangte als Ouvertüre wahrscheinlich nach einem – im einzelnen schwer vorausberechenbaren – Kraftakt. Wer das will, muß viel Geld in die Hand nehmen und im Zweifel das Leben junger Soldaten riskieren. Wem dieser Einsatz zu hoch ist, der sollte wenigstens die heuchlerisch-moralisierenden Scheindebatten meiden.

Der Beginn des Aufraffens wäre die Überwindung einiger Lebenslügen, die die Südosteuropa-Politik der EG (und auch der UNO) verwirren. Zum Beispiel:

• Ein eigener mazedonischer Staat (Mazedonien-Skopje) wird nur lebensfähig werden, wenn ihn die westliche Staatengemeinschaft sofort anerkennt, wirtschaftlich unterstützt und in seinen Grenzen garantiert, und zwar bis zu dem Risiko hin, daß die Griechen die EG verlassen.

59

- Serbien wird das Kosovo, das historisch zweifellos über viele Jahrhunderte serbischer Boden war, auf die Dauer nicht halten können. Der Bevölkerungsdruck der Albaner ist zu groß. Die Chance zu albanischer Autonomie unter serbischer Hoheit dürfte unwiederbringlich dahin sein; das ist vor allem die Schuld des Slobodan Milošević. Wer aber historische Grenzen zuungunsten Serbiens ändert, muß an anderer Stelle auch zu Grenzkorrekturen zugunsten der Serben bereit sein, zum Beispiel in serbischen Siedlungsgebieten in Kroatien und Bosnien-Herzegowina. Man kann Südosteuropa nicht auf Dauer befrieden, wenn man das stärkste Volk Südosteuropas zu Boden drückt.

- Ein bosnischer Nationalstaat, in dem die serbischen und kroatischen Volksgruppen Minderheiten wären, wäre nur durch eine langjährige Besetzung der Regionen durchsetzbar; ihn fordert heute niemand mehr. Der kroatische Nationalismus in der Westherzegowina und der serbische in der Ostherzegowina wären nur mit Gewalt niederzuhalten: Irische oder baskische Zustände wären sicher. Ein bosnischer Konstitutionsstaat – also ein Vielvölkerstaat mit absolut gleichberechtigten Volksgruppen, die in Regionen von hoher Selbständigkeit leben – ist vielleicht gerade noch durchsetzbar. Cyrus Vance und Lord Owen kämpfen derzeit für ein solches Modell. Wer die Pläne der Vermittler von EG und UNO jetzt scheitern ließe, marschierte auf mittlere Sicht geradewegs auf ein Großkroatien und ein Großserbien zu.

- Die meisten der neu entstehenden Staaten im alten Jugoslawien werden – auf sich allein gestellt – ökonomisch nicht überlebensfähig sein. Die einzige Chance für diesen Raum ist deshalb eine Art »Balkanbund«, eine südosteuropäische EG, für die auch Bulgarien, Rumänien und andere Anrainerstaaten gewonnen werden müßten.

IV.

Die angedeuteten Lösungsmöglichkeiten sind alles andere als unproblematisch. Es ist keinesfalls »gerecht«, Mazedonen und Bosniaken mit Danzig- oder Berlin-Regelungen abzuspeisen, während man die allmähliche Entstehung »großer« albanischer, serbischer und kroatischer Nationalstaaten stillschweigend akzeptiert.

Die Frage ist nur, ob andere, gerechtere Lösungen durchsetzungs- oder überlebensfähig wären. Die schlechteste Alternative ist allemal die

Fortsetzung oder Ausdehnung des archaisch-blutigen Krieges, der derzeit Bosnien zerstört. Und ob die Zerlegung des Titoschen Bienenstockes nach dem Schnittmuster seiner eigenen Wabenkonstruktion gelingen könnte, wird immer unwahrscheinlicher. Das Problem ist: Die schon begangenen Ungerechtigkeiten führen in immer neue hinein. Die harmonisierend-harmlose Prosa der KSZE-Resolutionen zerbricht an der Realität von Sarajevo, Skopje oder Priština, Man fällt auf Hegel zurück: »Die Geschichte ist nicht die Ebene des Glücks, sondern eine Schlachtbank.«

Der Kraftakt der »Völkergemeinschaft« bleibt möglich: fragt sich nur, ob sich ein paar Völker und ihre Regierungen finden, die ihn wagen – und finanzieren. In keinem Falle genügt der »Wille zur Intervention«, man muß auch noch wissen, was man damit will. Die Damen und Herren Bellizisten bleiben aufgefordert, dazu Vorschläge zu machen.

(1993)

▌ Das Projekt Telekratie

Die entscheidende Frage hat Ernst Nolte gestellt, der Ideologe unter den nationalkonservativen deutschen Intellektuellen – und sie klang sehnsüchtig: ob Silvio Berlusconi, der Medienmogul in der Rolle des italienischen Ministerpräsidenten, Ausnahmefall oder Avantgarde sei. Wer weiß das? Kein Zweifel, der charismatische Jongleur Berlusconi arbeitet an einem großen Projekt, das mächtige Interessen mobilisiert und keineswegs nur in Italien im Zuge der Zeit liegt. Das Immunsystem der europäischen Demokratie kann diesem Angriff erliegen, und zwar auch, wenn der Meister selbst vorübergehend über eines seiner Dekrete stolpert.

Berlusconis direktes Ziel ist allerdings nicht die Enttabuisierung des Faschismus; die wäre allenfalls ein Abfallprodukt. Schon heute ist die Koalition von Berlusconis Forza Italia mit den Faschisten der Alleanza Nazionale und dem Wohlstands-Separatismus der Lega Nord des Umberto Bossi brüchig. Die Cleverneß Gianfranco Finis, des psychologisch geschulten Chefs der Neofaschisten, wird von den Schlägertrupps seiner römischen Parteiorganisation Lügen gestraft; und Bossis Versuch, Föderalismus und Rassismus im Konzept eines »Europas der Regionen« zu kombinieren, wird an der Renaissance des Nationalismus in Europa scheitern. Berlusconi hat eine gute Chance, die gemäßigten Flügel seiner beiden großen Verbündeten glatt zu vereinnahmen und dann das durchzusetzen, was er und seine Partner eigentlich wollen: die Tele- oder die Videokratie, die laut- und gewaltlose Herrschaft des Medienverbunds, ein intelligentes Regime von Werbung, Warenhäusern, Fernsehsendern, Verlagen, Versicherungen, Telekommunikationskonzernen und dem Sport. Wäre man ein Anhänger des deutschen Philosophen Hegel, der die Geschichte im Dreischritt von These, Antithese und Synthese voranschreiten sah, müßte man den brillant glatten Berlusconi, Ehemann einer wunderschönen Schauspielerin namens Veronica, als Antithese zu dem legendären Schriftsteller und Regisseur Pier Paolo Pasolini begreifen. Der war homosexuell, verfluchte den Konsumismus und wurde in einem römischen Armenviertel von einem Strichjungen erschlagen. Silvio Berlusconi ist sanfter, mächtiger und schulbildender als Pasolini. Noch kann man ihm das Handwerk legen. Aber begreift die Linke den Realismus seines Planes? Findet sie Kontrahenten, die dem Virtuosen gewachsen sind?

Was ist der Berlusconismus? Seine Bewunderer antworten mit einem einzigen Wort. Es heißt »Synergie«. Berlusconis Konzern Fininvest, dessen Stammkapital von 22 Holdings gehalten wird, ist ein System chinesischer Schachteln. Angeblich gehören Berlusconi selbst 50,34 Prozent des Unternehmens; überprüfen kann das allerdings niemand. Die drei großen privaten Fernsehsender Italiens, 170 Hörfunkstationen, Zeitungsbeteiligungen, der große Verlag Mondadori, die Kaufhauskette Standa, die Filmtheatergesellschaft Cannon, ein Stück Bauwirtschaft, eine große Versicherungsgesellschaft und die Publitalia, die größte Werbeagentur des Landes, arbeiten nahtlos zusammen; dazu ist der 57jährige Sohn eines kleinen Mailänder Bankangestellten der Präsident des traditionsreichen AC Milan und des CONI, des Nationalen Olympischen Komitees Italiens. Die zwingende Idee liegt darin, daß Berlusconi sich nicht auf »Medien« beschränkt, sondern die Bewußtseinsindustrie mit Handel und Dienstleistung kombiniert. So muß er sich nicht auf Propaganda beschränken, sondern kann Stil bilden. Silvio Berlusconi ist ein Leitbild-Fabrikant, ein Image-Produzent, ein Rollen-Präger. Und nun ist er auch noch Premier.

An sich war das eine Art Betriebsunfall, eine gar nicht beabsichtigte Fügung des Schicksals. Der Medienmilliardär hatte natürlich gewußt, daß ihm der Griff nach der direkten, der Politikermacht von seinen Gegnern auf der Linken als audiovisueller Staatsstreich ausgelegt werden würde. Paul Virilio, der Philosoph der Geschwindigkeit, ein (etwas wirrer) Kino- und Kriegstheoretiker, hat ihn schon als »Condottiere«, als Heerführer, als einen »Machiavelli aus Zelluloid«, gar als einen »neuen Medici« gebrandmarkt. Der Kerl sei ein Revolutionär der Information und für das »Theaterland Italien« eine schreckliche Gefahr. Solche geistreichen Todesurteile vorausahnend, wollte der »Citizen Kane der europäischen Medien« natürlich – der Tradition der politischen Klasse Italiens entsprechend – eine würdige Kunstfigur vorschieben, Mario Segni zum Beispiel, den Sohn des berühmten Großpolitikers Antonio Segni. Der jüngere Segni hat das neue italienische Mehrheitswahlrecht durchgesetzt. Er ließ sich aber nicht schieben. Also mußte das Finanzgenie mit dem »aasigen Lächeln«, das Klaus Mann einst bei Gustaf Gründgens diagnostiziert hatte, selbst ran. »Ich bin jetzt ohne politische Protektion«, soll Berlusconi dem zum Gegner gewordenen Freund, dem Journalisten Indro Montanelli, gesagt haben. »Deswegen muß ich selber in die Politik gehen.« Berlusconi fürchtete um sein Lebenswerk. Die Goldadern, modern »Frequenzen« genannt, die ihm Bettino Craxi mit Hilfe seines Postministers Oscar Mammi zugeschoben hatte, waren in Gefahr. Ein Volksbegehren der Linken will das »Gesetz Mammi« kippen. Der Herr der chinesischen Schachteln fürchtete um sein Kunstwerk Fininvest, er mußte die Flucht nach vorn antreten.

Bisher ist diese Flucht ein Triumph; Berlusconi gewann 45 Tage nach seiner Inauguration bei den Europawahlen zehn Prozent dazu und wird verdächtigt, im Herbst kalt auf Neuwahlen zu setzen, mit der Parole: Ich kann meine Versprechungen nicht erfüllen, weil die Systemparteien (die im Senat noch eine knappe Mehrheit haben) mich am Arbeiten hindern. Es ist absurd, aber wahr: Silvio Berlusconi, Protegé des rüden Rechts-Sozialdemokraten Craxi, das Produkt des Systems CAF – Craxi-Andreotti-Forlani –, wird in Italien, diesem Laboratorium der Moderne, als *homo novus,* als Verkörperung einer Reformkultur akzeptiert. In Italien ist das passiert, was sich in Frankreich mit dem Zusammenbruch der sozialistischen Partei andeutet und was auch in Deutschland nicht ausgeschlossen werden kann: Das alte Parteiensystem ist zusammengekracht, die Leute gieren nach neuen Gesichtern – und Silvio und Veronica, die exotisch wirkenden Schlingpflanzen aus der Mailänder Oberschicht, haben zwar Wurzeln in der alten Erde. Ihre Blüten aber wirken betörend neu. »Italien, ich werde dich verändern«, sagte der wendige, aasige Elegant zur besten Fernsehzeit. Die Mehrheit der Italiener glaubt es ihm – noch.

Silvio Berlusconi blufft nicht; er verändert das Land wirklich. Von seinen Wahlversprechen – eine Million neue Arbeitsplätze, radikale Privatisierung, Steuerreform, Verwaltungsvereinfachung, rigoroser Kampf gegen die Organisierte Kriminalität – ist zwar noch nichts wirklich angepackt. Auch funktioniert die italienische Politik bisher durchaus nach den gewohnten Regeln; ein Wandel, wie der beim Übergang von der Vierten zur Fünften Französischen Republik, hat nicht stattgefunden. Aber Berlusconi rüttelt an den Stäben, d. h. den Institutionen der antifaschi-

stisch konzipierten italienischen Politik seit 1945. Er will sich durch ein
englisches Mehrheitswahlrecht einen dauernden Vorteil sichern, politisiert
die Justiz (Virilio nennt die Serienprozesse »totalitär«) und zerrt entschlossen an der Unabhängigkeit der Nationalbank. Die neue Außenpolitik
des Landes ist dreist: Berlusconi paktiert mit den Engländern gegen die
Vertiefung der Europäischen Union und setzt, getrieben von den Neofaschisten, ungeniert auf »nationale Interessen«. Sloweniens Annäherung
an die Europäische Union wird hintertrieben, weil die italienische Rechte
alte Ansprüche in Istrien wieder aufleben läßt. Bisher war der europäische
Widerstand gegen diesen Neonationalismus kümmerlich.

Die spektakulärste »Veränderung« Italiens ist allerdings Berlusconis
ungenierter Griff nach der Radiotelevisione Italiana, der RAI, der großen öffentlich-rechtlichen Rundfunkanstalt des Landes. Die Experten-
Regierung Ciampi hatte diesen hochverschuldeten und fahrlässig poli-
tisierten Tanker unter die Aufsicht eines fünfköpfigen, aus Professoren
bestehenden Verwaltungsrates gestellt. Die Regierung Berlusconi, ver-
körpert durch den Berlusconi-Adlatus Gianni Letta, Staatssekretär beim
Ministerpräsidenten, hat diese Truppe nun – durch die kalte Ablehnung
ihres Sanierungskonzeptes – zum Rücktritt genötigt. Benannt wird dieser Verwaltungsrat durch die Präsidenten der beiden Häuser des Parla-
ments – inzwischen Repräsentanten von Berlusconis Regierungskoalition.
RAI 3, der linke Kanal des öffentlich-rechtlichen Fernsehens, ist schon
kastriert. Das Urteil der wahrlich bürgerlichvorsichtigen *Neuen Zürcher
Zeitung* lautet schlicht: »Mit einer Reihe von Vernebelungsmanövern versucht die Regierung Berlusconi, die RAI unter ihre Kontrolle zubringen.«
Nun ist dieser Coup die Konsequenz eines Fluchs der bösen Tat. Die
Öffentlich-Rechtlichen in Deutschland sollten es sich ins Stammbuch
schreiben: Überschuldete, übersetzte und überpolitisierte Dinosaurier
werden von neoliberal gestimmten populistischen Regierungen ausgerot-
tet. Der Herr der drei großen privaten Fernsehkanäle behält nicht nur
den eigenen Laden; er trat als Vorstandsvorsitzender der Fininvest zwar
zurück, installierte als Nachfolger aber seinen engsten Vertrauten, Fedele
Confalonieri. Fedele heißt: der Treue. Jetzt zerschlägt er auch noch cool
die Gegenmacht. Eine Weimarer Situation: Wenn die demokratischen
Institutionen brüchig sind, haben die Populisten freie Bahn.

Das Urteil vom »friendly fascism«, das ausländische Intellektuelle wie
Noam Chomsky Italien aufdrücken wollen, ist trotzdem fragwürdig.
»Provoziert keine Explosion von Nationalstolz«, sagen unsentimentale
junge Linke wie Carmine Fotia, ein einflußreicher Intellektueller aus
dem Umkreis der PDS. Fotia (39) ist der Chef des erfolgreichen Radio

d'Italia, eines landesweit ausstrahlenden Hörfunksenders. Die Südtirolerin Lilly Gruber, Italiens bekannteste Fernsehmoderatorin und von den Berlusconi-Leuten immer wieder gepiesackt, argumentiert nicht viel anders: Italien habe demokratische Substanz, es werde Berlusconis artistische Betäubungsversuche abwehren. Keiner der Kritiker leugnet die Gefahren. Berlusconi hat kein Gefühl für die »Kultur der Regeln«, er hat die Faschisten mit achselzuckender Gleichgültigkeit aus dem Ghetto befreit und beurteilt Leute nach ihrer Brauchbarkeit, nicht nach ihrem Charakter. Deswegen legt sich der Staatspräsident Oscar Luigi Scalfaro immer wieder mit ihm an, deswegen wird er von den »großen Intellektuellen« des Landes, von Noberto Bobbio zum Beispiel, dem 86jährigen Doyen der politischen Philosophie, scharf attackiert. Und Berlusconi keilt instinktlos zurück. Scalfaro wird, nicht einmal diskret, an seine Sünden in einer langen politischen Karriere erinnert, die Ikone Bobbio wird kaltschnäuzig als »Sektierer« abgefertigt. Das ist eine neue, vulgäre Unbefangenheit, die im Stil in der Tat an Faschisten und Nazis erinnert. Aber vulgär ist nicht mörderisch, dreist nicht totalitär und Berlusconi kein Solitär, sondern Strang eines Geflechts. Dieses »Geflecht«, übernational, auf freien Handel angewiesen, bleibt gern zivil – solange es geht.

Noch geht es. Bleibt die Frage nach der italienischen Linken. Ihr Zentrum ist heute die PDS, die Partei der »Exkommunisten«, wie sie die *FAZ* gleichzeitig korrekt und irreführend bezeichnet. In Wirklichkeit ist das seit eineinhalb Jahrzehnten eine im Kern sozialdemokratische Partei westeuropäischen Typs. In manchen kleinen Parteibüros in der Toskana mag immer noch Palmiro Togliatti an der Wand hängen, der 1964 verstorbene charismatische Führer mit stalinistischer Vergangenheit. Die Führung aber ist seit der Wende, die der sardische Adelige Enrico Berlinguer in den 70er Jahren vollzog, unzweifelhaft reformistisch, was heißt: zu bürokratisch, zu vorsichtig, aber weder antiwestlich noch antidemokratisch. An nichts läßt sich das deutlicher ablesen als an dem denkbar knappen Abstimmungssieg des »Eisenbärtchens« Massimo d'Alema gegen den Modernisten Walter Veltroni, den Chefredakteur der (erstklassig gemachten) Zeitung *L'Unità*. D'Alema, der 45jährige Mann des Apparats, bekam bei der Wahl zum Nachfolger des Parteisekretärs Achille Occhetto 246, Veltroni, der 39jährige Paradeintellektuelle, 192 Stimmen. Das war ein Votum für Berechenbarkeit und gegen allzu blühende Phantasie, für die Mitglieder und gegen die Medien-Partei, für Kontinuität und gegen eine sprunghafte Liberalisierung. Also möglicherweise falsch, weil nicht kühn genug, aber in keinem Fall ein Rückfall in sozialistische Orthodoxie.

Vor allem aber muß man wissen, daß der Flugzeugträger PDS bestenfalls das Zentrum der Linken ist; ohne die kleineren, schnelleren Boote kann dieser Flugzeugträger keine einzige Schlacht gewinnen. Das Spektrum der italienischen Linken ist breit. Es reicht von der Rifondazione Comunista, den Restkommunisten, über die Grünen, die am Boden zerstörten Sozialisten und die sizilianische Anti-Mafia-Partei des tapferen Bürgermeisters von Palermo, Leoluca Orlando, bis zum linken Flügel der dezimierten Christdemokraten. Die entscheidende Frage für diese Linke lautet: Wer kann sie zusammenhalten, verkörpern, führen? Wer ist die Gegenfigur zu Silvio Berlusconi, dem genialischen, windigen, attraktiven Star des Medienverbunds? Diese Frage ist unentschieden. D'Alema scheint zu ahnen, daß er ein Wasserträger sein muß, ein Lotse auf dem Flugzeugträger, daß er aber nicht Admiral werden kann. Die realistischen Linken, die immer auch ein wenig feige sind, nennen Stefano Rodota, einen früheren Präsidenten der PDS, heute Chef der Lelio-Basso-Stiftung. Die halb verwegenen, halb verzweifelten Superstrategen werfen mit der Wurst nach der Speckseite – nur eine Figur wie Luciano Benetton, ein Unternehmer (kein Unterlasser), könne Berlusconi Paroli bieten.

Zur Zeit sind die »Berlusconi- Boys«, die »Azzurri« (wie sich die Anhänger der Forza Italia selbst getauft haben), im Vormarsch. Schlanke Herren mittleren Alters in blauen Anzügen, mit farbigen Designer-Krawatten, guter Ausbildung und einem Schuß Zynismus bestimmen die Szene. »Die sind geklont«, sagen die in der Wolle gefärbten Linken. »Sie exekutieren die Pläne der P 2«, der Loge des Licio Gelli, der heute, angeblich todkrank, jedenfalls aber unbehelligt, in Umbrien lebt. Viel Eindruck machen solche Urteile nicht. Die Italiener haben die alte politische Klasse satt; die Azzurri sind jedenfalls etwas Neues. Sind sie eine Avantgarde, wie der schwerblütige deutsche Professor Ernst Nolte hofft? Die Welt erlebt, sagt der Münchner Medientheoretiker Florian Rötzer, eine »Verunsicherung der Wahrnehmungsverhältnisse«: Die Techniken und Medien brächten die Ferne zum Verschwinden, ließen das Imaginäre sichtbar, das Abwesende anwesend werden; das Gefühl der Verankerung im Wirklichen schwindet. Silvio Berlusconi ist der Animateur und Profiteur dieser Entwicklung. Sein Konzept der Telekratie baut an einer neuen Realität. Die Frage ist, ob dieser Engel siegt oder fällt. Es ist keine Frage, die nur Italien betrifft.

(1994)

SOZIALE DEMOKRATIE

▌ Partei oder Kreuzzug

Die Diagnose ist leicht gestellt: Die deutsche Sozialdemokratie ist in die Zange geraten. Auf der einen Seite verliert sie jüngere Wähler, meist aus den neuen Mittelschichten, an die Grünen und Alternativen. Auf der anderen Seite bleiben sozialdemokratische Traditionswähler aus der Arbeiterschaft oder der technischen Intelligenz unzufrieden zu Hause. Auch ist da und dort der Sog des Neokonservativismus so stark, daß Wähler zu den Konservativen hinübergezogen werden.

Die Unsicherheit über die wirtschaftliche Zukunft, die Angst vor einem schrecklichen Zufallskrieg oder das Gefühl, in sinnlosen Arbeitszwängen gefangen zu werden, treibt den regierenden Sozialdemokraten so manche Wähler weg; die einen suchen die emotionale Geborgenheit von neuen sozialen Bewegungen, die anderen flüchten zurück zu den Vätern.

Natürlich, das alles ist keine deutsche Besonderheit. In den Vereinigten Staaten spricht man von einem Trend zur »one term-presidency«. In England wird gerade das ganze Parteiensystem aus den Angeln gehoben. In Italien, in Skandinavien und in den Benelux-Ländern wechseln die Regierungen so häufig, daß die Bürger die Übersicht verlieren; und in Frankreich oder Griechenland wird es auch nicht nur der unaufhaltsame Siegeszug des demokratischen Sozialismus gewesen sein, der die amtierenden Regierungen hinwegfegte.

Die westlichen Industriegesellschaften sind am Anfang der 80er Jahre in eine unübersehbare wirtschaftliche, aber auch geistige Krise geraten. Die bewahrten politischen Rezepte versagen; und von den einstmals zufriedenen, jedenfalls aber schweigend mitspielenden Bürgern werden viele rebellisch.

Von dem beneidenswert unangefochtenen Klassizisten Helmut Kohl einmal abgesehen, gibt es kaum jemanden mehr, der die Probleme durch einen schlichten Regierungswechsel für lösbar hält.

Die Sozialdemokratie müht sich ab; sie versucht zur Zeit, den Staat nicht aus den Händen zu lassen und gleichzeitig die verpuppten Wünsche aus der Gesellschaft aufzunehmen, wenigstens zu diskutieren, und, wo es geht, in Politik umzuwandeln. Kein Wunder, daß sie sich dabei winden und verrenken muß. Immerhin bleibt ihr das Interesse des Publikums gewiß; über die CDU, der die Demoskopen um die 50 Prozent bescheinigen, redet kein Mensch; die »Krise der SPD« ist dagegen das Lieblingsthema aller Kommentatoren von rechts bis links. *Such is life.*

Worin diese Krise besteht? In einem Thesenpapier über die »Identität der Sozialdemokratie« sagt Richard Löwenthal: »Die Sozialdemokratie kann die gegenwärtige Identitätskrise nur überwinden, wenn sie sich klar für die arbeitsteilige Industriegesellschaft und gegen ihre Verteufelung, für die große Mehrheit der Berufstätigen und gegen die Randgruppe der Aussteiger entscheidet.«

Wenn es einfach darauf ankäme, sich gegen Randgruppen zu entscheiden – mit welcher Wonne würde die gebeutelte Sozialdemokratie dies wohl tun?

Aber es geht halt nicht um ein paar tausend oder ein paar zehntausend »Aussteiger«, die gegen die Arbeitsteilung und die Industriegesellschaft zu Felde ziehen. Mit ihnen kann man in der Tat keine faulen Kompromisse machen. Nur zeigen schon die nackten Zahlen, daß mit dieser Wertung das Problem verkannt wird.

Wenn zur Zeit rund fünf Prozent der Wähler am jeweilig nächsten Sonntag Grün wählen würden und wenn das Potential dieser Gruppierungen bei 15 oder 20 Prozent liegt, dann kann man nicht mehr gut von Randgruppen reden. Nein, der schlichte Tatbestand, an dem man nicht mehr lange vorbeireden kann, ist das Auseinanderfallen der Wertorientierungen von immer größeren Gruppen der Gesellschaft. Die Fortschritts- und Akkumulationsethik, die Europa seit Descartes beherrscht hat, ist an ihr Ende geraten.

Es ist klar, daß Löwenthal recht hat, wenn er darauf hinweist, daß man sie nicht durch eine neue Romantik der kleinen Form oder eine Rückkehr zur Natur ersetzen kann; aber der Realismus von gestern wird eine neue, konsensfähige Industriekultur auch nicht schaffen. Durchhalteappelle klingen schon beim dritten Mal blechern; und die Herren, die mit glänzenden Augen aus Japan zurückkehren, werden lernen müssen, daß sie in *good old Europe* auf andere Bedingungen treffen.

Das Problem der SPD sind nicht die Aussteiger von Kreuzberg; mit ihnen muß man, wenn man es kann, vernünftig reden; wer sie von heute auf morgen zu SPD-Funktionären machen wollte, müßte ein Heiliger sein; oder er wäre ein Narr.

Das Problem der SPD ist der gar nicht zu umgehende Konflikt zwischen den Interessen, den Themen und dem (jeweiligen) Bewußtsein – dem Ethos – der (kleiner werdenden) Kerntruppen des Industrialismus einerseits und den (wachsenden) nachindustriellen neuen Mittelschichten auf der anderen Seite.

Die »Arbeitsgesellschaft« der vergangenen Jahrzehnte und Jahrhunderte verändert sich. Die Chance, durch Arbeit Identität zu finden, wird in den modernen Gesellschaften geringer. Mit Recht hat der französische Linke André Gorz darauf hingewiesen, daß Menschen, die ihre »Arbeit« im Leben mehrfach wechseln müssen und zeitweilig ausgeübte Berufe erlernen (»Heilgymnastiker, Reisebüroangestellte, Ferienlager-Animateure, Programmierer-Analytiker, Laborangestellte für biologische Analysen …«) anders leben wollen als beispielsweise die Industriearbeiterschaft.

Die Veränderung der Arbeitsbedingungen durch die technische Entwicklung produziert sehr unterschiedliche Menschen. Der aktive, wissenshungrige, disziplinierte, aufstiegswillige und realistische Facharbeiter der Schlüsselindustrien muß eine der Leitfiguren der Sozialdemokratie bleiben; aber er ist nicht mehr der Prototyp der sich verändernden europäischen Industriegesellschaften.

Die Menschen haben auch in wachsendem Ausmaß unterschiedliche ökonomische Interessen. Sie sind nicht mehr selbstverständlich solidarisch; man kann sie nur noch durch »Politik« zusammenschmieden – indem man also Lebensinteressen erkennt und gesellschaftswirksam macht, indem man »politischen Rohstoff« aktualisiert.

Das ungeheuer schwierige Problem von Reform-Parteien wie der SPD liegt also darin, daß sie in ihrer Zusammensetzung zu Konglomeraten von Anhängerblöcken mit unterschiedlicher Interessenstruktur geworden sind und daß sie gleichzeitig diese Anhängerblöcke auch noch zur Bewältigung schwieriger Aufgaben im Sinne ihrer Reformziele motivieren müssen.

Ein gutes Beispiel für solch eine schwierige Aufgabe ist die Integration der ausländischen Arbeiter aus den anderen europäischen Ländern, die in einem reichen Land wie der Bundesrepublik zu einer neuen Form des Proletariats zu werden drohen.

Es ist wohl klar, daß zum Beispiel eine sozialdemokratische Partei sich selbst aufgäbe, wenn sie sich auf die Interessenvertretung der deutschen Facharbeiter beschränkte und die Italiener, die Türken, die Jugoslawen in ihren ghettoartigen Wohnbezirken der Großstädte sich selbst überließe.

Wie aber ist ein so ungeheuer schmerzhafter Prozeß wie die Ausländer-Integration mit einer Partei zustande gekommen, die so schwierig und differenziert zusammengesetzt ist wie die Sozialdemokratie von heute, in der also Interessen und Ethos der Industriearbeiterschaft in Konkurrenz zu den Auffassungen und Wünschen der Akademiker aus dem Dienstleistungsbereich und den von ihrer »Arbeit« nicht mehr integrierten neuen Schichten existieren?

Da kann man die Sehnsucht vieler sozialdemokratischer Führer in allen westeuropäischen Ländern nach der »alten Partei« verstehen, die Sehnsucht nämlich nach einer zentralen Klasse, die man vertritt – und die andere Schichten lediglich am Rande, sozusagen als Gäste innerhalb der Partei, duldet, die Sehnsucht nach klaren, unmittelbar ins Auge springenden, unbestrittenen Themen und Aufgaben, die Sehnsucht nach Solidarität und Einigkeit in der Auseinandersetzung, die Sehnsucht nach einer einzigen Sprache, die alle sprechen.

Aber die in erste und zweite und dritte Kulturen auseinanderdriftende nachindustrielle Gesellschaft wird diese Sehnsucht nicht erfüllen; an ihrer Wirklichkeit prallen alle Appelle ab.

Nun kann man sich natürlich fragen, ob die »bürgerlichen«, insbesondere die konservativen Parteien von dieser Entwicklung verschont bleiben. Auch ihre Anhängerschaft verändert sich ja. Trotzdem aber haben sie gegenüber den sozialdemokratischen Parteien in der gegenwärtigen Phase strukturelle Vorteile.

Einerseits sind sie nicht in gleichem Ausmaß wie die Sozialdemokratie der Verkleinerung und (teilweise selbstverschuldeten) Zerstreuung ihrer zentralen Gruppe ausgesetzt. Wenn man so will, haben sie diesen Prozeß schon bei der Lockerung der konfessionellen Bindungen in den 50er und 60er Jahren hinter sich gebracht. Andere Entfremdungsprozesse – beispielsweise durch den Abstieg von Teilen des Handwerks und der kleineren und mittleren Industrie durch Automation und ausländische Konkurrenz – stehen ihnen noch bevor. Im gegenwärtigen Zeitpunkt aber ist ihr Potential weniger in Bewegung als das der sozialdemokratischen Parteien.

Schwerer wiegt aber noch ein anderer Umstand: Die konservativen Parteien haben es leichter, sich auf den kleinsten gemeinsamen Nenner der Interessen ihrer unterschiedlichen Anhängergruppen zu einigen.

Um erneut das Beispiel der Ausländer-Integration aufzugreifen: Eine Partei, die nicht den Ehrgeiz hat, italienische, türkische und jugoslawische Arbeiter samt ihrer politischen Kultur zu integrieren, sondern die sich darauf beschränkt, ihren Anhängern zu versprechen, daß ihr sozialer Status durch diese Ausländergruppen nicht verschlechtert wird, bringt natürlich sehr viel leichter ein handhabbares, wirkungsvolles politisches Programm zusammen als eine Partei mit einem tiefgehenden, unaufgebbaren und moralischen Reformanspruch.

Für die sozialdemokratischen Parteien bedeutet dies: Sie stehen in schwieriger Konkurrenz. Sie müssen ihre Anhängerschaft in einem bewußten politischen Akt zusammenführen. Und dies bei zwar keineswegs verschwindender, aber eben doch sinkender Bindungswirkung der Arbeit bei vielen Menschen; einmal sind die ökonomischen Interessen der unterschiedlichen Anhängergruppen nicht mehr identisch, und zweitens haben diese Interessen nur noch im Ausnahmefall die unmittelbare Plausibilität, die aus Not und Elend kam. Der bei erträglichem Verdienst Unkündbare, der nur bei einer nationalen oder globalen Katastrophe arbeitslos werden kann, ist nicht selbstverständlich solidarisch, wenn der Arbeitsplatz seines Nachbarn, eines Stahlarbeiters in der Trabantenstadt, wegrationalisiert wird.

Sind diese neuartigen Aufgaben durch die sozialdemokratischen Parteien überhaupt zu bewältigen?

Meine Antwort ist ja – wenn die Sozialdemokratie eine Partei bleibt, das heißt also eine auf Handlungsfähigkeit, Kontinuität und Interessendurchsetzung angelegte Organisation, und zwar eine Organisation, die von den Interessen der abhängig Beschäftigten, von der Arbeit ausgeht. Wenn sie dagegen in den Fehler verfiele, die Eigenschaften einer »Bewegung« anzunehmen, die sich spontan um ein wichtiges Thema kristallisiert – offen für alle, durchlässig, beweglich, ohne feste Führungsstrukturen –, dann würde sie in der strukturellen Wirtschaftskrise, in die die Industriegesellschaften hineingehen, nicht bestehen können.

Kein Mißverständnis: Ich polemisiere nicht gegen die neuen sozialen Bewegungen. Sie greifen wichtige Themen auf; und zwar solche, die von den Großorganisationen vernachlässigt worden sind. Ihre Offenheit und ihre unkonventionelle politische Kultur sind mir oft sympathisch. Für eine harte, langwierige Machtauseinandersetzung mit den Konservativen und ihren Kapitalinteressen aber sind sie ungeeignet.

Deswegen wehre ich mich auch gegen den neuaufgeputzten Anti-Parteien-Affekt, der heute aufkommt. Das »Ende der Parteien« ist schon einmal besungen worden; Hans Zehrer und seine Freunde wollten den »Bund« oder gar den »Orden« als die künftige soziale Form für politische Aktivität. In diese Frontstellung sollten wir nicht wieder zurückfallen.

Die Parteien dürfen sich nicht abschotten gegenüber den Wünschen der Bürger; insofern müssen sie die Ideen und Sehnsüchte aufnehmen, abwägen und auch Forum für geistige Auseinandersetzung sein. Aber sie müssen gleichzeitig darauf achten, daß sie handlungsfähig bleiben.

Um wieder von der SPD zu reden: Ihr Spektrum muß breit, es kann aber nicht unbegrenzt sein. Wer miteinander handeln will, muß zuerst einmal miteinander reden können.

In der SPD muß jeder seine Meinung sagen können, solange sie den Grundwerten der Partei nicht widerspricht. Niemand darf belangt werden, weil er der Parteiführung Kontra gibt. Aber es gibt auch eine Form des Widerspruchs, die die Menschen bis aufs Blut reizt. Eine Partei braucht auch emotional eine »Zusammengehörigkeitsstruktur«; man darf also, um unverblümt vom Fall Hansen zu reden, nicht nur auf die jungen Mitglieder schauen, die es für eine Frage der Toleranz halten, auch den Vorwurf von »politischen Schweinereien« zu ertragen. Auch die anderen, besonders übrigens die aus der Arbeiterschaft, die über solche Angriffe zutiefst erbittert sind, haben einen Anspruch darauf, daß man ihre Gefühle ernst nimmt.

In einer spontanen Bewegung mag hemmungsloser Subjektivismus möglich sein; in einer Partei führt er zu explosiven Konflikten, wenn die einen die mühsamen Kompromisse mit dem Koalitionspartner, dem Bundesrat oder den Verbänden machen müssen, während die anderen ihrer Gesinnung lustvoll freien Lauf lassen und die emotionale Rendite ihrer Kapuzinerpredigten genießen.

Erst recht kann es eine Partei nicht dulden, wenn Mitglieder, gar Abgeordnete, in einer schwierigen Situation öffentlich darüber nachzudenken beginnen, ob man mit Gesinnungsfreunden nicht eine Konkurrenzorganisation aufziehen soll. Die bewußt öffentlich gestellte Organisationsfrage ist weder eine tolerable Form von »Nachdenken« noch »innerparteiliche Diskussion«, sondern stellt die Partei als solche in Frage. Deshalb stellt sich der Abgeordnete Coppik, wenn er auf dem von ihm eingeschlagenen Weg weitergeht, selbst den Stuhl vor die Tür. Es geht ihm dann wie Alexander Schwan und Hermann Kreutzer, die nach rechts ausbrachen und dort Zirkel und Kreise gegen die SPD ins Feld führen wollten – sie gingen von selbst (Schwan) oder wurden ausgeschlossen (Kreutzer).

Die SPD wird weiter die Partei sein, in der die großen Streitfragen eines schwierigen Jahrzehnts kontrovers debattiert werden.

Sie wird der grassierenden Lust am Stromlinienförmigen nicht erliegen; sie wird offen bleiben gegenüber den neuen sozialen Bewegungen. Aber sie will auch eine Partei bleiben.

Shirley Williams hat, als sie vor wenigen Tagen den Wahlkreis Crosby gewann, im Hinblick auf ihre englische sozialdemokratische Partei gesagt: »Dies ist keine Partei, dies ist ein Kreuzzug.« Was die SPD betrifft, muß man das umkehren: Dies ist kein Kreuzzug, dies ist eine Partei.

(1981)

▌ Pendelschwung

Was ist jetzt falsch von dem, was wir gesagt haben Einiges oder alles? Auf wen rechnen wir noch? Sind wir Übriggebliebene, herausgeschleudert aus dem lebendigen Fluß? Werden wir zurückbleiben, keinen mehr verstehend und von keinem verstanden?

Jetzt ist es so klar, daß man sich wundert, wieso wir alle die Entwicklung nicht erfaßt haben. Die breite Mehrheit der Menschen, die in jenem Gebilde lebte, das wir so lange ohne Zögern – Ostblock – nannten, wendet sich zuerst einmal in einer abrupten Drehung dem Gegenbild dessen zu, was bisher ihre Wirklichkeit bestimmte. Nach vierzig, fünfundvierzig oder mehr Jahren eines armseligen und bedrückenden »Sozialismus« sehnen sich die Leute nach Individualismus, Innovation, Initiative, Konsum, Lebensgenuß. Wer darf sich darüber wundern, daß sie zuerst einmal Balcerowicz, Kohl oder Václav Klaus wählen? Es fällt uns wie Schuppen von den Augen. In Polen gibt es drei sozialdemokratische Gruppierungen, alle ziemlich chancenlos. In der Tschechoslowakei und in Ungarn steht die Sozialdemokratie zwischen drei und vier Prozent, unter den 6000 Parteien der Sowjetunion gibt es viele, die sich sozialdemokratisch nennen, aber keine, die wirklichen Einfluß hat. Ist es da nicht schon fast ein Erfolg, daß die SPD in der früheren DDR – allerdings unter den Sonderbedingungen des geteilten Landes – schon bei 25 Prozent steht? Wie konnten wir uns von der vagen Erinnerung an sozialdemokratische Hochburgen in Sachsen und Thüringen in den zwanziger Jahren zu der Idee verleiten lassen, daß die große Masse der geschundenen Arbeitnehmer den »realen« vom »demokratischen« Sozialismus unterscheiden wolle? Unser Mann in Oxford, Sir Ralf Dahrendorf, mag inzwischen englischer sein als jeder geborene Engländer, aber er hat schon recht: »Der Pendelschwung von einer Seite zur anderen – er muß ja nicht gleich von einem Extrem zum anderen führen – ist der wahrscheinliche Rhythmus des Wandels.«

Das heißt einerseits, daß in den nächsten vier, sechs oder acht Jahren die Rechte Mitteleuropa regieren wird. In der Regel werden liberalkonservative, angebotsorientierte, vielleicht auch monetaristische Parteien das Sagen haben. Andererseits gibt es Hoffnung, daß nach vier, sechs oder acht Jahren ein neues Bedürfnis nach Gerechtigkeit, Gemeinschaftsgeist und einem sozialen Bedeutungshorizont für den freigesetzten, konkurrierenden und konsumierenden *homo oeconomicus* entsteht, daß dann also eine moderate, aufklärerische, demokratische Linke ihre Chance bekommt. Dieses Denkmodell ist zwar angesichts der sozialen und ethnischen Konflikte in Ostmitteleuropa ein wenig idyllisch; in dem einen oder anderen Land konnten sich auch neue Piłsudskis oder Horthys, also nationalistische Diktatoren, durchsetzen. Aber klammern wir uns ruhig ans Positive; die Katastrophen kommen von ganz allein.

Für die nächste Zukunft heißt das: Im Westen geht das gedehnte Jahrzehnt von Ronald Reagan und Margaret Thatcher seinem Ende entgegen. In Deutschland aber hat Helmut Kohl eine neue Chance erhalten. Die Bundesrepublik ist die einzige westliche Demokratie, der ein Stück Mitteleuropa zugeschlagen wurde. Der Mechanismus des Pendels wurde außer Kraft gesetzt; es ging einige Zeit aufgeregt hin und her und stellt sich jetzt langsam auf einen neuen Rhythmus ein. Genaueres über die Taktzahl wird man am 3. Dezember 1990 wissen.

Was die Konservativen tun werden, kann man sich an den Fingern einer Hand abzählen: Sie werden die Johnnie-Walker-Werbung imitieren. Aus »Der Tag geht, Johnnie Walker kommt« wird »Der Sozialismus geht, wir kommen«. Die Gleichsetzung von zwei grundverschiedenen Arten von »Sozialismus« ist zwar geschichtswidrig. Die Sozialdemokratie brauchte nicht die mitteleuropäische Revolution von 1989, um zu begreifen, daß Lenin in die falsche Richtung zog. Schon Anfang des Jahrhunderts, spätestens nach der Oktoberrevolution, haben sich Leninisten und Reformisten auseinanderdividiert, schon damals hat die Sozialdemokratie die Theoriestücke der »Diktatur des Proletariats«, des »wissenschaftlichen Sozialismus« und der flachendeckenden Sozialisierung kompromißlos zurückgewiesen. Aber das eine mit dem anderen zu verwechseln ist so verführerisch, daß ein Verzicht darauf sozusagen unmenschliche Charakterstärke verlangte. Also werden selbst sanfte Synodale dieser Versuchung erliegen; Lothar de Maizière als Beispiel. Der Schlachtruf wird lauten: Der Sozialismus ist tot – jeder Sozialismus.

Das ist mehr als ein semantisches Spiel. Das Wort Sozialismus ist im Zweifel entbehrlich. Die deutschen Sozialdemokraten zum Beispiel sind zwischen 1960 und 1972 ziemlich mühelos ohne diesen Begriff ausgekommen. In der langen Phase der Vorbereitung ihrer Regierungstätigkeit benutzten sie konsequent das Markenzeichen »Sozialdemokratie«. Erst 1972, mitten in einem halbverlorenen Wahlkampf, aktivierte Brandt – seltsamerweise in einer Rede auf Kurt Schumacher – die alte magische Formel »Sozialismus«. Solche Symbole sind zwar nicht beliebig auswechselbar – und die allzu eilfertige Bemühung um ein »Neusprech« (George Orwell) eher unsympathisch. Aber die Symbolik, das Spiel mit hüllenden Flaggen und Schlüsselwörtern, ist nicht alles. Eine lebenskräftige soziale Bewegung kann durchaus auch einmal einen Begriff pensionieren.

Einen Begriff, eine Verkehrsformel, ein Ritual – aber nicht ihre »raison d'être«, ihre Konstruktionsformel, ihre Wahrnehmungsformen. Deshalb sind für die europäische Linke jetzt kurz nach der mitteleuropäischen Revolution die Defaitisten in den eigenen Reihen gefährlicher als die Propagandisten des Gegners. Ich meine die alerten, vorurteilsfreien, realistischen Herren in italienischer Maßkonfektion, die jetzt das revolutionierte, wieder zusammenwachsende Europa mit kühlen Blicken inspizieren und der Linken ein Einschwenken auf den nationalen und liberalen Schwung einer zweiten Gründerzeit empfehlen.

Aber es wäre tödlich für die westeuropäische Linke, wenn sie (zum Beispiel) ihr Bündnis mit den Gewerkschaften aufgeben würde. Im alten Ostblock ist es zerstört; die kommunistischen Staatsgewerkschaften haben bei den Arbeitern jede Reputation verloren, also ist die ostmitteleuropäische Linke intellektuell, religiös, literarisch, aber eben nicht laboristisch. Eine solche Linke dringt zum Emanzipationsbedarf der Arbeiter unterhalb der Meister, der Angestellten unterhalb der Sachbearbeiter gar nicht durch. Damit würde das untere Drittel der Gesellschaften freigegeben für den Populismus und die Kooptationsversuche des Patronats. Das Ende wäre absehbar. Die Linke würde schrumpfen – auf die Größe der sozialliberalen Allianz in England, der bayerischen SPD oder, bestenfalls, des Bundes Freier Demokraten in Ungarn.

Und es wäre absurd, wenn diese europäische Linke sich einbilden würde, sie könne die Rechte bei der Beschwörung nationaler Mythen übertreffen. In früheren Phasen der ökonomischen Entwicklung, zu Beginn des Ersten Weltkriegs und in den Wirtschaftskrisen der späten zwanziger und frühen dreißiger Jahre, war der Ruf, national unzuverlässig zu sein, gleichbedeutend mit dem Verlust jedes Einflusses auf die Massen. Am Ende des zwanzigsten Jahrhunderts aber orientieren sich die großen Industrie-, Dienstleistungs- und Kommunikationsunternehmen samt umlagernder Bourgeoisie vom Nationalstaat weg auf größere, europäische Zusammenhänge. Der Internationalismus der alten Arbeiterbewegung war utopisch. Die Europäizität einer modernen Linken könnte realistisch sein. Ein neues soziales Bündnis – organisierte Arbeitnehmer, modernistisches Kapital, technische Intelligenz, Zwischenschichten der öffentlichen und privaten Dienstleistung – wird möglich. Aber nicht in einer Atmosphäre, in der alte Männer alte Fahnen und alte Wappen küssen und alte Lieder aus dem verfluchten neunzehnten Jahrhundert singen lassen. Das Ende des Leninismus, des Breschnewismus, des Nomenklatura-Sozialismus muß nicht gleichzeitig das Ende einer aufklärerischen, kommunitären, am Geist der Solidarität festhaltenden antinationalistischen Linken sein. Aber es kann – wenn diese Linke subaltern wird.

Die europäische Linke (deren wichtigster Teil noch immer die Sozialdemokratie ist) muß manchen Ballast abwerfen. So den in der Arbeiterbewegung überlieferten Kultus der Arbeit, der sie die Prägekraft der Muße unterschätzen läßt. Und die angsterfüllte Zurückhaltung gegenüber dem Selbständigen, Unternehmerischen in jeder Form, einschließlich der mittelständischen. Heute beschäftigt die Rechte einen ganzen Industriezweig mit der kriegswissenschaftlichen Ausbeutung von Hoffnung und Optimismus; die Linke wirkt dagegen zögerlich und verstimmt. Sie kann den Beschwichtigungs-Optimismus der Rechten nicht übernehmen. Aber wenn sie nicht Mut macht, werden ihre Projekte liegenbleiben.

Die linken Förster (es gibt in der Linken viele Förster, auch eine wachsende Zahl von guten Hirten) müssen dürre Zweige abhauen; aber wenn sie die Wurzeln aus dem Boden reißen, zerstören sie ihren Wald. Die Wurzel der Linken ist der kompromißlose Widerstand gegen den tyrannischen Gebrauch von Macht – von jeder Macht, also auch der des Marktes. Eine reine Marktgesellschaft, in der einzig die ökonomische Position des Menschen über seinen Zugang zu Erziehung, Arbeit, Freizeit, Anerkennung und sozialer Sicherheit entscheidet, ist ebenso Tyrannei wie die Herrschaft einer bürokratischen Nomenklatura. Die Kommunisten haben Karl Marx auf den Hausaltar gestellt; viele ihrer Erben neigen dazu, ihn durch den altliberalen Großtheoretiker Friedrich August von Hayek zu ersetzen. Aber eigentlich geht es darum, die Hausaltäre ganz und gar abzuschaffen. Der Markt ist ein unentbehrliches Koordinationsinstrument moderner Industriegesellschaften. Daraus folgt aber nicht, daß die Linke die Machtverteilung in Ländern wie den USA, Deutschland oder Frankreich akzeptieren müsse. Wenn sie Ziele wie die Revision der Eigentumsordnung, die Sicherung des Sozialstaates, die Entwicklung kooperativer Eigentumsformen aufgibt, wird sie überflüssig. Es dauert dann zwar ein paar Jahre, bis die Wähler begriffen haben, daß die Linke überflüssig geworden ist. Aber dann geht es bergab wie in Sturzbächen.

Der Marxismus-Leninismus war immer eine Afterwissenschaft, die Idee, man könne die Hypothesen eines Privatgelehrten aus dem Britischen Museum in London kanonisieren, absurd. Aber wenn die mitteleuropäische Revolution von 1989 dazu führt, daß die europäische Linke ihren Ursprungsmotiven abschwört, ihren Traditionsstrom versickern läßt, ihre kulturellen Attitüden ablegt, verwandelt sie sich in eine politische Bewegung vom Typus der Demokratischen Partei in den Vereinigten Staaten: alle vier Jahre ein neuer Mondale oder Dukakis, alle vier Jahre eine neue

Kampagne, alle vier Jahre sechs oder sieben mittlere Konflikte; aber die Gewerkschaften am Boden, die Kontinuität eines politischen Kampfes nicht mehr erkennbar. Das ist dann auch Demokratie, aber eine andere. Führt der Zusammenbruch der leninistischen Variante des Sozialismus zu einer Amerikanisierung der politischen Kultur Europas?

Es wäre hochnäsig und töricht, eine derartige Entwicklung einfach als Kulturzerfall abzutun. Aber es wäre auch fahrlässig und verantwortungslos, wenn eine soziale Bewegung mit einer mehr als hundertjährigen Geschichte im Moment der historischen Herausforderung nicht ernsthaft ihre Bestände überprüfte. Die Herausforderung ist groß. Es ist nicht die Stunde der Demoskopen, Großstrategen und Maskenbildner. Es ist – oder wäre – zuerst die Stunde der Selbstvergewisserung.

Natürlich ist vieles den Bach hinunter. Die Utopie der Klassenlosigkeit, der Elan der Jugendbewegungen, das Pathos der Genossenschaftlichkeit. Aber benötigt man Marx' Idee der »disponiblen Zeit« nicht immer noch, wenn man für Arbeitszeitverkürzung kämpft? Gibt es in den wiederaufflammenden, blutigen ethnischen Konflikten Europas ein besseres Gegenkonzept zum Nationalstaat als das austro-marxistische der kulturellen und gemeindlichen Autonomie? Wird man die Not in vielen ostmitteleuropäischen Gesellschaften und das wachsende Flüchtlingsproblem ohne die alte, halb katholische, halb sozialistische Idee der Solidarität bewältigen, vielleicht in der brandneuen Fassung des »Kommunitarismus«, wie sie amerikanische und kanadische Philosophen wie Michael Walzer, Ronald Dworkin und Charles Taylor formuliert haben?

Viele Angehörige der politischen Klassen Europas sitzen ratlos in den Miller-Sesseln der Senator-Lounges und sagen störrisch, daß sie nicht mehr wüßten, was rechts oder links sei. Hei, wird das lustig in einer Zeit, in der dem Kapitalismus sein Erzfeind, seine prinzipielle Alternative, seine furchterregende, aber kümmerliche Gegenkultur verlorengegangen ist.

(1990)

▌ Auf dem nationalistischen Blocksberg ist heute Walpurgisnacht

I.

An Rosa Luxemburg, der tragischen Jahrhundertfigur, ist nichts mehr zu entdecken. In den großen Auseinandersetzungen um den Revisionismus und den Massenstreik ist sie widerlegt worden. Mit dem schneidenden Veto gegen Lenins »Ultrazentralismus« hat sich recht behalten. Der berühmte Satz aus ihrem hellsichtigen, erst posthum veröffentlichten Pamphlet über die russische Revolution »Freiheit ist immer nur Freiheit des anders Denkenden« wird inzwischen sogar von den Nachfahren ihrer Feinde respektvoll dahergeplappert: und sie hatte Feinde – einige davon zahlten an den Jäger Runge, der ihr den Schädel einschlug, eine Belohnung von sechstausend Reichsmark.

Nein, wer siebzig Jahre nach seinem Tod noch Demonstrationen auslöst (der Beginn der offenen Rebellion gegen Honecker waren aufmüpfige Transparente bei einem Liebknecht/Luxemburg-Umzug im Jahr 1988), ist auf den Begriff gebracht. Auch die Liebesgeschichten sind inzwischen raus: Die aus Polen stammende Amerikanerin Elzbieta Ettinger hat sie sämtlich ermittelt, auch die jungen Kerle wie Kostja Zetkin und Paul Levi. Was kann man also noch lernen aus dem Leben dieses Energiebündels, das eben sowohl ein »giftiges Luder« (Viktor Adler) als auch eine mitreißende Intellektuelle war? Ein Teil der Linken spricht schon nur noch per Vorname von ihr, wie reiche Leute von ihren Dienstmädchen. Noch Fragen?

Eigentlich nein. Auch Rosa Luxemburgs Internationalismus ist sorgfältig untersucht und abschließend gewürdigt. Ihr bedeutendster Biograph, Peter Nettl, hat ihn »extrem« und »dogmatisch« genannt. Im Zeitalter der Renationalisierung Europas dürfte dieses dreißig Jahre alte Urteil die gemessene Zustimmung der erdrückenden Mehrheit derer haben, die sich überhaupt mit so preziösen Gegenständen wie den Auffassungen einer im kalten Januar 1919 ermordeten Revolutionärin beschäftigen. Die einzige Chance für einen neuen Blick auf den bissigen Antinationalismus Rosa Luxemburgs wäre ein neuer Blick auf das Wendejahr 1989, eine Neubewertung der mitteleuropäischen Revolution.

Die Parallelen zwischen dem Ende des Ersten Weltkrieges und dem Jahr 1989 liegen auf der Hand. Damals wie heute zerbrachen multinationale Gebilde. Damals wie heute träumte man von universalistischen Ordnungsfaktoren: damals vom Völkerbund, heute vom Gewaltmonopol der UNO oder der friedenstiftenden Zauberwirkung der KSZE. Damals wie heute entstand eine ganze Milchstraße neuer Nationalstaaten. Rosa Luxemburgs Internationalismus könnte wieder zum Stimulus werden, wenn dem Westen die Gefahr bewußt würde, daß Europa ins Jahr 1919 zurückfallen könnte, genauer gesagt: daß es abstürzt in die Unsicherheit der Ära zwischen 1878 und 1939.

II.

Rosa Luxemburgs Denkansatz in der nationalen Frage war von ihren Erfahrungen in Russisch-Polen bestimmt. Polen war seit den drei Teilungen im späten 18. Jahrhundert an Rußland, Österreich und Preußen aufgeteilt. Rosa Luxemburg und ihr Freund Leo Jogiches gehörten zu den Begründern einer kleinen internationalistischen Sozialdemokratischen Partei Polens und Litauens, der SDKPiL, die sich mit aller Kraft gegen die große »sozialpatriotische« Partei Polens, die PPS, zur Wehr setzte. Die Mehrheit der Polen wollte natürlich »nationale Selbstbestimmung«, also die Wiedererrichtung eines einheitlichen polnischen Staates.

Rosa Luxemburg dagegen kämpfte für die Einheit der polnischen und russischen Arbeiter. Hier liegt die Wurzel für ihre Denkmethode. Sie hielt nichts vom heute wieder so kritiklos herumgereichten Begriff des »Selbstbestimmungsrechts« der Völker. Das war ihr eine »metaphysische Formel, die es dem Gutdünken einer jeden Nationalität überließe, das Problem zu entscheiden«. Sie aber wollte reale Verhältnisse analysieren, das heißt: Sie wollte entscheiden, ob eine Unabhängigkeit praktikabel, nützlich für die Betroffenen, nützlich für die Nachbarn, nützlich natürlich auch für die soziale Revolution sei.

Nun ist es im Jahr 1992 ganz ausgeschlossen, Rosa Luxemburgs Theorie der nationalen Frage aus dem Zusammenhang ihrer Theorie der Klassengesellschaft zu lösen und einfach weiter zu benutzen. Als Angehörige der jüdischen Minderheit in einem russisch dominierten Polen hatte sie zwar durchaus Verständnis für das, was sie »das Recht auf die eigene Sprache« oder »Bezirks- und Stadtselbstverwaltung« nannte. Der Fluchtpunkt all ihrer Überlegungen aber war schon der »alles zertrampelnde Vormarsch der historischen Entwicklung«, also die Revolution. Diese Perspektive eines »wissenschaftlichen Sozialismus« – Karl Kautsky hatte sie bis zu der schlechten Utopie verlängert, irgendwann einmal würden alle Sprachen und Kulturen in einer einzigen kommunistischen Weltgesellschaft eingeschmolzen sein – ist heute mausetot.

Höchst nützlich wäre aber auch heute Rosa Luxemburgs analytischer, sozusagen empirischer Blick auf die Nationen. Sie war, gerade weil sie selbst aus der osteuropäischen Völkermischzone stammte, vom Völkischen nicht prinzipiell ergriffen, sie schaute hin. Auf diese Weise hielt sie politische Optionen offen, die für den Naturrechts-Nationalismus – von gestern und von heute – nicht existieren.

- So fragte Rosa Luxemburg in jedem einzelnen Fall nach den ökonomischen Bedingungen »kleinstaatlicher Existenz«. Ihr war klar, daß es auf der Welt viele tausend Sprachen gab, aber nur ein paar hundert Staaten; und sie fürchtete die »feudalistische Anarchie«, in die Europa zurückfallen könnte, wenn jede Gruppe mit einem eigenen Dialekt Anspruch auf einen eigenen Staat erheben würde.

- Rosa Luxemburg wußte auch, daß Selbstbestimmung nicht automatisch Separation oder Sezession sein kann. Es ging ihr nicht nur um das »Gutdünken« einer einzelnen Nationalität: Sie fragte sich, wie sich die Nachbarn darauf einstellen würden. In gemischten Siedlungsgebieten hängt die ökonomische Lebensfähigkeit der einen Volksgruppe oft von anderen ab. Wer von diesem Zusammenhang absieht, produziert blutige Konflikte wie heute in Bosnien und vielleicht morgen in der Slowakei oder im Baltikum.

- Gegenüber den pathetischen Theorien vom nationalen Volkswillen wußte die Luxemburg sehr genau, daß der Nationalismus in der Regel ein Produkt »bürgerlicher und kleinbürgerlicher Klassen ist«. So steht bei ihr, was der tschechische Wissenschaftler Miroslav Hroch erst Ende der sechziger Jahre nachgewiesen hat: daß die Träger der nationalen Gesinnung in aller Regel nicht schmachtende Volksmassen sind, sondern machtbewußte und stellungsuchende Aktivisten aus dem Bürgertum.

- Aus all dem folgte eine kritische Analyse nationaler Kulturen, keine historistische Anbetung. Man muß nicht allen ihren Urteilen folgen: Den ukrainischen Nationalismus hielt sie zum Beispiel für eine »einfache Schrulle, eine Fatzkerei – es ist förmlich, als wenn eines schönen Morgens die von der Wasserkante auf den Fritz Reuter hin eine neue plattdeutsche Nation und Staat gründen wollten«. Das mag ungerecht sein. Wenn die weihevolle Stimmung, mit der die politischen Klassen des Westens nach 1989 den Neonationalismus begrüßt haben, allerdings durch einen Schuß Luxemburgismus abgekühlt würde, wäre das nicht schädlich. Etwa so: »Der Nationalismus ist augenblicklich Trumpf. Von allen Seiten melden sich Nationen und Natiönchen mit ihren Rechten auf Staatenbildung an. Vermoderte Leichen steigen aus hundertjährigen Gräbern, von neuem Lenztrieb erfüllt, und geschichtslose Völker, die noch nie selbständige Staatswesen bildeten, verspüren einen heftigen Drang zur Staatenbildung ... Auf dem nationalistischen Blocksberg ist heute Walpurgisnacht.«

Das ist vor fast fünfundsiebzig Jahren formuliert, aber realistischer und frischer als mancher Staatstext aus neuester Zeit.

Was man von Rosa Luxemburg wieder lernen könnte, wäre der Blick auf die Nation von unten, aus der Sicht normaler Menschen, aus der Sicht derer, die Objekte der Handlungen und der Propaganda der Wortführer und Aktivisten sind. Als auf einem der vielen internationalen Podien ein kroatischer Nationalist kürzlich emphatisch ausrief, für den kroatischen Nationalstaat werde sein Volk auch Gras fressen, rief ein alter Mann aus der siebten Reihe der Zuhörer ein wenig matt dazwischen, daß Gras kein gesundes Nahrungsmittel für Kinder sei. An diesem Abend hatte der luxemburgistische Zwischenrufer kein Glück: Er verstummte im prasselnden Beifall seiner Gegner. Ob die unterdrückten Minderheiten und die hungernden Unterschichten Osteuropas dem Mann aber nicht einmal recht geben werden, bleibt eine offene Frage.

III.

Was für eine Blindheit, werden die Realisten sagen. Natürlich werden sie nicht Stalins Schimpfwort vom »wurzellosen Kosmopolitismus« gebrauchen, jedenfalls nicht in Deutschland. Auch Rosa Luxemburgs jüdischer Ursprung, ihr Status als Staatenlose (es gab zu ihrer Zeit keinen polnischen Staat), ihr gemischtes Erbe dürften nicht zur Sprache kommen. Man wird sich einfach auf das zurückziehen, was man als die Wirklichkeit betrachtet: auf das Nationalgefühl der Polen, Slowenen, Slowaken, Kroaten, Serben oder Letten. Und nur ein besonders mutiger Rechtsausleger würde die Kraft zu einer zynischen Bemerkung aufbringen: Das hat uns gerade noch gefehlt, daß uns irgendein Sozi Rosa Luxemburg ausgräbt, eine der Gründerinnen der Kommunistischen Partei. Müßte man sich auf solch eine Replik hin nicht geschlagen geben?

Vielleicht könnte man die Argumentation der Luxemburg durch einen weniger zweifelhaften Zeugen stützen. Friedrich Naumann, einer der Gründerväter des deutschen Liberalismus, evangelischer Pfarrer, deutscher Patriot und unbeugsamer Realist, hat immerhin 1915 geschrieben: »Die Unmöglichkeit kleinstaatlicher Souveränität bei gemischt wohnender Bevölkerung liegt auf der Hand. Das bedeutet nun nicht, daß die Nationalitäten sich allen Zankes entschlagen werden, aber sie werden ihren Streit als innere und nicht als äußere Politik betrachten und anerkennen, daß ein tschechisches Heer oder ein kroatischer Generalstab oder ein bloß magyarisches Auswärtiges Amt oder eine slowenische Wirtschaftspolitik oder eine galizische Staatskasse zu den unausführbaren Dingen gehören.« Wäre das nicht ein Flankenschutz für Roszalia Luxemburg, die wortmächtige Hysterikerin aus Zamosé in Polen?

Noch nicht. Man spricht es nicht gern aus, aber es ist wohl so: Die Parallele zwischen 1918/19 und 1989 muß noch drückender werden. Die Flüchtlingstrecks sind noch zu kurz, zu unauffällig, zu weit weg. Die Zeit, in der »Revisionen« möglich werden, wird schon kommen. Falls sie noch etwas bewirken sollen, dürften sie allerdings nicht mehr allzu lang auf sich warten lassen.

(1992)

∎ Die soziale Selbstgerechtigkeit

Was ist Gerhard Schröders Problem vor dem Sonderparteitag der SPD? Man könnte Joe Klein zitieren, den berühmten Reporter des *New Yorker.* »Die wichtigste Grundregel der Politik«, sagt er, »lautet: Du mußt die Parteifanatiker ruhigstellen (›Die Basis sichern‹ ist der Fachausdruck).« Genau dieses Geschäft hat der Vorsitzende der SPD, Gerhard Schröder, nicht systematisch genug betrieben. Jetzt muß er es mit einer imperialen Dramaturgie versuchen, in deren Zentrum die (ernstgemeinte) Drohung steht: Entweder ihr billigt meine Agenda 2010, oder ihr müßt euch einen anderen suchen. Dieses Sturzflugmanöver kann er bestehen, aber auf dem liebenswürdig-engen Flugplatz der SPD ist es lebensgefährlich.

Viele mahnen nun Programmatik an, eine »maßvolle Renormativisierung«, gar das Erzeugen von »Sinnströmen« (Franz Walter) – was immer das auch sein mag. Den normalen Weg jedenfalls, den auch Tony Blair ging, nämlich die Sittenwächter der Partei schon vor der großen Wahlschlacht auf neue Perspektiven einzuschwören, konnte Schröder 1998 nicht gehen. Parteivorsitzender wurde er erst, als er schon Kanzler war. Da waren die populistischen Wahlversprechen – zum Beispiel, den Kohlschen Abbau des Sozialstaats wieder rückgängig zu machen – schon erfüllt.

Spätestens in der Regierungserklärung 2002 jedoch hätte Schröder Tacheles reden müssen. Die sozialdemokratische Theorie des Sozialstaats und der sozialen Gerechtigkeit muß neu formuliert werden, und zwar nicht wegen temporärer Budgetprobleme oder irgendeines läppischen (aber von uns Deutschen erfundenen) Defizitkriteriums im »Stabilitätspakt« der EU. Vielmehr unterscheiden sich die Grundzüge des gegenwärtigen

Zeitalters radikal von der Periode, in der der europäische Wohlfahrtsstaat konzipiert wurde, und zwar in mindestens drei Aspekten:

Erstens sind wir – und die meisten europäischen Nachbarstaaten mit uns – eine alternde Gesellschaft. Erstmals in der Menschheitsgeschichte ist der Anteil älterer Menschen größer als der jüngerer. In vierzig Jahren stehen in Deutschland acht ältere Menschen von über sechzig Jahren nur noch drei jungen gegenüber, die ihr 20. Lebensjahr noch nicht erreicht haben. Dieser Trend ist weder durch gutes Zureden noch durch Familienpolitik umkehrbar. Wer bestreitet, daß diese Entwicklung einen weitgehenden Umbau des Renten- und Gesundheitssystems verlangt, frönt einem ebenso trotzigen wie lebensgefährlichen Traditionalismus.

Zweitens kann man nicht mehr darüber hinwegsehen, daß das Ziel »Vollbeschäftigung« in der sogenannten Wissensgesellschaft – anders gesagt: im digitalen Kapitalismus – zur Funktionärsphrase verkommen ist. Der Soziologe Ralf Dahrendorf hat es am klarsten formuliert: »Die Wissensgesellschaft erweist sich als eine Gesellschaft des bewußten Ausschlusses vieler aus der modernen Arbeitswelt.« Die Wachstumsphase zwischen 1950 und 1975 war, wie der Sozialwissenschaftler Burkart Lutz schon in den achtziger Jahren nachgewiesen hat, ein »kurzer Traum immerwährender Prosperität«. Das aber bedeutet, daß die Hohlform der Zweidrittelgesellschaft versteinert. Wir werden auf Dauer mit einer neuartig zusammengesetzten Unterklasse leben müssen, die wissensintensive Jobs entweder nicht bekommt oder, wegen der stark verdichteten Arbeit, nicht will. Das Patentrezept »Mehr Wachstum = Weniger Arbeitslosigkeit« geht in einer wissens- und kapitalintensiven Gesellschaft nicht auf.

Dazu kommt für Deutschland – drittens – der Faktor der Wiedervereinigung. Was sie bedeutet, kann man sich klarmachen, wenn man sich für einen Augenblick vorstellt, die USA hätten 1990 Mexiko als Bundesstaat eingegliedert. Die vielen hundert Milliarden Euro Transfer von West- nach Ostdeutschland sind eine gewaltige Leistung. Aber dieses Geld fehlt an anderer Stelle. Zwischen 1990 und 2000 verdoppelte sich die Schuldenlast der Republik von 615 auf 1227 Milliarden Euro. Auch wer die entsprechenden Leistungen für Ostdeutschland für unabweisbar gehalten hat, muß zugeben, daß man nicht so weitermachen kann wie in den siebziger und achtziger Jahren. Die Investitionsquote ist in Deutschland gefährlich gesunken, der deutsche Kapitalstock veraltet.

Wenn diese drei – mit Zahlen belegbaren – Tatbestände nicht zu bestreiten sind, folgt daraus, daß die deutschen Sozialsysteme in Zukunft nicht mehr über genügend Geld verfügen werden, um das zu leisten, was ihre Paragraphen versprechen. Mit der Vorstellung, man müsse als Arbeitnehmer weder für das Alter noch für den Krankheitsfall vorsorgen, weil dazu der Staat – dem man ja hohe Sozialbeiträge bezahlt hat – verpflichtet sei, geht es nicht mehr weiter. Diese Geisteshaltung, die sich fatalistisch auf den Patron Staat verläßt, muß aufgebrochen werden. Die Einführung der Riester-Rente ist eine Schwalbe der Erkenntnis, macht aber noch keinen Sommer. Der Ökonom Meinhard Miegel mag ein Konservativer sein, hat aber trotzdem Recht, wenn er sagt: »Wie die Sozialsysteme heute in Deutschland angelegt sind, binden sie die Vermögensbildungsfähigkeit breiter Bevölkerungsschichten und schaffen so ein Übermaß an Abhängigkeit vom Staat.« Der deutsche Sozialstaat ist zu preußisch geworden.

Manche Sozialdemokraten fürchten um ihre »Identität«, wenn sie dem Abbau bestimmter Sozialleistungen zustimmen. Nun gibt es nichts Schwammigeres als den Begriff »Identität«. Exakt definiert heißt Identität »Selbigkeit«, also Gleichheit hinsichtlich aller Eigenschaften. Wenn das bedeuten soll, daß Politik einmal eingeräumte Zuschüsse, Vergünstigungen und Kompensationen nie mehr ändern kann, wäre sie nichts anderes mehr als Verwaltung. Keine Frage: Die Arbeiterbewegung, die Sozialdemokratie und die Gewerkschaften können stolz darauf sein, daß sie in einem mehr als ein Jahrhundert währenden Kampf die Brutalitäten des Frühindustrialismus – Hungerlöhne, 14-Stunden-Tag, Klassenmedizin und das Prinzip *hire and fire* – abgeschafft haben. Aber ihre »Identität« (wenn man diesen Psychobegriff schon strapazieren will) hängt nicht an bestimmten gesetzlichen Regelungen, sondern besteht in der Empathie mit den schuldlos Gestrauchelten, in der Absicherung der großen Lebensrisiken der Menschen. Dazu gehört die Durchsetzung neuer Freiheitsrechte und die Begrenzung der Logik marktwirtschaftlicher Rationalität in bestimmten Notfällen. Wohngeld aber, Eigenheimförderung oder der Krankenschein für alles und jedes sind nicht unerläßlich. Auch die individualisierte Gesellschaft des 21. Jahrhunderts braucht einen Sozialstaat; aber einen anderen als die Industriegesellschaft der zwanziger oder der fünfziger Jahre des 20. Jahrhunderts.

Es ist völlig sinnlos, gegen diese nackte Tatsache immer noch mit Konzepten anzurennen, die schon Anfang der achtziger Jahre nicht mehr gegriffen haben. Kreditfinanzierte Konjunkturprogramme verpuffen in einer globalisierten Wirtschaft. Keynesianische Nachfragepolitik könnte vielleicht die EU machen, wenn sie denn einig wäre; ein Nationalstaat kann es nicht mehr. Und die Idee, man könne sich die fehlenden Milliarden von den »Besserverdienenden« besorgen, ist so populär wie stumpfsinnig. Sicher gibt es in Deutschland einige tausend Vermögensbesitzer, die leicht erhebliche Summen für die Staatskasse entbehren könnten.

Aber hat je einer der Wortführer der »Vermögensteuer-Debatte« einen operativen Vorschlag gemacht, wie man an dieses Geld kommt, ohne den Abfluß vieler Milliarden an Fluchtgeldern zu provozieren und die gesamte Unternehmerschaft samt Managern, samt Handwerk, samt vieler Kleinsparer bis aufs Blut zu reizen?

Habhaft werden könnte man allenfalls jener drei bis fünf Prozent gut bezahlter Wissensarbeiter, die unsere Gesellschaft dringend braucht, wenn sie die Wohlfahrtsverluste der Überalterung durch Produktivitätsgewinne auffangen will. Schon jetzt bringt ein Achtel der Bevölkerung gut die Hälfte der direkten Steuern auf. Wer die ökonomischen Eliten – und zwar die unterhalb der Ebene superreicher Familien und Vorstandsvorsitzender – in die wütende Passivität treibt, besiegelt den endgültigen Abstieg des Landes.

Das Elend der deutschen Debatte über die Sozialsysteme besteht darin, daß sie zu oft nur demoskopisch geführt wird, auch von der Linken. »Mehr Eigenverantwortung«, so argumentierten einige Wortführer dieser SPD-Linken gerade, sei ein Schlagwort, das die große Mehrheit der Menschen als Bedrohung empfinde. Da haben sie Recht. Es geht aber nicht um die Frage, ob die SPD mit der Chiffre »Eigenverantwortung« oder mit der Chiffre »Soziale Gerechtigkeit« mehr Wähler gewinnt. Es geht vielmehr darum, ob diese (Regierungs-)Partei die real existierenden Probleme so löst, daß weder die Wahlberechtigten von heute noch die von morgen betrogen werden.

Gebetsmühlenartig werden diese Argumente wiederholt: Die Leute wollen aber keine Selbstbeteiligung beim Kauf von Medikamenten, keine Rentenkürzungen, keine Studiengebühren, keine Einschränkung des Kündigungsschutzes. Aber das trägt nichts zur Beantwortung der Frage bei, was die Regierung tun soll. Weitere Steuererhöhungen würden die Gesellschaft lähmen, der Verteidigungsetat ist sowieso schon unverantwortlich gering, und bei den Kürzungen von Subventionen landet man bei den immer gleichen Konflikten, bei denen sich bisher jede Regierung eine blutige Nase holte: Soll's bei der Kohle sein oder doch lieber bei den Dienstwagen und Bewirtungsspesen? Der Rückbau des Sozialstaates – den jede Regierung natürlich immer Umbau nennen wird – ist unausweichlich. Er wird kommen. Die Frage ist nur, ob mit der vorsichtigeren Handschrift von Rot-Grün oder der schwungvolleren einer schwarz-gelben Koalition.

Wenn die SPD aber wirklich »strategisch« denken will, muß sie zuerst die Klassenstruktur des digitalen Kapitalismus intelligent analysieren. Mit dem Denkmuster »Wir hier unten, ihr da oben« hat sie keine Chance mehr. Eine sozialdemokratische Partei wird kaum jemals eine Mehrheit unter den disponierenden Eliten gewinnen, die heute aus »Wissensarbeitern« bestehen. Wenn sie dort aber nicht wenigstens eine spürbare Minderheit überzeugt, wird sie unfähig sein, die Gesellschaft zu gestalten. Sie darf den produktivistischen Kern der Gesellschaft nicht vergessen, mißachten oder rechts liegen lassen. Sie braucht die Leute, die Projekte machen, Risiken eingehen und sich schinden.

Dabei darf sie sich nicht einbilden, daß das dritte Drittel der Gesellschaft durchweg Fleisch von ihrem Fleische sei. Dort gibt's zwar viele Menschen, vom kaputtgearbeiteten Facharbeiter bis zum schuldlos gestrandeten 52jährigen Abteilungsleiter, die die Solidarität der ganzen Gesellschaft verdienen. Ein bestimmter Typus von anachronistischem Linksliberalismus legt aber an die armen Bevölkerungsgruppen gönnerhaft niedrigere moralische Maßstäbe an als an andere Leute. Die politisch korrekte These lautet: »Alles Opfer.« Damit wird man nicht mehrheitsfähig bei denjenigen, die die Verzehnfachung des staatlichen Sozialaufwands seit 1950 mit ihren Steuern und Sozialbeiträgen bezahlt haben. Damit ist man auch nicht »sozial gerecht«.

Was die SPD jetzt braucht, sind ein paar Zumutungen an den eigenen Idealismus. Sie könnte sich an Karl Marx ein Beispiel nehmen. Zum »Verbot der Kinderarbeit« notierte er in seinen *Randglossen zum Programm der Deutschen Arbeiterpartei von 1875:* »Hier war absolut nötig, die Altersgrenze anzugeben. Allgemeines Verbot der Kinderarbeit ist absolut unverträglich mit der Existenz der großen Industrie und daher leerer, frommer Wunsch.«

Zu seiner Zeit hatte Marx recht. Er formulierte so kaltherzig, weil er bemüht war, einen Mechanismus zu begreifen. Ein paar solcher mit kühlem Verstand geschriebenen Passagen würden nicht nur den Konzeptpapieren aus dem Bundeskanzleramt, sondern auch den programmatischen Dokumenten der Grundwertekommission der SPD gut tun.

Natürlich zwingen solche Zumutungen die SPD zu dem sprichwörtlichen »Spagat«. Die Partei muß aufpassen, daß sie nicht in den Unterklassen verliert, was sie in den Mittelschichtmilieus hinzugewinnt. Dieser Spagat (der der CDU/CSU übrigens genauso wenig erspart bleiben wird) ist schwierig – aber er ist nicht unmöglich.

Nie war die SPD zerrissener als zu Brandts Zeiten, Ende der sechziger, Anfang der achtziger Jahre. Selten war sie erfolgreicher. Göran Persson, Wim Kok und auch der Tony Blair vor dem Irak-Abenteuer haben den Spagat ausgehalten. Die Alternative zum Spagat wäre das Projekt 18 Möllemanns – allerdings von oben nach unten.

Schröder war mit seinem Dritten Weg schon auf der richtigen Spur. Er müßte nur mehr Leute hinzuziehen, die ihm intelligent durchgearbeitete Kompromißlösungen anbieten. Von Clinton könnte er lernen. Als dessen Partei ihn zwingen wollte, ein großes Tagesstättenprogramm staatlich zu finanzieren, wußte er, daß es dafür im Kongreß keine Mehrheit geben würde. Also tat er sich mit dem republikanischen Gouverneur aus New Jersey, Tom Kean, zusammen und entwickelte das Konzept von Steuergutschriften beziehungsweise Gutscheinen für Bedürftige, die eine Tagesstätte in Anspruch nehmen wollten. Diese Formel, eine Verschmelzung von linken Zwecken mit konservativen Mitteln, schlug durch. Schröder wird solche Formeln demnächst dringend brauchen: im Bundesrat, vor allem aber im Ringen mit den Wählern. Seine Partei muß diese Strategien akzeptieren – oder zurück in die Opposition.

(2003)

BILDUNG

■ Die Hochschulen nicht abschreiben

An manchen deutschen Hochschulen gibt es Examenskandidaten, die noch kein einziges Semester erlebt haben, in dem es keinen »Studenten-streik« gab. Die Schlachtrufe lauten zur Zeit: keine Regelstudienzeiten, kein Ordnungsrecht, politisches Mandat der verfaßten Studentenschaft. Aber die Erfüllung dieser Forderungen würde die Konflikte nicht beile-gen; Ersatzparolen liegen griffbereit. Findet die deutsche Hochschule nie mehr zu einem Arbeitsklima schöpferischer Kooperation?

Viele Bürger haben die Hochschulen abgeschrieben; als sündhaft teu-re Quatschbuden. Auflagenstarke Zeitungen unterstützen sie in dieser Haltung. Immer mehr Studenten – die künftige Funktionselite unse-res Volkes – »steigen aus«; sie wandern ab ins Ghetto einer aggressiven Distanz zu den »Bundesrepublikanern«. Ein Prozeß der Isolierung und Selbstisolierung der deutschen Hochschulen ist in Gang gekommen; seit Jahren schon. Frißt sich diese aggressiv-wortlose Gleichgültigkeit weiter fest – hüben und drüben?

Für viele Politiker sind die Hochschulen Demonstrationsobjekte ge-worden. Dort geht man hin, um »Flagge zu zeigen«: wohl dem, der einen zerplatzten Farbbeutel auf dem Anzug als Trophäe mit nach Hause bringt. Im übrigen ist jeder stolz, wenn er darauf hinweisen kann, daß er mit der Bildungspolitik des letzten Jahrzehnts nichts zu tun hat. An den Pranger mit den Utopisten! – Bleiben wir bei derart populärer Ignoranz?

Wenn wir dabei bleiben, riskieren wir – auf mittlere Sicht – ein Stück Stabilität unseres politischen Systems. Wir bilden heute fast ein Viertel jedes Altersjahrgangs auf Fachhochschulen und Universitäten aus. Die Zeit ist vorbei, in der man die »Akademiker« als elitäres Sondergrüppchen abtun konnte, dem die Mehrheit der Vernünftigen schon heimleuchten werde. Wer sich mit dem Beifall beruhigt, den man auf Massenversamm-lungen mit einer aggressiven Wendung gegen das akademische Milieu noch allemal bekommen kann, täuscht sich über die Situation. Noch fünf Altersjahrgänge, in denen nur zehn Prozent der Studierenden – heute 900 000 – »abschwimmen«, und die soziale Atmosphäre der Bundesrepu-blik wäre verändert.

Die, die »aussteigen« werden keine Terroristen; von ganz wenigen Ausnahmen abgesehen. Aber wenn in den mittleren Etagen von Industrie und Verwaltung hinter den Prestige-Symbolen der Mittelklasse immer mehr Zynismus, Resignation und »Piep-Egal-Mentalität« nistet, bekommen wir eine Situation wie in der Weimarer Republik; dann wird dieser Staat nur noch so lange akzeptiert, wie er als Ausgleichskasse funktioniert.

Es ist unbestreitbar, daß diese Diagnose nicht für alle Universitäten in der gleichen Weise gilt. Die Revier-Hochschule Bochum ist anders als das Experiment Bremen; die Technische Universität Karlsruhe anders als die Millionenstadt-Universitäten München, Hamburg oder Berlin. Aber ich warne vor parteiischen Illusionen und Rechthaberei. Auch in jahrzehntelang konservativ regierten Bundesländern gibt es Universitäten voller auswuchernder Konflikte – Beispiel Heidelberg. Und Schweigen – als die Abwesenheit von tumultuarischem Protest – ist noch kein Beweis für eine rationale politische Kultur an einer Universität. Die Gründe für die chronischen Krankheiten der deutschen Hochschule liegen in dem unehrlichen Versuch, den Funktionswandel der Hochschulen zu leugnen, und in der Kapitulation der Universität – und vieler anderer- Institutionen – vor der Aufgabe der Sinngebung, der »Sinn-Kommunikation« und Selbstverständigung der jungen Generation.

Die aktuellen Konfliktthemen sind Oberfläche; die eigentlichen Konflikte stecken darunter. Gegen Regelstudienzeiten sind – an den Hochschulen – nahezu alle: vom Philologenverband bis zu den K-Gruppen; vom konservativen Hochschullehrer bis zum Sponti. Der Widerstand gegen die Regelstudienzeit ist der Widerstand gegen die Industrialisierung, Bürokratisierung und Rationalisierung der Hochschule; als solcher ist er – als der Protestschrei der Betroffenen – durchaus verständlich. Man wird nur fragen müssen, ob man die Hochschule der drei oder acht Prozent (eines Altersjahrgangs) in die Hochschule der 20 oder 25 Prozent verwandeln könnte – ohne »Industrialisierung«, »Bürokratisierung«, »Rationalisierung«.

Ich will das Hochschulrahmengesetz nicht als das Walten des Hegelschen Weltgeistes oder als Vollzug der Geschichte darstellen; gegen die *Ausgestaltung* des Rationalisierungsprozesses, den wir mit dem Wort »Regelstudienzeit« umschreiben, mag man vieles sagen können. Kein Kundiger wird mir aber bestreiten, daß der Professor für ältere Germanistik sich gegen *jede* Studien- und Prüfungsordnung stellen wird, in der dem Studienrat Althochdeutsch nicht mehr abverlangt wird; und daß viele Studenten jede Festlegung einer Obergrenze für die Zeit, die sie bis zum ersten berufsqualifizierenden Abschluß brauchen dürfen, leidenschaftlich ablehnen werden.

Was wir Politiker uns vorwerfen müssen, ist Mangel an Aufrichtigkeit. Es war keineswegs falsch, Bildungswerbung zu betreiben, die Hochschulen zu öffnen und dadurch mehr Menschen die Gelegenheit zu geben, mehr zu lernen. Es war richtig; es hat die *Chance* zu mehr sozialer Gerechtigkeit eröffnet. Aber es war natürlich nicht kostenlos; man kann die Lernprozesse in einer Massenuniversität nicht genauso organisieren wie zu Humboldts oder Diltheys Zeiten, als »Einsamkeit und Freiheit« die »obwaltenden Principien« waren. Die »Einsamkeit« ist schwierig, geworden, die Freiheit des einen durch die Freiheit vieler anderer begrenzt. Wir haben nicht deutlich genug gesagt, daß wir diesen Preis bezahlen wollten.

1864 äußerte Jacob Burckhardt erstmals die Idee, einen »akademischen Kurs vom Geist der Griechen« zu halten; der Gedanke hatte aber schon lange vorher in ihm gearbeitet. Im Sommer 1872 las er dann schließlich sein berühmt gewordenes Kolleg über »Griechische Kulturgeschichte«; ab 1870 war die Vorbereitung der Vorlesung zu einer seiner wichtigsten Beschäftigungen geworden. 1871, im Dezember, schreibt er an Friedrich von Preen: »Zu irgendeiner unabhängigen Lektüre komme ich nicht mehr – selbst zum Kaffee nach Tisch und zum nachherigen kurzen Schlummer lese ich auf dem Sopha liegend Tragiker ... nur um vollständig jeden Augenblick die möglichste Routine des Griechischen auszunützen ...« Ein Buch wagt er aus der Arbeit nicht zu machen; lediglich ein Kolleg. Dies wird allerdings ein großer Publikumserfolg: 54 Hörer schreiben sich ein (»Mehrere müssen steh'n!«) – ein Drittel sämtlicher Studenten der damaligen Basler Universität.

Diese Zeiten sind vorbei. Es gibt keinerlei Grund, bei dieser Feststellung irgendwelchen Triumph in die Stimme zu legen; auf dem Weg zur demokratischen Massenhochschule ist auch viel verlorengegangen. Und wo es möglich ist, Ecken und Nischen zu erhalten, in denen im »alten Stil« gearbeitet werden kann, soll man es tun. Aber man muß sich zum Funktionswandel der Hochschulen bekennen und ein zeitgemäßes Ethos der Universität entwickeln. *Eine* wichtige Aufgabe der heutigen Hochschulen (unter anderem) ist die wissenschaftliche Berufsausbildung für ein Fünftel eines Altersjahrgangs. Die Hochschulen müssen die Aufgabe endlich akzeptieren.

Es ist ein Unding, Hunderttausende Studenten, insbesondere in geistes- und sozialwissenschaftlichen Fachrichtungen, mehr oder weniger orientierungslos durch kaum geordnete Studiengänge taumeln zu lassen; sie müssen sich verirren. Und es ist ein Unding, daß ein angehender Studienrat im Durchschnitt 28 oder 29 Jahre alt wird, bis er als Referendar das erste Mal vor eine Klasse tritt.

Dies vor allem: Es ist eines der entscheidenden (aber anerkannten) Motive für das schwierige sozial-psychologische Klima an deutschen Hochschulen, daß dort Hunderttausende, bis nahe ans 30. Lebensjahr in abhängiger Stellung, ohne eigene Verantwortung, ohne eigenes Einkommen von der Arbeitswelt, also vom Alltag der Mitmenschen, isoliert werden.

Funktionswandel der Hochschulen: Die Politiker müssen aufhören, mit matten Zugeständnissen nach allen Seiten drumherum zu reden. Sie sollten alle Kraft darauf verwenden, daß die Anforderungen an einen ersten berufsqualifizierenden Abschluß in allen Fachrichtungen nüchtern und realistisch neu definiert werden. Dabei müssen sie vor allem dafür sorgen, daß bei dieser unausweichlichen Arbeit nicht ausgerechnet der »klassische Kanon«, sozusagen in Volksausgabe, übrigbleibt – und der interdisziplinäre Durchblick, die neuen Blickwinkel, die kritischen Fragen wegfallen. Eine bitterschwere Aufgabe. Nur: Wer verspricht, daß er den Status quo bewahren oder gar den Status quo ante wiederherstellen könnte – der belügt die Leute.

Hunderttausende junger Menschen kommen an die Universitäten mit einem bohrendem Drang nach Lebensorientierung, nach Übersicht, »Sinn«. Die moderne, Massenuniversität läßt sie gerade mit diesem Bedürfnis oft allein. Das Lehrgespräch im kleinen Kreis ist einem exklusivem Kreis von »freaks« vorbehalten; die Universitätsgremien beschränken sich auf Verwaltungs-Kommunikation; die Gruppenbildung ist innerhalb einer riesigen, sozial heterogenen Studentenschaft schwierig. Gerade in den ersten Semestern bietet sich die Universität für den Studenten als ein undurchschaubares, hermetisches System dar, das Leistungen verlangt, deren Zuordnung (und also »Sinn«) man nicht versteht.

In dieser Situation ist die Forderung nach dem »politischen Mandat« der Studentenschaft ein Ausdruck der verzweifelten Suche nach »Sinn«. Für studentische Politprofis mag dahinter der Versuch stecken, mit den Zwangsbeiträgen der »grauen Mäuse« ihre partikulären Ziele zu verfolgen; dieser Strategie muß ein Riegel vorgeschoben werden. Aber die Tausende, die für die »verfaßte Studentenschaft«, für ein »politisches Mandat«, oft auch für einen rätedemokratischen Aufbau der Studentenschaft eintreten, suchen ein freies, unbehindertes Kommunikationsforum für »Sinn-Kommunikation« – und eine Interessenvertretung, die »Einigkeit« herstellt – wenn's geht emphatische Einigkeit. Die Politiker verfehlen diese Bewußtseinslage, wenn sie gegen das »politische Mandat« der verfaßt Studentenschaft (völlig korrekt) mit dem Arsenal der juristischen Argumente vorgehen.

Selbstverständlich, diese juristischen Argumente sind trotzdem zwingend. Zwangskörperschaft und allgemein politisches Mandat sind nicht miteinander vereinbar. Ich warne aber davor, das elementare Bedürfnis zu verkennen, das hinter diesen studentischen Forderungen steht. Deshalb plädiere ich für die Beibehaltung – beziehungsweise in Berlin für die Wiedereinrichtung – der verfaßten Studentenschaft trotz unbestreitbaren Mißbrauchs dieses Instruments an einzelnen Stellen.

Denn eine Illusion – ich gestehe offen, daß ich ihr selbst lange nachgehangen habe – müssen wir aufgeben: Die Verwaltungs-Kommunikation der Universitätsgremien befriedigt das Bedürfnis nach Orientierungs- und Sinn- Wissen nicht, mit dem Zwanzigjährige an die Hochschulen kommen. Diese Beteiligung an der Selbstverwaltung der Hochschulen ist – aus anderen Gründen – angebracht; aber die Verweigerung vieler Studenten bei dieser Verwaltungs-Kommunikation zeigt, daß sie »Sinn-Kommunikation« nicht ersetzen kann. Die Beteiligung an der Beschäftigung eines Assistenten und der Anschaffung eines Großgeräts beantwortet die Fragen und Zweifel der jungen Generation nicht.

Der hinhaltende Widerstand der Studenten gegen scheinbare selbstverständliche Normen ist keine Reaktion auf falsche Bildungspolitik, so sehr einzelne Züge dieser Bildungspolitik verfehlt gewesen sein mögen. Die Hochschulen sind nur die greifbarsten Objekte einer Aggression, die in der Verweigerung einer befriedigenden Sinn-Kommunikation ihren Ursprung hat. Nicht nur die Universitäten sind »ausgefallen«; sondern vielfach auch die Kirchen, die Parteien – und die Familie.

Manès Sperber hat die Haltung der Elterngeneration aus den Mittelschichten unübertrefflich gekennzeichnet: »Es lohnte sich nicht, mit den heranwachsenden Kindern zu streiten. Man sagte sich: Im Namen wessen, welchen Gottes, welcher unangreifbaren Kriterien soll, darf man ihnen etwas verbieten? Sie sagen: Weg mit den Tabus – und alles, was ihnen nicht paßt, nennen sie Tabu. Gott ist tot? Wenn er es nicht ist, so soll er es selbst dementieren. Sie schreiben auf alle Wände: ›Macht Liebe, keinen Krieg.‹ Wer sollte etwas dagegen einwenden? Sie finden, daß wir sie nicht verstehen. Sie mögen recht haben; übrigens verstehen sie uns auch nicht. Manche Psychologen finden das normal. Auseinandersetzungen vermeiden, gewähren lassen, da niemand weiß, was das Richtige ist ...«

Diese Ratlosigkeit ist sympathischer als die auftrumpfende Ignoranz des wilhelminischen Bürgertums; aber die Ratlosen dürfen jetzt nicht aufmarschieren und von den Bildungspolitikern die umstandslose Befriedung oder Disziplinierung ihrer Kinder einfordern. Zauberer sind sie auch nicht.

Was zu tun wäre? – Das opportunistische Relativieren der eigenen Position brächte den Politikern keinen Zentimeter Glaubwürdigkeit. Sie müssen die nur »symbolische« Kommunikation mit den Hochschulen aufgeben; und das Wagnis einer direkten Konfrontation der Argumente eingehen.

»Symbolische Kommunikation« bedeutet: Man redet nicht mit den Hochschulen, sondern über sie – mit den eigenen Anhängern.

Ein klassisches Beispiel für »symbolische Kommunikation« dieser Art ist eine Aktion der CDU während des »Studentenstreiks« im Wintersemester 1977/78, in der führende Unionspolitiker unter dem Motto »Flagge zeigen« zu Versammlungen in deutsche Universitäten geschickt wurden: Helmut Kohl in die Technische Universität Berlin, Heiner Geißler in die Universität Bremen etc. Ziel dieser Aktion war sichtbarlich nicht das Anknüpfen am abgerissenen Faden der politischen Debatte zwischen CDU und Studenten; Ziel war die Behauptung des (legitimen) Rechts der Partei, auch in Universitäten aufzutreten.

Die (einkalkulierte) Störung (als Verweigerung von Kommunikation) wird zum Zweck der Übung. Kommunikationspartner, Kommunikator, Kommunikationsraum werden so bestimmt, daß eine erzählbare Geschichte entsteht: eine Märtyrerlegende.

Zum Erfolg dieser publizistischen Aktion sind die Partner unentbehrlich; diszipliniert zuhörende, scharf und folgerichtig debattierende Studenten in Berlin oder Bremen würden sie zum Scheitern verurteilen. Aber die Studenten verfangen in der Anmaßung, die Rede eines Konservativen auf dem Boden der Universität sei eine »Provokation«, reagieren berechenbar, so macht man sich zum Objekt.

Auf der anderen Seite der »Streik«; sein Ziel wäre Einfluß auf die Gesetzgebung, Einfluß auf das Bewußtsein der Bürger. Aber die gedankenlose Wiederholung von Protestritualen stiftet keine Kommunikation. Was 1969 ganze Parlamente in Bewegung setzte, stärkt 1978 die Gegenposition. Jedoch trifft diese Kritik die Streikenden nicht; denn sie zielen nur noch auf die Solidarität, die die Aktion in der Subkultur schafft. Das beißende Unverständnis der Außenwelt treibt sie in der Innenwelt im Kreis herum: ein sich selbst stützendes akademisches Milieu.

Die »symbolische Kommunikation« – »Flagge zeigen« contra »Streik« – muß durch produktiven Streik ersetzt werden. Durch die Rückgewinnung einer politischen Debatte mit den Hochschulen.

Wer streiten – oder gar Konflikte beseitigen – will, muß zuerst allerdings einmal versuchen, die Konflikte zu verstehen.

(1978)

93

▌ Die Linke und die Elite

Der Kampf um die Symbole ist der erbarmungsloseste. Früher wurde er um Fahnen geführt, heute um Wörter. Zur Zeit tobt ein zäher Stellungskrieg um das Wort »Elite«.

Der Wissenschaftsrat hatte das Stichwort gegeben – mit dem Entwurf eines Papiers über Eliteförderung, das der Germanist und Literaturkritiker Peter Wapnewski, der Politikwissenschaftler Peter Graf Kielmansegg und andere verantworteten. Seitdem wird das verwendet wie ein Button.

»Elite: ein Begriff kehrt wieder« – jubelt die liberale *Zeit*. Der *Vorwärts* schlägt bitter zurück: »Alle Macht der Elite – die da oben und ihr Kampf um den Klassenerhalt«. Scharfe Leserbriefe gegen Elite in der *Frankfurter Rundschau*. Der Berliner *Tagesspiegel* jedoch vermeldet: »CDU auch für Eliteförderung.« Wie schön.

Es ist kein Zufall, daß das Symbol des Elitebegriffs gerade jetzt aufgepflanzt wird. Einerseits hat die schnell expandierende Universität ihr altes Ethos verloren, ein neues aber noch nicht gefunden. Andererseits beginnt der seit anderthalb Jahrzehnten für die Universitäten reich fließende Geldstrom zu stocken. Die Unsicherheit und der drohende Mittelentzug erzeugen Selbstdeutungssysteme.

Eine Debatte um Geist und Techniken der Wissenschaftsförderung in der Bundesrepublik ist fällig. Der amerikanische Soziologe Daniel Bell dürfte der Wahrheit ziemlich nahe kommen, wenn er von der »zentralen Stellung des theoretischen Wissens« spricht, und zwar »als Achse, um die sich die neue Technologie, das Wirtschaftswachstum und die Schichtung der Gesellschaft organisieren werden«. Formieren sich die Akademiker und Techniker zu einer »Wissensklasse«? Ist die Diskussion um Eliteförderung dafür ein erstes Anzeichen?

Das umkämpfte Wort stammt aus Frankreich und wandert etwa um die Mitte des 19. Jahrhunderts bei uns ein. Mit seinem Auftauchen wird eine Tradition utopischen sozialphilosophischen Denkens – sie stellt die Frage nach einer gerechten sozialen Ordnung, in der es Ungleichheiten und Zwang nicht mehr gibt – Schritt für Schritt zurückgedrängt. Saint-Simon und Marx werden von Machttheoretikern abgelöst, von Pareto und Sorel, die den Kampf der Eliten kalt analysierten – nach altem Muster. Sind wir, fragt sich die Linke instinktiv, heute wieder an solch einem Umschlagpunkt der Geistesgeschichte?

Der Wissenschaftsrat wird ideologische Absichten entrüstet in Abrede stellen. Und wirklich: Seine Vorschläge – Ferienakademien, Sommerschulen, Auslandsaufenthalte, wissenschaftliche Preise und sonstige Förderungsmöglichkeiten für besonders begabte Studenten und junge Wissenschaftler – sind teils berechtigt, teils harmlos, teils beides. Symptomatisch ist weniger die vorgeschlagene Therapie als die Terminologie.

Symptomatisch sind aber vor allem die Wirkungen, die so ein Papier im heutigen Deutschland auslöst – beispielsweise die Forderung Otto B. Roegeles (*Rheinischer Merkur*), daß »die Förderung der möglichst Vielen durch die Auslese der wirklich Begabten, Leistungsfähigen und Leistungswilligen ersetzt werden müsse«. Genau das wäre falsch: Auslese statt Förderung.

Die Autoren des Wissenschaftsrats sind an solchen Folgerungen nicht schuldlos. Ihr Kernsatz – »Die These, daß Gesellschaften und Gemeinwesen Eliten brauchen, sollte endlich aus der Tabuzone politischer Verdächtigungen erlöst werden« – ist allzu gespielt naiv.

Der soziologische Elitebegriff – Machteliten, Parteieliten, wissenschaftliche Eliten – braucht nicht rehabilitiert zu werden; die Nachrichtensprecher benutzen ihn gedankenlos-flüssig als Etikett und reden sogar von der Elite der Hochspringer oder den Elitetruppen Pinochets; das ist fröhliche Unbefangenheit genug.

Aber kann man – in Deutschland – die radikale Trennung von Elite und Masse, die die bürgerliche Soziologie hervorbrachte und die der Nationalsozialismus exekutierte, einfach vergessen wollen?

Über den Elitebegriff der Nazis sagt das Lexikon: »Die unqualifizierte und inkompetente Masse wird von einer Elite von Führern beherrscht, deren Macht durch die totale und irrationale Identifikation der Masse mit ihrer Elite legitimiert erscheint.« Ich will kein Entnazifizierungsverfahren für Begriffe. Das Gefühl, daß man nicht darum herumreden darf, daß es für die Wissenschaft Hochbegabte und Unbegabte gibt, bewegt mich auch. Aber wenn man belastete Begriffe gebraucht, muß man genau definieren. Wer sie einfach trotzig ausstößt, darf sich über die Reaktion nicht wundern. Wer einen semantischen Machtkampf beginnt, riskiert, daß ihm machtpolitisch geantwortet wird.

Die Hoffnung der Linken, durch eine Umstürzung der Produktionsweise den Tatbestand Herrschaft zu tilgen, ist auf der Strecke geblieben. Um so dringlicher der Kampf um offene Eliten, gegen die Abschließung von Führungsschichten zu Kasten.

Nietzsches Auffassung, »daß eine gerechte Nachwelt den gesamten Bildungsstand eines Volkes nur ganz allein nach jenen großen, einsam schreitenden Helden einer Zeit beurteilen und je nach der Art, wie dieselben erkannt, gefördert, geehrt oder sekretiert, mißhandelt, zerstört worden sind, ihre Stimme abgeben wird«, kann ich niemals akzeptieren.

Die konkrete Geschichte eines Volkes besteht aus der Arbeit, dem Leid, den Hoffnungen aller einzelnen Menschen; ohne die schritten die Helden einsam durchs Leere. Wer dies erkannt hat, muß aber nicht bestreiten, daß nur einige, wie kontrovers auch immer, die Quintessenz dieses Lebens zu formulieren vermögen, daß dies Bewußtmachen der Gesellschaft, dem Volk, der Nation beim Überleben hilft und, banal und kassenmäßig ausgedrückt, alimentiert werden muß.

Wirksamer ist ohne Zweifel diese Argumentation: Wer auf dem Tiger reitet, kann ohne Lebensgefahr nicht absteigen. Es kann keinen Zweifel darüber geben, daß die Konkurrenzfähigkeit unserer Volkswirtschaft in entscheidendem Ausmaß von der Organisation der Forschung, also den Bedingungen für die Möglichkeit von wissenschaftlicher Kreativität abhängt.

Die Bundesrepublik wird im letzten Drittel des 20. Jahrhunderts ihre Rolle kaum in der Machtpolitik finden; aber vielleicht in der Vermittlung der »Erbschaft dieser Zeit« (Bloch) mit der instrumentellen Vernunft von Effizienz und Optimierung?

Die deutsche Linke würde einen katastrophalen Fehler machen, wenn sie – statt die Doppeldeutigkeit der aktuellen Debatte um Eliteförderung zu analysieren und zu beeinflussen – sich auf den naheliegenden Reflex angewiderter Ablehnung beschränken würde. Eine solche Haltung wäre realitätsfern und unpolitisch.

Denn einerseits wäre es eine Verkennung der Realität, wenn man die Rolle leugnete, die nach wie vor der einzelne, kreative Forscher im Forschungsprozeß spielt. Natürlich braucht die moderne natur- und technikwissenschaftliche Forschung den gezielten Einsatz von viel Geld, braucht sie das Team. Aber weder die großen »Durchbrüche« in der Physik noch die neueren in der Biologie, der Mikroelektronik oder Nachrichtentechnik (von den Geisteswissenschaften nicht zu reden) geben Anlaß für eine achselzuckende Geringschätzung der individuellen Forschungsleistung.

Und andererseits können wir nicht darüber hinwegsehen, wie systematisch viele unserer Nachbarn ihre Spitzenbegabungen fördern. In den Vereinigten Staaten setzt das Vorbild der auf den »pursuit of excellence« spezialisierten Eliteuniversitäten Maßstäbe für viele andere. Das gleiche haben die Franzosen mit ihren Grandes Écoles geschaffen und die Engländer mit Oxford und Cambridge.

Ich bin gegen den zum Scheitern verurteilten Versuch, in Deutschland Yale oder die ENA, die französische École Nationale d'Administration, zu kopieren. Wir können Spitzenforschung und Spitzenbegabungen im gewachsenen System der deutschen Hochschullandschaft fördern; aber wir müssen wollen.

Das Vorurteil, daß die Verallgemeinerung von Bildungschancen die Intensität der Bildungsprozesse zerstören muß, ist uralt – und grundfalsch. Die soziale Öffnung des Bildungswesens vervielfacht die Zahl derer, unter denen besondere Begabungen entdeckt und gefördert werden können. Auch geniale Kinder tragen mit zehn keine Kreuze auf der Stirn, an denen sie mühelos aus der »Masse« der übrigen herausgefischt werden könnten. Die eingewurzelte Furcht der Linken, daß Gerechtigkeit und Qualitätsförderung sich widersprechen müssen, ist unbegründet.

Die Linke tritt ein für Chancengleichheit; nicht nur für eine »Chancengerechtigkeit«, bei der niemand weiß, wer die Maßstäbe des Gerechten zimmert. Aber das bedeutet nicht, daß sie alle deutschen Physik-Professoren (oder alle deutschen Physik-Studenten) für gleich gute Physiker halten muß.

Die Linke will quantitatives durch qualitatives Wachstum ersetzen, sie will, so gut es geht, die Frage diskutieren, was wachsen soll und was nicht. Diesem weitgesteckten Ziel kommt man aber nicht näher, wenn man über Inkompetenz, Gefühlsaufruhr und Schlamperei großzügig hinwegsieht.

Die Linke tritt ein für Tugenden der Kooperation und Solidarität; aber dies heißt nicht, daß sie die Abschaffung jeder Leistungskonkurrenz propagieren müßte. Gerade wer den Humbug verurteilt, unter Zehnjährigen »Auslese« zu betreiben, hat keine Entschuldigung nötig, wenn bei Erwachsenen nach Leistung differenziert wird. Auf die verrückte Idee, daß ein Volk seine besonderen Begabungen nicht besonders fördern dürfe, damit alles gerecht zugehe, ist sie nicht verpflichtet.

Eliteuniversitäten? Das wäre der falsche Weg. Die soziale Öffnung der Universität – die übrigens trotz jahrzehntelanger Bemühungen immer noch viel zuwenig Arbeiterkinder in die Universität brachte, dafür aber viele Kinder der *lower middle class* – war sowohl eine berechtigte politische Forderung als auch eine unausweichliche Konsequenz der ökonomischen Entwicklung.

Die Separierung der Begabten von vornherein führt zu Kastenbildung, wie viele Stipendien für »Minderbemittelte« man auch immer schafft. General de Gaulle hat die ENA 1945 gegründet, um eine Aristokratie von Staatsdienern heranzubilden; die unteren Schichten sind unter den Absolventen vertreten, aber in kleiner Zahl und häufiger im unteren als im oberen Drittel jedes fein sortierten Jahrgangs.

Vier der neun obersten Richter der Vereinigten Staaten stammen von der Yale-Law-School. Die Graduate Schools der amerikanischen Ivy-League-Universitäten sind zwar durchmischter als die großen Schulen Frankreichs; aber nichts zeigt den Haß gegen das Ostküsten-Establishment plastischer als das Kandidatenpaar Carter/Reagan.

Eliteuniversitäten in Deutschland? Das wären schnell Herrschaftsinstrumente eines bürgerlich-toleranten Ober-Mittelstandes. Andererseits versacken Universitäten ohne Schwerpunktbildung zu Ausbildungsverwaltungsstellen. Wer die Massenuniversität als strukturlose Genossenschaft fortführen will, wird scheitern. Eine mechanistische Finanzierungstechnik, die die Geldströme nur nach der Studentenzahl lenkte, müßte eine gezielte Förderung von Spitzenforschung abwürgen.

Eine institutionalisierte Art der »Spitzenförderung« sind zum Beispiel Einrichtungen wie die amerikanischen »Centers for Advanced Studies«, die besonders ausgewiesenen Wissenschaftlern Arbeitsmöglichkeiten einräumen, die der Routinebetrieb der Universitäten nicht bieten kann.

Solche Institute dürfen weder Konkurrenzbetriebe für die Universitäten noch Fluchtburgen für Wissenschaftler werden, die ihrer Studenten überdrüssig geworden sind. Sie sind komplementäre Einrichtungen, die renommierten und jungen Wissenschaftlern auf Zeit Möglichkeiten zur Synthesebildung bieten. Es ist nicht einzusehen, warum es in Deutschland bis zur Gründung des Wissenschaftskollegs in Berlin kein einziges dieser Institute gab. Warum sollen internationale Kontakte bedeutender Wissenschaftler nur in Princeton, Palo Alto oder Wassenaar stattfinden können?

Dem Minister, der so tut, als ob er für all seine Institute herausragende Wissenschaftler gewinnen könnte, sollte man kein Wort mehr glauben. Jeder muß froh sein, wenn sich ihm einige wenige Chancen zum Aufbau oder zum Ausbau schulbildender Arbeitseinheiten bieten.

Deswegen ist eine gezielte, systematische Berufungspolitik nach dem Beispiel Friedrich Althoffs oder Carl Heinrich Beckers heute so unentbehrlich wie eh und je. Wir haben keine »Eliteuniversitäten«; aber läßt sich daran zweifeln, daß es kein Zufall ist, wenn die Schüler Theodor W. Adornos oder Arnold Bergstraessers heute viele sozialwissenschaftliche Fachbereiche prägen? Wenn mancher hohe Jurist aus dem Seminar Rudolf Smends kommt und mancher wichtige Theologe aus dem von Karl Barth?

Es wäre absurd, über wissenschaftliche Rangunterschiede hinwegzuheucheln. Als ich kürzlich in einer Diskussion die hohen Berufungsforderungen eines bedeutenden Wissenschaftlers verteidigte, bekam ich den

Zuruf: »Sie mit Ihren Paradiesvögeln.« Wo sich diese Haltung festsetzte, verlöre die deutsche Universität ihre Konkurrenzfähigkeit.

Aber auch der konservative und liberale Teil der *scientific community* sollte die Gefahren sehen, die am Weg lauern. Die eine liegt darin, daß man – im konsolidierenden Bestreben, Kritik abzuwehren und Seriosität zu beweisen – das Gute mit dem Etablierten verwechselt. Dann schottet sich die Jurisprudenz von der Rechtssoziologie, die Biologie von der Arbeitswissenschaft endgültig ab. Dann fallen die Grenzgänger durch den Rost, und viele Neuerer müssen sich im Hinterstübchen einrichten.

Die andere Gefahr entsteht, wenn der Maßstab der »Exzellenz« nur die kognitiv-instrumentelle Vernunft mißt. Denn Universitäten sind nicht nur mitverantwortlich, daß neue Produkte und Verfahren entwickelt werden, sondern sie müssen auch dazu beitragen, daß die Wertkonflikte, etwa die um die »Folgen und Wirkungen der eigenen Leistung« (Wissenschaftsrat), ausgetragen werden.

Man braucht weder pathetisch noch sentimental zu werden; aber wenn die Konservativen sich in einen fragwürdigen Elitismus versteigen und die Linke darauf mit nichts anderem als egalitären Reflexen reagiert, wird das politische System über diesem Zank die Geduld verlieren. Das Ergebnis könnte niederschmetternd sein: intellektuell und finanziell. Das Entstehen neuer, wahrscheinlich privater oder halbstaatlicher Konkurrenzunternehmen – ohne eingebaute Mechanismen sozialer Balance – wäre programmiert.

(1980)

▌ Keine Fragen mehr?

I.

Wenn ich mich als Politiker frage, welche Denkanstöße mich in den letzten Jahren bewegt haben, fällt mir mit Schrecken auf, daß die neuen, die anregenden Fragen eher selten aus den Universitäten kamen. Die Idee, an die Stelle militärischen »Gleichgewichts« ein Konzept der Stabilität, der »wechselseitigen Verteidigerdominanz« zu setzen, kam von Horst Afheldt und Albrecht von Müller, aus einem Arbeitszusammenhang der Max-Planck-Gesellschaft. Die Analyse neuer Produktionskonzepte, die nicht mehr auf die immer weitere Zerteilung von Arbeit hinauslaufen, und der nachdrückliche, empirisch untermauerte Hinweis auf die wachsende Bedeutung neuer, hochqualifizierter Angestelltenschichten stammen aus dem Sozialwissenschaftlichen Forschungsinstitut in Göttingen; Horst Kern, Michael Schumann und Martin Baethge sind zwar Universitätsprofessoren, ihre Arbeitsergebnisse entstanden aber weitgehend außerhalb der Universität. Die vorgebliche Normalität der europäischen Nachkriegsprosperität hat Burkart Lutz aufgrund seiner jahrzehntelangen Arbeiten in einem schlichten eingetragenen Verein – dem Institut für Sozialwissenschaftliche Forschung – analysiert. Und Frederik Vesters grundlegende Arbeiten zur Ökologie und zur Notwendigkeit eines vernetzten Denkens, stammen nicht aus den allerletzten Jahren, in denen er schließlich und endlich Professor an einer Universität der Bundeswehr wurde, sondern aus seiner Zeit als Privatgelehrter und Vortragsreisender. Erfüllen die Universitäten noch ihre Funktion als Kommunikationsraum der Gesellschaft, als Forum der Generationen, als Faktor der nationalen Kultur, als ein mit besonderen Freiheiten ausgestatteter Platz für rationale Argumentation?

Ich bin kein Liebhaber greller Übertreibungen zu didaktischen Zwecken; von einem Verfall des Wissenschaftssystems der Bundesrepublik kann ganz und gar nicht die Rede sein. Es ist ja gerade der Witz dieses Systems, daß die Universitäten, die Institute der Max-Planck- und der Fraunhofer-Gesellschaft, das Förderungssystem der Deutschen Forschungsgemeinschaft und die staatlichen Großforschungseinrichtungen intelligent zusammenwirken. Diese Zusammenarbeit funktioniert; auf vielen Gebieten nimmt die deutsche Forschung nach wie vor eine Spitzenstellung in Europa oder der Welt ein. Mag sein, daß die Mikroelektronik-Päpste (Ruge in München, Ryssel in Erlangen, Queisser in Stuttgart) vor allem durch die Fraunhofer- oder die Max-Planck-Gesellschaft existieren; aber sie lehren immerhin an großen Universitäten. Man mag bedauern, wie stark die neueren Ergebnisse im Bereich der Gentechnik aus Industrielaboratorien stammen; aber zwei oder drei Universitätsinstitute für Genforschung sind zweifellos führende Einrichtungen dieses Fachgebiets auf der Welt. Da mag es viele Beispiele von der »eigentümlichen Anziehungskraf« geben, die – wie Karl Jaspers das ausdrückte – »alle Mediokrität aufeinander ausübt, weil sie sich wohlfühlt im Ausbleiben hoher Ansprüche«. Aber es gibt Jürgen Habermas und seine Schüler in Frankfurt, Eberhard Lämmert auf dem alten Lehrstuhl von Peter Szondi in Berlin und eine christliche Weltanschauungslehre mit Protagonisten wie Robert Spaemann und Hans Maier in München. Kann man also wirklich von einem Bedeutungsverlust der Universitäten sprechen?

Die Gefährdung der deutschen Universität, so lautet meine These, liegt nicht in einem »Niveauverlust« der Forschung, nicht einmal in der (leider unbezweifelbaren) Zerstörung jener akademischen Atmosphäre, die an den kleinen, homogenen Oberschicht-Universitäten der Zeit vor dem Ersten Weltkrieg herrschte und die in einigen Departements teurer amerikanischer Privatuniversitäten und traditionsreicher englischer Oxbridge-Colleges heute noch konserviert wird. Sie liegt im Verlust des Selbstbewußtseins der deutschen Universität, in ihrer seit Jahrzehnten anhaltenden Unfähigkeit zur wissenschaftlich begründeten Selbstreflexion und Kommunikation und im Verlust einer ihrer großen Funktionen, der Funktion nämlich, der jungen Generation – oder jedenfalls: einem Teil dieser Generation – Orientierung zu bieten – nicht durch die Vermittlung einer wie auch immer gearteten gemeinsamen Weltanschauung, die mit dem Abtreten eines einheitlichen Akademikerstandes mit versunken ist, sondern durch die Einübung einer aufs Praktische gerichteten Fragefähigkeit, ohne die weder der Arzt noch der Jurist, weder der Lehrer noch der Volkswirt seine Arbeit »vernünftig« (das heißt: vernunftgemäß) ausüben kann.

Die deutschen Universitäten, das waren einst mächtige Institutionen. Die großen Fragen der Zeit wurden in ihren Fakultäten formuliert, man unterzog sich durchaus praktischen Geschäften für den Staat, nämlich der »Leitung der Jugend«. Auch hier keine Romantisierung der Vergangenheit: Der Staat griff ein, schlug gelegentlich zu, und so manch genialer Kopf wurde nicht einmal außerplanmäßiger Professor. Aber ganz sinnlos war es nicht, wenn Max Scheler die Universität als eine der großen »Lebensmächte« bezeichnete. Das scheint vorbei.

II.

Das Elend der deutschen Universität ist ihr Versinken in der »Bodenlosigkeit des Spezialistischen« (Jaspers). Erst waren viele Angehörige der Universitäten dem Nationalsozialismus dienstbar; und schworen sich danach, nie wieder etwas mit Politik zu tun haben zu wollen. Später, am Ende der sechziger Jahre, überspülte eine linke Politisierung den ausgetrockneten Boden der Alma Mater; die Reform, so notwendig sie war, blieb stecken. Nun halten sich die meisten Hochschullehrer an ihren Fachqualifikationen fest und verweigern die »Rückübersetzung von wissenschaftlichen Resultaten in den Horizont der Lebenswelt«, die Jürgen Habermas schon *vor* der Studentenrevolte gefordert hatte. Das Ergebnis ist grotesk genug: Einerseits stehen wir vor einer Wissensexplosion, die uns zwingen müßte, einen konsensfähigen Dialog über die »Zukunft der Aufklärung« (also zum Beispiel verschiedene Forschungslinien) zu beginnen; die Universität hätte die Chance, zur wichtigsten Institution unserer Gesellschaft zu werden. Andererseits schreckt die »Scientific Community«, verstört von ihren historischen Erfahrungen, ängstlich davor zurück, Forschungsprozesse und Forschungsergebnisse mit der Lebenspraxis handelnder Menschen wirklich in Beziehung zu setzen. Mit der Qualität der Berufspolitik in Deutschland sei es, so hört man, nicht weit her; aber ist der Dialog zwischen Egon Bahr und Kurt Biedenkopf über die Akzeptabilität der nuklearen Abschreckung nicht grundlegender und ernsthafter als das, was man dazu aus deutschen Universitäten hört? Gibt es in den Kirchen nicht mehr konsensorientiertes Argumentieren über die ökologische Katastrophe als zwischen Biologen, Chemikern und Philosophen an den Universitäten? Und warum überläßt die deutsche Universität, die im neunzehnten Jahrhundert doch so leidenschaftlich für einen deutschen Nationalstaat gekämpft hat, die große Debatte um die Europäisierung der Politik den Eurokraten?

Es kann nicht darum gehen, die Universität zum Schauplatz der Weltanschauungskämpfe unserer Zeit zu machen; und selbst die »gesellschaftliche Verantwortung der Wissenschaft«, die manche Bundesländer vor fünfzehn Jahren in ihre Hochschulgesetze geschrieben haben, ist schwer exekutierbar. Aber zweifelsohne kann die Wissenschaft zum vorsichtigen methodischen Urteil, zum Respekt vor Beweisen und Gegenbeweisen, zur Berücksichtigung aller Komponenten einer Sachlage anleiten und auf der Basis dieser Haltung in den gesellschaftlichen Dialog eingreifen. Warum geschieht das in unserem Land so selten, so furchtsam und so übervorsichtig?

Der emphatische Begriff der Humboldt'schen Universität mag dahin sein. »Die Welt, in der wir heute leben« – so hat es der Frankfurter Rektor von 1952, Max Horkheimer, formuliert – »ist kein Kosmos; sie ist nicht universal, sondern bis in ihr innerstes Gefüge durchfurcht von Widersprüchen, und es wäre die Unwahrheit, wollte man sie in einem geistigen Bilde beschwören, das Universalität beansprucht.« Soweit, so schlecht, aber auch so unaufhebbar. Aber der alte Aufklärer hat dieser skeptischen Wertung auch die Forderung hinzugefügt, die jenseits alles erkenntniskritischen Pessimismus unverzichtbar bleibt: »Überall über das eigene Fach hinausblicken, sich nicht als Arzt oder Jurist oder Historiker in seinem wissenschaftlichen Interesse verhärten und stumpf machen gegen das Leiden der Menschen, am Ganzen teilnehmen, der Grenzen des Expertentums bewußt sein und doch unermüdlich in seinem Fach besser werden, das ist die Aufgabe, die jeder nach eigener Anlage und nach eigenem Gewissen bewältigen muß.« Wie wäre es, wenn die Präsidenten unserer Universitäten diesen Satz in Stein hauen, in Emaille schlagen oder wenigstens auf Umweltpapier kopieren ließen?

III.

Was kann man dagegen tun, daß die kommunikative Dimension der Universität verkümmert? Wie läßt sich die spezialistische Erstarrung der deutschen Universität aufbrechen? Wie läßt sich erreichen, daß die Universitäten wieder mächtige, selbstbewußte Institutionen werden, die dem Zeitgeist nicht nachlaufen, sondern ihm »Trotz bieten«?

Kein Zweifel, daß der Bedeutungsschwund der Universitäten auch mit der Krise aufklärerischen Denkens zu tun hat. Hans Blumenberg konstatiert einen »wachsenden Überdruß an der Wissenschaft«, einen Stimmungs- und Wertungswechsel. »Wissenschaft«, sagt er, »ist die Wahrheit oder als ob sie es wäre, solange sie es mit einem wie auch immer dämonisierten Antagonisten zu tun hat. In dem Maße, in dem sich das Gegenspiel von Wissenschaft und Irrtum verliert, weil nämlich die Resultate der Wissenschaft keine ihnen entsprechenden Vorurteile mehr vorfinden, schwindet die akute Dringlichkeit, von etwas befreit zu werden.« Aber ist es wirklich wahr, daß die Antagonisten dämonisiert oder nicht) und die Vorurteile (mörderisch oder nicht) verschwunden sind? Warum setzt sich die Wissenschaft mit jenem »Stimmungswechsel« nicht auseinander? Warum flüchten deutsche Professoren in Hundertschaften in die dunklen Wälder ihrer Spezialitäten, statt sich mit den moralisierenden Kritikern und Verächtern der Idee fortschreitenden Denkens auseinanderzusetzen?

Der Kern des Problems liegt im verkrüppelten Berufsethos vieler Professoren. Aus den gelegentlich, allzu ständig auftretenden Großordinarien von Ranke bis Franz Schnabel, von Rotteck und Welcker bis zu Georg Jellinek und Carl Schmitt, von Helmholtz bis zu Max Planck sind (häufig) qualifizierte Fachlehrer geworden. Begriffe wie »Polis«, »Gemeinwohl« oder »Volonté générale« werden zu historischen Präparaten, der Streit der Fakultäten ist fast unhörbar leise geworden. Der Stolz vieler deutscher Hochschullehrer liegt in unbestreitbarer Kompetenz auf abseitigen Gebieten – basta. Man hinterläßt nicht mehr Schüler, sondern Sonderdrucke. Man streitet nicht mehr mit der »Obrigkeit«, sondern seufzt über den ungreifbaren Leviathan. Man kämpft nicht mehr für einen allgemeinverbindlichen Kanon von Erkenntnissen und Zweifeln, sondern verweist mit sympathischer Offenheit auf die Grenzen der eigenen Kompetenz.

Das ist die Höhe, werden die deutschen Professoren rufen. Ausgerechnet die Politiker beschweren sich jetzt über unsere neue Bescheidenheit? Sie waren es doch, die unsere schöne Institution verschandelt haben. Haben sie nicht Massen unbegabter Studenten in die Universitäten gepreßt? Haben sie uns nicht gezwungen, Krethi und Plethi zu habilitieren? Sind sie es nicht, die jetzt ganze Fakultäten abmurksen möchten und uns mit ihren Kapazitätsverordnungen würgen, bis wir keine Luft mehr bekommen?

Natürlich wäre es absurd, wenn die Politiker die Unbeteiligten spielten; sie haben an der Entmutigung der deutschen Universität mitgewirkt. Und doch sind nur einige dieser Einwände richtig.

Die soziale Öffnung der deutschen Universität war unausweichlich; und eine gewisse Demokratisierung (Enthierarchisierung) auch. Man muß keine gottähnliche Stellung haben, um Zivilcourage zeigen zu können; man muß nicht jeder Kritik enthoben sein, um kritisch in die Gesellschaft hineinwirken zu können. Auch der finanzielle Aufwand der Länder und des Bundes für das Hochschulwesen war in den letzten Jahren – gemessen an internationalen Standards – akzeptabel. Die Verrechtlichung und Bürokratisierung haben allerdings unmäßig zugenommen; und die planende, bewußt Schwerpunkte setzende, konzeptionell fordernde oder auch verweigernde Hand eines politisch verantwortlichen (und gestaltenden) Ministers wird von Jahr zu Jahr unspürbarer. Politik wird, mehr als es tunlich wäre, auf »Referenten« übertragen; oder gleich auf die Verwaltungsgerichte. Also gut – wer »Schwarzer Peter« spielen will, hat dazu in der Hochschulpolitik viel Gelegenheit; aber »Schwarzer Peter« ist eine eher simple Vergnügung.

Man fragt sich manchmal, was wohl passierte, wenn zehn weltberühmte deutsche Wissenschaftler gegen irgend etwas aufständen: gegen die Schließung einer Fakultät, gegen ein unsachgemäßes Gesetz, eine schreiend ungerechte, wichtige Personalentscheidung oder eine unsinnige Linie der Forschungsförderung. Was würden wir Politiker tun? Flüchten oder standhalten?

Wir sind schon lange nicht mehr auf die Probe gestellt worden.

IV.

»Wenn man diesen Trend ungehemmt weiterlaufen läßt« – hat der Präsident der Westdeutschen Rektorenkonferenz zum Rückgang der Studentenzahlen in den Geisteswissenschaften gesagt – »dann verfallen wir aus einer Kulturnation, als die wir uns verstehen, in die Barbarei.« Der Mann hat recht; und er rührt damit an das Grundproblem der gegenwärtigen Hochschulpolitik: technokratisch ausgedrückt die Durchsetzbarkeit von Schwerpunktsetzung, Differenzierung, Profilierung, prinzipiell ausgedrückt die Notwendigkeit einer bildungstheoretischen und (daraus entwickelten) bildungs*politischen* Idee.

Denn die abwegige Vorstellung, daß die Technikwissenschaften *allgemein* förderungswürdiger seien als die Geisteswissenschaften, kann ja nur in einer Atmosphäre entstehen, in der die gezielte Förderung neuer Arbeitsgebiete und vielversprechender Wissenschaftler nach einem übergeordneten Konzept im Dickicht bürokratischer Regelungen unmöglich wird. Um es im historischen Beispiel zu sagen: Friedrich Althoff, der legendäre Ministerialdirektor des preußischen Kultusministeriums in den Jahrzehnten um die Jahrhundertwende, hatte die gleichen Probleme mit seinem Finanzminister wie die Wissenschaftsminister von heute. Nur hatte er erstens ein ausgefeiltes Konzept für die Begründung eines Historischen Instituts in Rom; und er hatte andererseits die Macht und die Möglichkeit, Geldmittel und Personalstellen von schwachen auf stärkere Institute, von älteren auf neuere Arbeitsgebiete umzuschichten. So verband Althoff seinen Namen auf immer mit der Förderung der Philosophischen Fakultät. Wie schaffen wir unseren Kultusministern die Möglichkeit, dem Beispiel Althoffs zu folgen?

Wie schaffen wir überhaupt jeder Universität ein eigenes Profil? Durch genau definierte Forschungsschwerpunkte und besondere Studiengänge, die die einzelnen Universitäten voneinander unterscheiden? Durch eine eigene Einbindung in die jeweilige Region, beispielsweise durch die Begründung von Kuratorien, die nicht nur dekorativ (einmal jährlich) zusammen essen, sondern auch zusammen handeln? Könnten die Präsidenten und Rektoren stärker in den Stand versetzt werden, gezielt Mittel und Stellen zu vergeben, anstatt dazu verdammt zu bleiben, Dienst nach Vorschrift an der Gießkanne zu tun? Ware es zum Beispiel denkbar, daß sich die Wissenschaftsministerien Fonds zulegen, aus denen nur dann Mittel und Stellen abflössen, wenn auch die Universität ihrerseits einen Beitrag leistete? Ließe sich auf solchem Wege die – sagen wir – ökologische Chemie (die von der Großindustrie nun ganz und gar nicht gefördert wird) um so systematischer an den Universitäten etablieren? Wäre es denkbar, den Dialog zwischen Wissenschaftlern und Politikern an deutschen Universitäten genauso phantasievoll und überlegt zu organisieren wie an der Kennedy School of Government an der Harvard University? Warum gibt es keine European School of Government an einer der deutschen Universitäten, an der sich die europäischen Spitzenpolitiker und die besten Wissenschaftler der Bundesrepublik und anderer europäischer Länder begegnen? Und wieso findet die grundlegende Veränderung unserer Medienstruktur (unter den Stichwörtern Internationalisierung, Privatisierung, Kommerzialisierung) ohne eine große Debatte an den deutschen Universitäten statt? Wo ist der Paul Lazarsfeld der Bundesrepublik, der von der Basis eines Lehrstuhls an einer deutschen Universität durch kreative Forschungsdesigns und wirkungsvolles Forschungsmanagement die Wirklichkeit beeinflußt? Nur wenn wir solche Fragen positiv beantworten könnten, hätte die deutsche Universität eine Chance zur Rückeroberung verlorenen Terrains, zu neuer Anziehungs- oder gar Führungskraft.

V.

Und was geschieht, wenn nichts geschieht? Wenn die Borniertheit der Spezialisierung weiter wuchert?

Es geschieht nichts Dramatisches. Der Dekan heißt weiter Dekan. Der Industrielle wird weiter Honorarprofessor. Die Kinder des Oberstudienrats werden weiter zu Oberstudienräten qualifiziert. Nach fünfzig Jahren erfolgt für die Überlebenden weiter die Ehrenpromotion.

Nur der große Diskurs über die »Zukunft der Aufklärung« wird aus der Universität ausgewandert sein. Die Universität wird dem Zeitgeist nicht länger Trotz bieten.

(1988)

▌ Verjuxt nicht unser Kapital

»Der Staat muß durch geistige Kräfte ersetzen, was er an materiellen verloren hat.« Leider stammt dieser Satz nicht von Helmut Kohl, sondern von einem preußischen König – der sagte ihn zu einer Hallenser Deputation, man erörterte die Verlegung der von Napoleon suspendierten Universität nach Berlin. Warum, so muß man fragen, stimulierte Preußens Niederlage von 1808 die Eliten dieses längst vergangenen Staates zu einem Aufbruch, während die Wiedervereinigung von 1989 die unseren nur zu routinehafter Polemik und klagendem Auf-der-Stelle-Treten veranlaßt?

Natürlich, die Vereinigung ist keine Niederlage, sondern ein Zugewinn, also fehlt der Schock. Aber Leidensdruck müßte doch aufkommen.

Die (notwendigen, gerechtfertigten) Überweisungen in die neuen Länder betragen 140 Milliarden Mark, dazu kommen 60 Milliarden an Zins und Tilgung. Das derangiert die Haushalte. Wieso löst diese Herausforderung nicht Reformphantasie aus, sondern nur wütende Verteilungskämpfe?

Reden wir von Bildung und Forschung, Zentralgebieten in ressourcenarmen, überalternden Gesellschaften mit rückläufigen Industriestrukturen. Man könnte auch über ökologische Modernisierung, kulturelle Grundversorgung oder zeitgemäße Verteidigungspolitik nachdenken; neue Ideen sind auf vielen Feldern dringend. Daß wir meschugge wären, wenn wir im Übergang von der Industrie- zur Informationsgesellschaft ausgerechnet unser kulturelles Kapital verjuxten, ist aber besonders plausibel.

Trotzdem hält sich die Beunruhigung unserer (notabene planlosen und kommunikativ gestörten) Eliten in engen Grenzen. Schon richtig: Gelegentlich macht der Präsident der Hochschulrektorenkonferenz eine Pressekonferenz mit seinem Kollegen vom Deutschen Industrie- und Handelstag oder der Bundesvereinigung der Arbeitgeberverbände. Dann und wann resigniert ein Wissenschaftsmanager oder eine Kultusministerin – mit flauem Echo. Hin und wieder schreit ein ernstzunehmender Kenner schmerzgepeinigt auf, zum Beispiel Reimar Lüst oder Hubert Markl. Aber die Verlängerung der Ladenschlußzeiten mobilisiert im Deutschland des Jahres 1996 allemal mehr Protest als die Verrottung der Universitäten, ein gestrichener Feiertag erregt mehr Menschen als die fortschreitende Aushöhlung des dualen Systems der Berufsbildung. Ist denn Deutschland das Gefühl verlorengegangen, was wirklich wichtig ist?

In der Bildungs- und Forschungspolitik hat sich ein läppisches Schwarzer-Peter-Spiel eingeschliffen. Verweist ein Protagonist der Systeme Bildung und Forschung auf die finanzielle Misere – Deutschland liegt mehr als ein Prozent unter dem Durchschnitt der Bildungsausgaben der OECD-Länder, beim Vergleich der Bildungsausgaben an den Staatsausgaben sogar auf dem letzten Platz –, kommt garantiert ein politischer Amtsinhaber und flötet den prinzipiell richtigen Satz: »Das Geld ist nicht alles.« Thematisiert aber einer die berüchtigten »Rahmenbedingungen«, also innovationsfeindliche Gesetze, archaische Hochschulstrukturen, bürokratische Prozeduren, reagieren viele jener Protagonisten mit einem grapschigen »Erst muß Geld auf den Tisch«. So ist der »deutsche Geist«, befangen in endlosen und abgestandenen Querelen, seinen Finanziers lästig geworden.

Man muß die Geldfrage genauso anpacken wie Strukturfragen; das ist keine Alternative, auch keine Abfolge, es ist paralleles Erfordernis.

Es kann aber auch keine Rede davon sein, daß konzeptionsloses Kaputt-sparen (besonders plastische Beispiele: die Unterfinanzierung der Fach-hochschulen, die Zerstörung der geisteswissenschaftlichen Fächer an der Technischen Universität Berlin oder die Schließung des Theaters am Turm in Frankfurt) alternativlos sei. Eine durchaus realistische, mit der politischen Ökonomie des sich vereinigenden Deutschlands zu vereinba-rende »Allianz für Bildung und Forschung« wäre denkbar. Sie könnte aus folgenden Elementen bestehen:

1. Der Bund kann bei einem Gesamthaushalt von 470 Milliarden Mark auf den Einzelplan des Zukunftsministers eine halbe Milliarde aufstok-ken. Seit 1982 weist zum Beispiel der Forschungshaushalt keinerlei reales Wachstum auf, und das, obwohl die Anstoßwirkung staatlicher Förderung auf innovative, risikoreiche Forschungs- und Entwicklungsleistungen ein-deutig nachgewiesen ist. Wo staatliche Gelder versiegen, zieht sich auch die Wirtschaft zurück. Die prozyklische Haushaltspolitik des Bundes wirkt gerade auf die personelle Kette von Ausbildung, Wissenschaft und Forschung katastrophal. Beispiel: Auf teuren Universitäten ziehen (wegen mangelnder Leistung des Bundes beim Hochschulbau) Studenten Warte-schleifen, die eigentlich auf die (»billigeren«) Fachhochschulen streben.

2. Die meisten Länder stehen mit dem Rücken zur Wand. Ein Kanzler, der Prioritäten setzte (und sich selbst an die verkündeten Prioritäten hiel-te), könnte aber wenigstens eine Verpflichtung der Länder erreichen, in den Jahren 1997, 1998 und 1999 den heutigen – zumeist niedrigen – Stand der Bildungshaushalte nicht weiter abzusenken. Das gäbe Planungssicher-heiten und eine Atempause.

3. In den alten Bundesländern ist in den letzten vier Jahren jeder sechste Ausbildungsplatz gestrichen worden, vor allem in Großbetrieben der In-dustrie, in der Verwaltung und den wichtigsten Dienstleistungsbranchen. 1994/95 ist das Ausbildungsangebot trotz versprochener »Trendumkehr« um 8,6 Prozent geschrumpft. Nur ein Drittel aller Betriebe und Verwal-tungen beteiligt sich noch an der Berufsausbildung, das vielgerühmte duale System rinnt aus. Also muß man die Wirtschaft zu einem Lei-stungsausgleich verpflichten. Nicht zur siebenundzwanzigsten »Ausgabe« in irgendwelche zentrale Fonds, wohl aber zur Unterstützung intelligent konzipierter – und ruhig dezentraler, von Kammern und Branchenfonds gesteuerter – Ausbildungsmaßnahmen.

4. Wenn Bund, Länder und Wirtschaft in ihre Taschen greifen, kann man auch von den Betroffenen, jedenfalls im aufwendigsten Segment, den Hochschulen, einen Beitrag verlangen: Studiengebühren. Einige hundert Millionen Mark davon sollte man dazu verwenden, die Mittel der Begabtenförderungswerke aufzustocken, mit der besonderen Zielrichtung, Hochbegabte aus unteren Schichten mit Stipendien zu versehen.

5. Wenn die Lage im übrigen so dramatisch ist, wie die politische Klasse behauptet, könnte man sich zu »radikalen« Sparmaßnahmen aufraffen. Wir bezahlen den 53 000 Studierenden der Verwaltungsfachhochschulen (über sogenannte »Anwärterbezüge«) halb soviel (zirka eine Milliarde Mark) wie den 1,4 Millionen Studenten an Universitäten (1,9 Milliarden Mark). Das ist eine krasse Ungleichbehandlung. Noch radikaler, geradezu revolutionär wäre die Herabsetzung der Eintrittstarife für Universitätsabsolventen, wenn sie in den öffentlichen Dienst wollen. Seit Jahrzehnten fordern die meisten Bildungspolitiker die Gleichstellung von Fachhochschul- und Universitätsabsolventen, sogar die »Gleichwertigkeit« von akademischer und beruflicher Bildung. Solche Maßnahmen brächten gewaltige Proteststürme, aber auch gewaltige Einsparungen.

6. Strategische Innovations- und Strukturentscheidungen, von der Datenautobahn bis zur Finanzierung der beruflichen Bildung, dürfen heute nicht mehr verschwiegenen, exklusiven Geheimzirkeln überlassen werden. Der (gut besetzte) »Technologierat« des Zukunftsministers ist seiner Arbeitsweise nach ein Abnick-Gremium für Beamtenpapiere. Nötig wären eine Erweiterung seiner Aufgabenstellung auf Strukturfragen des Bildungswesens, eine Beteiligung der Länder, eine öffentlich durchschaubare, gesetzlich fixierte Verfassung, eine Einbeziehung der Gewerkschaften.

7. Wir sollten aufhören, die neue Kultur der Selbständigkeit nur zu beschwören, wir müssen sie ermöglichen. Dringend wären die steuerliche Begünstigung neuer technologieorientierter Unternehmen, ein Aufschwung im Venture-Capital-Geschäft, eine Liberalisierung des Insolvenzrechts, eine neue Börsenkultur, kurz, ein mentaler Sprung, ausgelöst durch eine wuchtige Initiative, die von Regierung und Wirtschaft gleichzeitig auf Kiel gelegt werden müßte.

8. Die deutschen Hochschulen müssen losgelassen, losgebunden werden. Sie müssen miteinander in Wettbewerb treten können; dazu brauchen sie Finanzautonomie, engere Kontakte zu privaten Unternehmen, ein stärke-

res, ökonomisch geschultes Management, ein je eigenes Profil. Notwendig wären Flexibilität und Selbstregulierung.

9. Dieses Land benötigt Visionen für die Forschung, also Leitprojekte. Wer die Energien einer Gesellschaft bündeln will, ob auf das ökologisch verträgliche Auto oder die abfallarme Fabrik, darf sich nicht in Tausenden Einzelprojekten verzetteln, das Forschungsministerium verwaltet allein neuntausend. Es fehlt an der Arbeit der Zuspitzung.

10. Wenn Schule und Universität in Deutschland sich gegenüber dem »Zusammenwachsen« der Medien Computer, Fernsehen und Telefon weiterhin so passiv verhalten wie in der Gegenwart, wird die »Computer and Media Literacy« im Land der Dichter und Denker bedenklich zurückbleiben.

Die Folgen wären explosiv: vermehrte Arbeitslosigkeit, kulturelle Kolonisierung, die Abkoppelung unnötig großer kommunikativer Unterschichten in gewaltbestimmte Traum- und Spielwelten. Die Themen Medienkompetenz und Telelearning sind so wichtig wie die Hauptschule, die Oberstufenreform oder das Bafög.

Bildung und Forschung? Das ist in Deutschland heute kein erst-, sondern ein drittrangiges Thema. Von Karl Jaspers stammt der berühmte Satz: »Mit der Universität sinken Gesellschaft und Staat ab.« Es geht aber nicht nur um die Verrottung der Universitäten, die fortschreitet. Es geht auch um die mangelhafte Umsetzung von Forschung in neue Unternehmen und die langsame, aber merkbare Aushöhlung des dualen Berufsbildungssystems. Eine dramatische Initiative aus Wirtschaft, Kultur, Wissenschaft und Politik ist überfällig, ein Protest von der Ernsthaftigkeit, wie die Göttinger Sieben ihn wagten, ein Zeichen geistigen Aufbruchs, eine »Zusammenrottung«, von Bossen, Merkern und Tätern! Wer setzt sie in Gang?

(1996)

■ Raus aus der Zwangsjacke!

Philip Roth hat es in seinem großen Amerika-Roman *Der menschliche Makel* doch gerade beschrieben, am Beispiel seiner Hauptfigur Coleman Silk, 14 Jahre Dekan an einem Liberal Arts Department in Neuengland:

Die intelligenten, begabten jungen Leute liebten Coleman, weil er ihnen Platz verschafft hatte und gute Absolventen der Graduiertenstudiengänge in Yale, Cornell und an der Johns Hopkins University anwarb. Es war, wie sie es nannten, die »Revolution der Qualität«.

Sie priesen ihn dafür, daß er die herrschende Elite aus ihrem kleinen Club vertrieben und deren Selbstdarstellungen in Zweifel gezogen hatte – das sicherste Mittel, um einen aufgeblasenen Professor an den Rand des Wahnsinns zu treiben.

Die älteren und zugleich schlechtesten Mitglieder der Fakultät hatten nur aufgrund des Bildes überlebt, das sie von sich selbst hatten – die größte Koryphäe für das Jahr vor Christus und so weiter – aber sobald diese Einschätzung vom Dekan in Frage gestellt wurde, schwand ihr Selbstvertrauen. Es dauerte nur wenige Jahre, und beinahe alle hatten sich in den Ruhestand versetzen lassen.

Warum machen wir es nicht wie Coleman Silk? Weil wir nicht in den USA sind, würden die Experten antworten. Viele von ihnen würden in einem Stoßseufzer hinzufügen: »Gott sei Dank.« Und richtig ist ja: Die durchschnittliche deutsche Universität ist – trotz ihrer katastrophalen Unterfinanzierung, die die Politik zu verantworten hat – immer noch besser als die durchschnittliche amerikanische Universität. In den ordentlichen deutschen Regionaluniversitäten (es gibt auch ein paar unordentliche) geht immer noch mehr als in diesem oder jenem State College von Maine oder Montana.

Nur einige der großen (oft privaten) Forschungsuniversitäten sind allen europäischen Instituten überlegen: Harvard, Stanford, Carnegie-Mellon, Johns Hopkins, Yale und so fort. Und das – würden unsere Experten hinzufügen – ist ja auch kein Kunststück. Harvard zum Beispiel verfügt über ein – freilich vielfach verzweigtes – Stiftungsvermögen von 19 Milliarden Dollar. Da kann man sich schneller bewegen als in Regensburg oder Düsseldorf.

Die zitierten Einwände treffen zu; nur darf man sich bei ihnen nicht beruhigen. Leider überschneiden sich in diesen Jahren mehrere nicht aufhaltbare Entwicklungslinien, die dazu führen werden, daß die Qualität der einst weltweit führenden deutschen Universitäten weiter absinkt.

Erstens werden die öffentlichen Dotationen für die Hochschulen, was immer Politiker sagen, nicht zu-, sondern abnehmen, jedenfalls in inflationsbereinigten Nettozahlen. Die Bundesländer stehen mit dem Rücken zur Wand, und der Spielraum zur »Umverteilung« ist denkbar gering.

Zweitens entwickeln sich Teilbereiche der nationalen Bildungssysteme zu einem internationalen Bildungsmarkt. Die Mobilität der Studierenden – vor allem der besten von ihnen – wächst, es entstehen internationale Bildungskonzerne mit aggressivem Marketing. Im übrigen machen Online-Angebote der klassischen europäischen Regionaluniversität genauso Konkurrenz wie die »Corporate Universities« vieler großer Unternehmen.

Drittens erzwingt die »Wissensgesellschaft« neue Bildungsstrukturen: kurzes Grundstudium, rascher Einstieg in die berufliche Praxis, regelmäßige Auffrischung, Erneuerung oder auch Veränderung der Wissensbasis. Auf diese Herausforderungen reagieren unsere traditionsreichen Hochschulen viel zu langsam, auf manche (wie den Geldmangel) können sie von selbst kaum reagieren. Auf die Dauer führt das zur Abwanderung der besten Studierenden und der besten Gelehrten.

Nun ist nicht zu bestreiten, daß all die genannten Probleme in den letzten fünf oder sechs Jahren eingehend hin und her gewendet wurden und daß eine Reihe von Bundesländern auch ihre Hochschulgesetze erfreulich modernisiert haben. So hat man sich zum Beispiel durchaus bemüht, die Hochschulspitzen und die Dekane zu stärken.

Coleman Silks gibt es bei uns trotzdem nicht. Das liegt am Prokrustesbett des öffentlichen Dienstrechts, an der bürokratischen Vereinbarungspraxis der Kultusministerkonferenz in Besoldungsfragen, der würgenden »Kapazitätsverordnung« und dem aus all diesen Tatbeständen folgenden Regionalprinzip: Der deutsche Student studiert dort, wo die Waschmaschine seiner Mutter steht, nicht dort, wo er die besten Professoren für sein Fach vermutet. Ein »Wettbewerb« zwischen den Universitäten etwa in München und Kiel entsteht trotz allerhand liberaler Sprüche und halbherziger Paragraphen kaum.

Wollte man diesen Wettbewerb wirklich, müßte man vier miteinander zusammenhängende und längst von oben bis unten durchgehechelte Maßnahmen durchsetzen.

Erstens müsste man den Hochschulen das Recht geben, ihre Studenten nach eigenen Zulassungssystemen auszuwählen. Das macht Arbeit, erfordert konzeptionelles Nachdenken, kostet Stellen, gibt aber auch die Möglichkeit, sich ein eigenes Profil zu schaffen, eigene Akzente zu setzen, der eigenen Studentenschaft ein Gesicht zu geben. Dem Cerberus einer »Zentralstelle zur Vergabe von Studienplätzen« (ZVS) bliebe allenfalls, diejenigen Studenten zuzuteilen, die an mehr als drei oder fünf Universitäten abgelehnt worden wären.

Zweitens müßte man den Hochschulen erlauben, Studiengebühren nach eigenem Gusto zu erheben, ohne das eingehende Geld von den staatlichen Zuschüssen abzuziehen. Mag sein, daß man diese Umstellung schrittweise einführen müßte, da sich die Leute bei uns auf ein steuerfinanziertes Studium eingestellt haben. Gebühren für Langzeitstudenten und sogenannte Studienkonten gibt es schon. Der nächste Schritt könnten festgelegte, geringe Gebühren für das Grundstudium (zum Beispiel die berühmten 500 Euro pro Semester) sein. Ein bundesgesetzliches Verbot für die Länder, Gebühren zu erheben, wie jetzt vorgesehen, ist absurd.

Mit der völligen Liberalisierung könnte man sich ein paar Jahre Zeit lassen. Auf Dauer aber brauchen Hochschulen eigene, gestaltbare Einnahmequellen. Dabei geht es nicht nur um die schiere Steigerung des Budgets, sondern auch darum, daß die Studienbewerber im Wettkampf zwischen den Universitäten sinnvoll zugeordnet werden.

Die Behauptung, daß Studiengebühren »unsozial« seien, ist übrigens so verbreitet wie falsch. Unsozial ist es vielmehr, kleine Lohnsteuerzahler, die nie auch nur in die Nähe von Hochschulen kommen, immer stärker zu belasten, damit die Kinder der Mittelschichten gebührenfrei studieren können. Auch kann man spezifische Kreditprogramme und Ausbildungsversicherungen für Studierende schaffen. Die klassischen Argumente gegen Gebühren sind schwach, aber zäh. Das Hauptargument wird meist nicht benutzt: Die Betroffenen sind dagegen und stimmenstark.

Drittens ist es dringend nötig, das Hochschullehrerrecht zu entbürokratisieren und auf das Leistungsprinzip umzustellen. Bundesbildungsministerin Edelgard Bulmahn hat dazu gerade einen von richtigen Prinzipien geleiteten Versuch gemacht, der allerdings an der vom Finanzminister geforderten »Aufkommensneutralität« genauso leidet wie am Bürokratismus des öffentlichen Dienstrechtes, aus dem sie nicht ausbrechen wollte oder nicht ausbrechen durfte.

Um Geld zu sparen, haben die Länder zum Beispiel untereinander vereinbart, daß man Professoren nur nach Maßgabe der Zahl ihrer Berufungen besolden darf. Wie soll eine ostdeutsche Universität da einen Spitzenjuristen oder einen vielgefragten Betriebswirt aus München abwerben, da man so einem Mann (oder so einer Frau) natürlich entweder drei zusätzliche Assistenten oder zusätzlich 15 000 bis 25 000 Euro bieten muß, damit er oder sie kommt?

Warum gibt es in Deutschland keinen einzigen Professor, der soviel verdient wie ein Lufthansa-Pilot nach zwölf Dienstjahren? Das Ergebnis dieses Unsinns läßt sich bei der Max-Planck-Gesellschaft studieren, die erstklassige Amerikaner als Direktoren ihrer Institute nur deshalb (gelegentlich) noch bekommt, weil sie sich einen Sonderfonds zugelegt hat.

Die Deutschen machen einen grandiosen Fehler, wenn sie weiter zulassen, daß sie bei der weltweiten Konkurrenz um die besten Köpfe (in der »Wissensgesellschaft«) nicht nur von den USA, sondern auch von der Schweiz, Australien und manch asiatischem Land locker ausgestochen werden können.

Und auch mit der »Lebenslänglichkeit« der Professoren muß man es nicht übertreiben. Sicher müssen Menschen mit langen und anspruchsvollen Ausbildungszeiten irgendwann wissen, wie sie dran sind; auch die Amerikaner geben ihren Professoren irgendwann *tenure*. Als Automatismus bräuchte man das aber nicht anzulegen. Wenn *tenure* von den jeweiligen Universitäten vergeben würde, wären die Coleman Silks stärker.

Die vierte Idee verlangt allerdings staatliche Investitionen. Deutschland hat sich mit den Fachhochschulen hochrangige und gleichzeitig praxisorientierte Lehranstalten mit einer speziellen, sicherlich begrenzten Forschungskompetenz geschaffen, die eine Erfolgsgeschichte repräsentieren. Es gibt allerhand Studierende, die auf Universitäten Ehrenrunden drehen, weil sie an der Fachhochschule keinen Studienplatz bekommen. Dabei ist das Studium an der Fachhochschule kürzer, besser planbar und oft genug für die Vermittlung am Arbeitsmarkt erfolgversprechender.

Die Politik sollte einerseits das besondere Profil der Fachhochschulen erhalten (statt der Illusion zu erliegen, man könne sie zu billigen Universitäten machen) und sie andererseits entschlossen ausbauen. Das würde die Universitäten entlasten und viele Studienbewerber besser bedienen als eine Zulassung an der Universität. Daß die Durchlässigkeit gewahrt werden sollte (wenn ein Fachhochschulabsolvent zum Beispiel einen Universitätsabschluß draufsetzen möchte), versteht sich von selbst.

Schon dieses Maßnahmenbündel verlangte viel Mut und eine Durchbrechung der Koordinationswut der Kultusministerkonferenz. Studenten sind natürlich nicht für Studiengebühren, und Professoren hängen an ihrem hergebrachten Dienstrecht; nebbich. Daß 16 Landesregierungen und Landesparlamente gemeinsam eine derartige Kulturrevolution anzetteln könnten, darf man nicht erwarten. Einzelne starke Länder müßten also »ausbrechen«, und der Bund müßte mitspielen. Ein denkbares, aber nicht sehr wahrscheinliches Szenario.

Dazu kommt, daß ein entscheidendes Problem selbst bei erfolgreicher Absolvierung dieses Vierersprungs noch nicht gelöst wäre. Europa bräuchte große Wissenszentren, die zu den führenden Forschungsuniversitäten der USA konkurrenzfähig wären. Es kann gar keinen Zweifel geben, daß Deutschland ein ausreichend großer Flugzeugträger für solch eine hoch aggregierte Maschine wäre. Wir haben genügend erstrangige Wissenschaftler, genügend leistungsfähige Unternehmen, genügend organisatorische Erfahrung, auch genügend Geld im Land – wenn auch nicht in den öffentlichen Haushalten.

Ein oder zwei Bundesländer müßten also den Mut haben, mit einer großen, leistungsfähigen und vielgestaltigen »Volluniversität« (sagen wir der Humboldt-Unversität zu Berlin, der RWTH Aachen, der Technischen Universität München) dasselbe zu tun, was der Bund mit der Post wagte: zu privatisieren. Zwar wäre das Geschrei, das die jeweilige Opposition veranstalten würde (»Verschleuderung von Familiensilber«) ohne viel Hellseherei vorherzusehen.

Der Staat müßte der Universität die Grundstücke und Großgeräte schenken, Pensionslasten übernehmen, risikoscheue Professoren versetzen und manches andere mehr. Bei gutem Management aber könnte jede der – rein beispielhaft und ohne jede Legitimation – genannten Hochschulen in einem Jahrzehnt zu einer kleineren, aber wirksamen Konkurrenz zum Beispiel für das Massachusetts Institute of Technology heranwachsen. Allerdings nur bei wirklich exzellentem Management.

Natürlich müßte man – wie Harvard – die Fund-Raiser besser bezahlen als den Präsidenten, eine perfekt funktionierende Alumni-Organisation aufbauen, ein lukratives Weiterbildungszentrum in engem Kontakt mit wichtigen Unternehmen gründen und beim Angebot von postgradualen Studiengängen in die Weltliga vorstoßen.

Wer behaupten wollte, die Deutschen wären zu solchen Leistungen nicht fähig, würde sie unterschätzen. Wer allerdings zu der Einschätzung käme, daß ihnen derzeit der politische Elan zu solchen Unternehmen fehlt, träfe wohl den Nagel auf den Kopf.

Eine bizarre öffentliche Debatte, ein bißchen wie italienische Oper. Die Banken, Sparkassen und Stiftungen veranstalten große »Events« zur »Wissensgesellschaft«. Nichts sei wichtiger als Aus- und Weiterbildung. Ein paar Mutige sagen sogar: Bildung. Die Spitzen des Staates beschwören über alle Parteigrenzen hinweg in steilem, an Georg Picht erinnerndem Pathos, daß Bildungsplanung ein Zentralgebiet der Politik werden müsse. Guido Westerwelle ist kurz davor, als möglicher Vizekanzler aufs Bildungsressort statt aufs Außenministerium zu springen.

Pisa ist im öffentlichen Bewußtsein der Deutschen längst keine oberitalienische Stadt mehr, sondern eine internationale Bildungsstudie, die die Deutschen als schlechte Schüler entlarvte.

Und doch ist unsere Herrschaftsstruktur – die Amerikaner reden von *governance,* und wir nennen das entsprechende Gefüge verschämt »kooperativen Föderalismus« – offenbar zu kompliziert, als daß wir auf die vielbeschworenen Herausforderungen angemessen reagieren könnten. Kein Mensch glaubt mehr an die Fähigkeit der Kultusministerkonferenz, wirksame Änderungen flächendeckend zu bewirken. Aber der Betrieb – Konferenzen, Arbeitsgruppen, Modellversuche, Bund-Länder-Gremien, Budgets, europäische Programme – geht weiter, als seien wir in der Zeit, in der der Ingenieur Hans Leussink Bildungsminister war. Der Mann ist aber über 90.

Das, was wir »Staat« nennen, funktioniert bei der Organisation der Bildungsprozesse so, wie der Bielefelder Soziologe Niklas Luhmann es melancholisch beschrieben hat: Die Teilsysteme kreisen emsig umeinander, berühren sich aber kaum. Das Zauberwort, das uns die Bielefelder für solche Prozesse überliefert haben, lautet »autopoetisch«.

Was geschieht, wenn alles so weitergeht wie bisher? Nicht viel. Ein paar Avantgardisten werden weiter avantgardistische Reden halten, ein paar Verbandspräsidenten werden weiter entsetzt die Köpfe schütteln, die Studentenfunktionäre werden weiter daherreden wie ihre Mütter und Väter aus der 68er-Bewegung, und die Mehrheit der Studierenden wird in der Regel brav, im Einzelfall aufmüpfig die Misere ertragen: lückenhafte Bibliotheken, überfüllte Seminare, schlechte Betreuung, ellenlange Studiengänge. Die Elite aber wird das Weite suchen.

Noch Fragen? Wenn Sabine Christiansen über Bildung diskutiert, lädt sie längst Guildo Horn ein. Wenn Hamburg eine Kultursenatorin sucht, kommen sofort griechische Schlagersängerinnen ins Gespräch. Endlich haben wir die Unterscheidung zwischen E (ernst) und U (unterhaltend) überwunden. Sind wir nicht cool? Da die Debatte mit Präsidenten, Ministern und Professoren jahrzehntelang nichts gebracht hat, diskutieren wir die Bildungspolitik jetzt mit den Entertainern. Deutschland ist auf einem guten Weg.

(2002)

KOMMUNIKATION

▌ Die deutsche Lesart

Anfang der siebziger Jahre entstand die Hypothese, daß schon die technische Entwicklung der modernen Medien Krieg und Diktatur erschwerten. Hatte der Vietnamkrieg nicht erwiesen, daß die durch das Fernsehen erzeugte tägliche Präsenz des Todes die Kriegsbereitschaft der Massen unterminierte? Zerstörte die wachsende Vielfalt von Sendern, Speichermedien und Kopierverfahren nicht die Chance von Regierungsapparaten, die öffentliche Meinung zu manipulieren? Was für eine sympathische, plausible Annahme. Leider wissen wir inzwischen: Sie war falsch.

Der Golfkrieg hat gezeigt, daß auch der liberale Staat die aufklärerische Komponente moderner Medien neutralisieren kann; der Pool-Journalismus der amerikanischen Militärzensur präsentierte einen keimfreien Technokrieg ohne Tote. Auch ohne die Gleichschaltungsmethoden zentral geleiteter Kommunikationssysteme wurde erreicht, daß von rund 125 000 Kriegsopfern, darunter vielen Zivilisten, in den Medien der westlichen Industriegesellschaften höchst selten die Rede war.

Gleichzeitig führten die reformkommunistischen Technokraten um Iliescu in Rumänien vor, wie man einen höchst begrenzten Elitewechsel als demokratische Revolution darstellen kann. Die Aktionen vor laufender Kamera, der gezielte Einsatz von »Amateurfilmen« (Ceauşescu-Prozeß), die geradezu genialische Verwendung gestellter Fotografien höchst realer Folterszenarien machte deutlich, daß es auch am Ende des 20. Jahrhunderts möglich ist, über Wochen und Monate die ganze, vielkanalige Apparatur der »Weltmeinung« zu täuschen.

Inzwischen zeigen die jugoslawischen Kriege, sogar, daß die sogenannte »Weltöffentlichkeit« trotz Satellitenfernsehen, global tätiger Nachrichtenagenturen und grenzüberschreitender Medien offensichtlich eine Chimäre ist. In Deutschland, Österreich und Ungarn wird seit Monaten – und in eklatantem Gegensatz zur übrigen Welt – ein geradezu klassischer Ethnokonflikt in einer Völkermischzone als Angriffskrieg zwischen Staaten interpretiert. Das Faszinierende – und Erschreckende – an diesem Tatbestand ist nun, daß die Implantierung dieser Interpretationsfolie – vom Ungarn des Ministerpräsidenten Antall abgesehen, in dem die Regierung die Medien gängelt – ohne jede Einschränkung demokratischer Prozeduren gelingt. Auch offene Kommunikationswege können also, und zwar unter den Bedingungen eines deregulierten, globalisierten und privatisierten Medienmarktes, abgeschottet, »eingestellt« und einigermaßen auf Linie gebracht werden.

Bei der Analyse dieses Tatbestandes geht es nicht um die – legitimen – Differenzen bei der Wertung der mörderischen Auseinandersetzungen auf dem Balkan. Man kann der Auffassung sein, daß die serbische Führung nicht nur nationalistisch, sondern immer noch»kommunistisch« sei. Man kann zu dem Ergebnis kommen, daß die Serben größere Schuld an den kriegerischen Verwicklungen tragen als die anderen Volksgruppen.

Nur erklären all diese Wertungen nicht, wieso in einem offenen Kommunikationssystem wie dem der Bundesrepublik eine Fülle von Informationen höchst einvernehmlich – und mit nur wenigen Durchbrechungen – nicht oder nur marginalisiert vermittelt werden. Wie kommt es in einem unbestreitbar freien Land, in dem über die meisten Fragen kontrovers informiert wird, gerade bei der Jugoslawien-Berichterstattung zu einer fast ehern durchgehaltenen nachrichtenpolitischen Linie?

Warum gibt es, zum Beispiel, in der deutschen Öffentlichkeit kaum systematische Auswertungen der (meist wöchentlich abgegebenen) Berichte des Generalsekretärs der UNO zum bosnischen Krieg? Warum werden die Dokumente des Internationalen Komitees vom Roten Kreuz (IKRK) nur so selten nüchtern zitiert? Man würde dann über die Untaten der Söldner des kroatischen Nationalistenführers Paraga genauso berichten müssen wie über die Verbrechen, die die Leute des bosnischen Serbenführers Radovan Karadžić auf sich geladen haben. Man müßte dann nicht nur über die Lager der Serben schreiben – man müßte der deutschen Öffentlichkeit auch sagen, daß es Tausende Muslime gibt, die sich vor kroatischer Verfolgung nach Serbien geflüchtet haben. Das Ergebnis wäre vermutlich eine ganz andere Tonart.

Die Meldungen über serbische »Konzentrationslager« – es gibt kaum Zweifel, daß es sowohl in serbischen wie kroatischen Lagern Aufseher vom Typ bestimmter KZ-Wächter und brutalen Hunger gibt – könnten dann so überschrieben werden wie am 8. August in der *Neuen Zürcher Zeitung*: »Wenig erhärtete Fakten über Gefangenenlager in Jugoslawien«. Entsprechende Überschriften in Deutschland heißen aber eher: »Unterhalten Serben Vernichtungslager?« (*Die Welt*, 6.8.1992) und zitieren dann breit »Augenzeugenberichte« von Zeugen mit Namen, ohne Namen und abgekürzten Decknamen.

Natürlich kann man historische, religiöse und politische Gründe für eine prinzipiell prokroatische und antiserbische Haltung von Deutschen, Österreichern und Ungarn finden. Das katholische Kroatien war über

Jahrhunderte lang Teil der »Mittelmächte«, während der Nationalismus der orthodoxen Großserben sich direkt gegen diese Mittelmächte richtete, seit 1903 auch mit terroristischen Methoden. Auch im Zweiten Weltkrieg standen die Kroaten auf der »richtigen« Seite; Hitler schuf sich sogar einen faschistischen Satrapen-Staat in Kroatien. Man muß nur fragen: Sind wir schon wieder so weit, daß die Orientierungsmuster aus der ersten Hälfte des Jahrhunderts die Bündnispolitik der zweiten Hälfte verdrängen? Ist die Tatsache, daß das Frankreich des Präsidenten Poincaré und das England von Lloyd George als Schutzmächte Serbiens wirkten, schon wieder gegenwärtiger als die Accolade zwischen Adenauer und de Gaulle im Dom von Reims?

Oder wie ist es sonst zu erklären, daß ein Mann wie Peter Carrington, bis vor kurzem ein hochangesehener britischer Außenminister und Generalsekretär der NATO, von vielen deutschen Blättern inzwischen behandelt wird wie ein seniler Trottel? Wie kommt es, daß die Deutschen den autoritären Nationalismus des Serben Slobodan Milošević (zu Recht) scharf kritisieren, während sie den autoritären Nationalismus des Kroaten Franjo Tudjman in mildem Licht weichzeichnen? Tudjman hat die Oppositionsparteien bei der letzten Wahl mit skandalösen Fristen geschurigelt und das Wahlrecht der (häufig rechtsradikalen) Emigration in einer Weise überdehnt, daß man mit gutem Grund von manipulierten Wahlen sprechen kann; im europäischen Parlament ist das Notwendige dazu gesagt worden.

Aber wo standen diese *facts* in der deutschen Presse? An welcher Stelle erfährt man, wenn heute vom Bündnis der Kroaten mit den Muslimen die Rede ist, von der Tatsache, daß Tudjman und Milošević eine Zeitlang kurz davor waren, Bosnien untereinander aufzuteilen? Und wieso hat sich der berühmte »investigative« Journalismus unseres Landes noch nicht der Frage angenommen, über welche Kanäle Waffen (zum Beispiel Waffen aus der ehemaligen DDR) in die Hände kroatischer Freischärler gelangt sind? Neben der umfassenden Information über die Reiseabrechnungen Lothar Späths und die Gehaltszettel Oskar Lafontaines wäre das doch auch einmal ein lohnendes Thema für die jungen Löwen des deutschen Journalismus.

Kein Zweifel: Die Nachrichtenlage im zerfallenen Jugoslawien ist kompliziert. Spätestens seit der dramatischen Wende, die die deutsche Außenpolitik bei der Anerkennung Sloweniens und Kroatiens vollzogen hat, sind serbische Quellen für Deutsche nicht leicht zu erschließen. Die Berichterstattung in einem Krieg, in dem neben regulären Truppen Freischärler und Banden einen gnadenlosen Kampf kämpfen, ist gefährlich;

das hat schon früh der Tod Egon Scotlands, eines Korrespondenten der *Süddeutschen Zeitung*, gezeigt. Inzwischen sind in den jugoslawischen Kriegen 37 Journalisten umgekommen. Auch arbeiten alle Seiten mit klassischer Greuelpropaganda über den jeweiligen Gegner.

Nur: Wieso hat diese Situation den deutschen Journalismus so wenig herausgefordert? Wo war in diesem schrecklichen Krieg der Peter Arnett der Deutschen, der auch einmal die Konter-Informationen ans Tageslicht bringt? Wo waren die großen Haudegen, die mit allen Wassern gewaschenen Kriegskorrespondenten, die sonst doch ganz gern vor dem Fly away im Fernsehbild auftauchen?

Man darf nicht ungerecht sein? Da und dort wird die große Erzählung von den kroatischen Engeln und den serbischen Teufeln durchaus durchbrochen. Gelegentlich gibt es eine Eigenrecherche in der *Frankfurter Rundschau*, einen mazedonischen oder serbischen Querschläger oder einen Korrespondentenbericht in der *taz*, eine merkwürdig aus dem Rahmen fallende Einzelinformation bei den Auslandsnachrichten der *Süddeutschen*. Im großen und ganzen aber dominiert die deutsche Lesart: Auf dem Balkan geht es nicht um die mörderische Auseinandersetzung von Nationalismen, die alte Rechnungen miteinander begleichen; auf dem Balkan findet der Befreiungskampf unterdrückter (und im Fall von Slowenen und Kroaten zu unserem Kulturkreis gehörender) Völker gegen den großserbischen (slawischen) Chauvinismus statt. Nur die Prägekraft dieser Formel erklärt die geradezu atemberaubende Geschwindigkeit, in der in Deutschland erstmals seit 1945 wieder eine Art Kriegsstimmung erzeugt werden konnte; nicht im Volk, wohl aber in einem Teil der politischen Klasse.

Hier muß nun endlich das »Verdienst« eines einzigen Mannes gewürdigt werden: Johann Georg Reißmüller, Mitherausgeber der *Frankfurter Allgemeinen Zeitung*, hat bei der Jugoslawien-Berichterstattung der deutschen Publizistik eine Führungsleistung erbracht, die man kaum überbewerten kann. Die Artikel, die er seit Beginn der jugoslawischen Krise auf Seite 1 seines Blattes zu diesem und nur zu diesem Thema verfaßt hat, sind schon allein physisch eine beachtliche Leistung. Reißmüller hat, ohne Schnörkel, den Grundsatz, daß die Deutschen keine Waffen in Spannungsgebiete liefern, bekämpft, er trat für Waffenlieferungen an Kroatien ein, später auch ohne Wenn und Aber für eine militärische Intervention gegen Serbien.

Seine Hauptleistung liegt aber ohne Zweifel beim Aufbau eines klaren Feindbildes: Die (von Serbien) »gemarterten Völker«, der »serbische Völkermord«, die »säkuläre Untat«, die Gegenüberstellung von Serben und

»zivilisierter Welt«. Das ist Arbeit der Zuspitzung im besten Sinn. Wenn künftig Beispiele für die direkte Beeinflussung der Politik durch Publizistik gesucht werden, wird man ohne Zögern Johann Georg Reißmüller nennen dürfen: Das deutsche Drängen auf eine frühzeitige Anerkennung Sloweniens und Kroatiens wäre ohne ihn nicht zustande gekommen. Die Deutschen sind heute in Teilen des Balkans wieder das beliebteste, in anderen Teilen das verhaßteste Volk Europas. Ein einzelner Journalist, eben Johann Georg Reißmüller, hat seinen Anteil daran.

Das Fazit? Die deutsche Publizistik muß aus dem jugoslawischen Exempel lernen. Europa dürfte vor einer Fülle »kleiner Kriege« stehen – einer häßlichen Abfolge grausamer ethnischer Konflikte, bei denen immer wieder innerstaatliche Deportationen, Vertreibungen, Verbrechen gegen die Menschlichkeit und sogar Völkermord vorkommen werden. Die Parteien in diesen Kriegen werden mit systematischen Desinformationen arbeiten; die Zeit der (kleinen) Goebbels und Münzenbergs ist leider nicht vorbei, sie ist 1989 wieder angebrochen. Ein schreckliches Beispiel bietet schon heute der Machtkampf zwischen Schewardnadse und Gamsachurdia in Georgien.

Wenn Deutschland politisch gut beraten ist, strebt es bei der Behandlung dieser unvermeidlichen Verwicklungen keine »Führungsrolle« an, sondern agiert als gesprächsfähiger Partner in der Europäischen Gemeinschaft. Die Voraussetzung für eine solche Politik ist eine skrupulöse, möglichst umfassende, vollständige, vorsichtige und faire Berichterstattung. Die Vorbilder wären die BBC oder die *NZZ*. Nur ein kommunikatives Selbstverständnis des deutschen Journalismus – und nicht schneidige Gesinnungspublizistik – können Deutschland davor bewahren, in die Rolle der überanstrengten, mißtrauisch beäugten, von Neurosen geplagten und gefürchteten Mittelmacht zurückzufallen. Die Verantwortung der »Merker« ist nicht viel geringer als die der »Täter«.

(1992)

▌ Änderung des Schaltplans

I.

Es ist wie ein Hurrikan: Der Sturm der Begriffe – sie heißen Informationsgesellschaft, Datenautobahn, Cyberspace, Multimedia – knickt Laternenpfähle wie Zündhölzer. Und nach jeder Welle der Zerstörung pirschen sich die Profiteure und Plünderer heran: Computer-Scharlatane, die eine Mutation der Menschheit prophezeien; Medienmoralisten, die ihren Haß gegen die Masse und deren Kultur ausleben; Agenturfritzen, die vorsichtigen Mittelständlern teure Investitionen einreden. Gründerzeit: In den Vereinigten Staaten kaufen Schnapsmanager für Riesensummen Filmfirmen, und in Europa verkrallen sich untergangssüchtige Kulturkritiker in euphorisierte Technokraten. Alles nur Nonsens, Salbader, Neuralgien morgens, Halluzinationen abends?

Die Umstellung unserer Zivilisation von analog auf digital, soviel steht fest, wird das, was wir bisher »Industriegesellschaften« genannt haben, ziemlich radikal – wenn auch nicht auf einen Schlag – verändern. Zum Beispiel so:

• Die *Frankfurter Allgemeine Zeitung* berichtete am 26. April dieses Jahres, daß in den Vereinigten Staaten Photostudios angeboten werden, die »der privaten Geschichtswerkstatt ganz neue Dimensionen eröffnen. Haben Sie alte Photographien, von denen Sie gerne eine Person entfernen möchten, die Ihnen nicht mehr so viel bedeutet? Wer mag, kann sich mit Menschen, die er nie getroffen hat, an Orten abbilden lassen, an denen er nie gewesen ist.« Man nennt das Verfahren *computer imaging*.

• Ein anderes Problem schildert der Familientherapeut Wolfgang Bergmann. Es handelt von dem lernschwierigen Kind Roland, von dem es heißt: »Kein Druck, keine Ermahnung, keine Zensuren, weder Liebe noch Strenge bringen ihn von dem ab, was ihm wirklich wichtig ist.« Wichtig ist ihm seine Baumhütte, in der er einen Laptop, Gameboys und einige andere Geräte aufgehängt hat. Roland, so schildert Bergmann, befindet sich in einem unaufhörlichen Computerwettstreit, der keine Grenzen kennt und der quer über die ganze Welt reicht. Sein »Eintauchen in abstrakte Wirklichkeiten, die sich für ihn im Inneren des Computers, in den Raffinessen der Programme verbergen«, sei Roland wichtiger »als Schule und Eltern und alle Kinderfreundschaften und auch die alten Cliquen von früher«. Übrigens: Die Computerspielindustrie, vor allem beherrscht von den japanischen Firmen Sega und Nintendo, hat inzwischen größere Umsätze als Hollywood.

• Oder: Jeder Lehrer, der im Unterricht Schillers *Don Carlos* oder Peter Handkes *Niemandsbucht* liest, hat Jugendliche vor sich sitzen, die mit Rockvideos häufiger umgehen als mit Texten. Diese Videos sind von einem hektischen Zeichenwechsel gekennzeichnet, einer Auflösung des nar-

rativen Zusammenhangs und der zeitlichen Kontinuität. Untergraben sie
also jeden zusammenhängenden Sinn? Oder attackieren sie eingerastete
Wahrnehmungsroutinen und spornen zu einer neuartigen Weltaneignung
an? Und was bewirken »Hypermedien«? Hypertexte sind palimpsestartig
geschriebene Texte, bei denen einzelne Wörter, Sätze oder Zeichen auf
weitere Texte verweisen, die am Bildschirm aufgerufen werden können.
Was geschieht mit Menschen, wenn die Herstellung von Bezügen das
herkömmliche Empfangen und Versenden von Dokumenten ersetzt?
Treten an die Stelle von »Bildung« intelligente Suchroutinen? Jedenfalls
entsteht zwischen den Generationen eine kulturelle Kluft. Läßt sie sich
überbrücken? Wie?

• Die tiefstgehenden Auswirkungen der Änderung des Schaltplans unserer Gesellschaft werden sich aber in der Arbeitswelt vollziehen. Die
Amerikaner nennen die Entwicklung, die sich da abzeichnet, *dejobbing,*
Entberuflichung. An die Stelle fester Berufsbilder und einigermaßen
dauerhafter Jobs treten mehr und mehr zeitlich befristete, oft auch in
Teilzeit verrichtete Tätigkeiten, Wir bekommen neue Unternehmen: mit
flacheren Hierarchien, *just in time*-Produktion, der Auslagerung wichtiger Produktionsprozesse oder Dienstleistungen und weit größerer Verantwortung an der Front. Schon heute ist das größte Unternehmen der
Vereinigten Staaten nicht mehr General Motors (365 000 Beschäftigte)
oder IBM (330 000), sondern die Teilzeitagentur Man Power (565 000).
Dieser Prozeß wird explosive soziale und psychologische Veränderungen
auslösen. In Deutschland gibt es derzeit höchstens 30 000 Telearbeitsplät-
ze, schon in fünf Jahren sollen es 800 000 sein. Für die USA spricht der
Unternehmensberater William Bridges von sechseinhalb Millionen. Kann
sich der europäische Sozialstaat auf die unvollständigen Rentenbiographi-
en einstellen, die da entstehen?

Der Computer wird das Medium der Medienintegration. Die Endgeräte
PC, Telefon und Fernsehen werden miteinander vernetzt. In Deutschland
konzentriert sich die Diskussion derzeit noch auf die Vervielfachung der
Fernsehkanäle, *video on demand,* vielleicht noch Computerspiele, also
Unterhaltungsangebote. Es geht aber um viel mehr. Es geht um die Ver-
netzung von Schulen und Ausbildungsstätten, von Hochschulen und
Bibliotheken, von Arztpraxen und Krankenhäusern.
   Viele Aktivitäten des Menschen werden sich ändern: sortieren, spei-
chern, kommunizieren, arbeiten, lehren/lernen, politisieren, administrie-
ren, heilen, kaufen, bestellen, buchen, fahren, transportieren, sich bewe-

gen, aber auch spielen, sich zerstreuen. Die Anwendung der Interaktivität auf das Erziehungswesen, die Arbeitswelt, die Medizin oder die tägliche Lebensbewältigung (Teleshopping, Telebanking) werden die Gesellschaft grundlegend verändern.

II.

Im alt und mürbe gewordenen Europa löst dieser Prozeß Angst aus. Die Angst entsteht aus der Diskrepanz. Die europäische Philosophie hat einen emphatischen Begriff von gelingender Kommunikation entwickelt. Kommunikation, also das »Grundwort Ich-Du«, sagt Martin Buber, »ist die Wiege des wirklichen Lebens«. Karl Jaspers sekundiert: »Wir messen alles an der Sprache, weil wir als mögliche Existenzen erst in Kommunikation zu uns kommen.« Angesichts dieser Ansprüche werden die wachsende Komplexität der gesellschaftlichen Struktur und die rasch sich in Sprüngen vollziehende Technisierung von Kommunikation als existentielle Herausforderungen, sozusagen als Gefährdung der letzten Zuflucht, nämlich der Ich-Du-Beziehung, wahrgenommen. Der reale Kern dieser Ängste ist die Gefährdung verständigungs- und wahrheitsorientierter Kommunikation für Personen und Kultur. Drum herum aber lagert viel romantischer Schutt – die Mythologie des »Natürlichen« gegenüber dem bloß Künstlichen, das »Organische« gegenüber der »willkürlichen« menschlichen Erfindung.

Der Ökokitsch geläufiger Medienkritik meidet keine Überspitzung. Für Botho Strauß ist »das Regime der telekratischen Öffentlichkeit der umfassendste Totalitarismus der Geschichte. Es braucht keine Köpfe rollen zu lassen, es macht sie überflüssig.« Der französische Philosoph und Soziologe Jean Baudrillard wird von der Vision von Menschen heimgesucht, die »in Maschinen austreiben …. Der virtuelle Mensch, bewegungslos vor seinem Computer, macht Liebe per Bildschirm und hält seine Vorlesungen per Telefonkonferenz. Er wird ein Bewegungsbehinderter, und zweifellos auch ein geistig Behinderter.«

Und der fabelhafte Paul Virilio sieht sogar eine »Dekonstruktion des häuslichen Raums«. Bald werde es nicht nur unnütz sein, von zu Hause wegzugehen – der »intelligente Wohnsitz« werde auch über »keinerlei Öffnung, keine Eingangstür« verfügen. »Eine Art Schutzhaube umhüllt den Bewegungskörper, wie die Metallhülle eines Sarkophags oder die Zelle einer Flugzeugkabine den einer Mumie oder eines Piloten überzieht.«

Es hat keinen Zweck, solche Prognosen wörtlich zu nehmen, man muß sie wie Bilder von Dalí oder Szenen von Eugène Ionesco rezipieren.

Neu ist dieser Ton nicht. Was bei Ludwig Klages, Martin Heidegger und Friedrich Georg Jünger allerdings in einen philosophischen Rahmen gespannt war, erscheint jetzt als eitle, masochistisch zugespitzte und effekthaschende Spekulation. Das Bedenkliche ist, daß manche Feuilletons und eine bestimmte Kategorie von »Wissenschaft« solche *worse case*-Szenarios längst wieder mit ernstem Gesicht weiterreichen. Es entsteht »Betroffenheit«, die neuartige Berührungsflachen schafft, zum Beispiel zwischen Schwarz und Grün.

Sicher stecken in spezifischen Apparaten spezifische Versuchungen, Bewegungsillusionen und die Simulation von Bildern können für Teile des Wissensproletariats der heute gängigen Zweidrittelgesellschaften so »fesselnd« werden, daß diese Menschen aus der Welt vorfabrizierter Bilder nicht mehr zu einer Vita activa zurückfinden. Die Reproduktion von Gewalt in Spielwelten kann bei Minderheiten Gewalt erzeugen. Meine Behauptung ist: Das »Netz«, wie es sich jetzt entwickelt, bietet neue Chancen für gelingende Kommunikation, weil neben die »Punkt-an-viele-Struktur« eine »Zwei-Wege-Punkt-zu-Punkt-Struktur« tritt.

III.

Man kann, was die neueste Entwicklung des »Netzes« (seit etwa 1980) betrifft, mindestens vier Innovationen voneinander unterscheiden: Das ist zuerst – einmal der Artefakt-Videorecorder, entwickelt in den fünfziger Jahren, aber erst rund zwei Jahrzehnte später in die Hände der Massen gelangt. Er ermöglicht die zeitliche Destrukturierung der von den »Veranstaltern« festgelegten Programmraster, die Singularisierung audiovisueller Erfahrungen. Irgendwo ist das auch die Herstellung anarchischer Fern-Sehverhältnisse. Was einmal in die Zirkulation geraten ist, kann beliebig auf den Heimgeräten kopiert, vervielfältigt und durch alle möglichen Verteilkanäle, auch jenseits offizieller Märkte, weiterverbreitet werden. Hier stecken subversive Möglichkeiten. Aber sicher kann man diese neuen Möglichkeiten unterschiedlich interpretieren: als Lockerung von Fremdbestimmung und als Zerstörung pädagogischer Einflußmöglichkeiten.

In ähnlicher Richtung wirkt die Digitalisierung. Sie bringt zum Beispiel eine Verzehnfachungsmöglichkeit der angebotenen Programme im gleichen Kanal. Die Verbreitung von audiovisuellen Botschaften wird extrem verbilligt. Echtzeitfernsehen wird sich auf Nachrichten, Sport und

Wahlen beschränken. Da Mikroprozessoren aber nicht nur in unseren Fernsehern stecken, sondern in allen möglichen Geräten, die uns umgeben, wird das ganze Dasein asynchron. Man wird die Rechner, mit denen wir längst leben – im Wecker, in der Mikrowelle, dem zellularen Telefon – miteinander verbindet. Auch dies hat ambivalente Wirkungen. Die einen reden von Individualisierung *(demassifying)*, die anderen von Fragmentierung.

Die entscheidende Veränderung geht ohne Zweifel von der mikroelektronischen Wende aus, die Anfang der achtziger Jahre der Personalcomputer schuf. Vorher standen Computer in Rechenzentren, hinter mehrfach gesicherten Türen, von weiß bekittelten EDV-Hohepriestern umgeben. Heute ist an die Stelle eines zentralisierten Mediums nach dem hierarchischen Modell militärischer Befehlsgewalt (zum Beispiel in der Bankenautomation oder bei Flugbuchungscomputern) der PC als potentieller digitaler Integrator aller vorherigen Medien getreten. Jeder Empfänger kann Sender werden; er hat einen Rückkanal. Die technisch mögliche Dezentralisierung kann als großer Befreiungsschlag verstanden werden. Es hat zwar noch keine Kulturrevolution stattgefunden, aber jedenfalls sind die technischen Voraussetzungen für eine Kulturrevolution geschaffen.

Noch ist die Universalmaschine, die im universellen binär-digitalen Format Schrift, Bild, Bewegbild und Klang verarbeitet, nur in den Händen einer kleinen Minderheit. Deswegen ist die moderne Wissensgesellschaft derzeit eine Klassengesellschaft. Aber potentiell ist die Ablösung der Massendistributionsmedien-Gesellschaft durch eine Gesellschaft der Rückkopplung denkbar.

Die vierte Innovation der vergangenen Jahre trägt den Namen Virtuelle Realität oder Cyberspace. Gemeint ist die Simulation künstlicher Wirklichkeiten, die man dreidimensional erfahren kann. Höchst reale Anwendungen gibt es bei der Flugsimulation, der Medizin, der Architektur, dem Ausstellungswesen. Für bestimmte Gruppen eröffnet der Cyberspace eine neue Lebenswelt. Aber auch da gibt es unterschiedliche Bewertungen. »Die letzte Konsequenz für Cyberspace«, sagt der Freak Benjamin Heidensberger, »ist Sex mit Marilyn Monroe.« Realistischer ist die Einschätzung von William Gibson, dem Verfasser des prophetischen Romans *Newromancer* von 1984: »Künstliche Realität wird höchstens ein Spielzeug für die reichen Länder werden und fürs Militär. Am unteren Ende wird es gerade als besseres Nintendo-Spiel enden.«

Es ist also wie immer bei technischen Prozessen: »Die Bedeutung einer Neuerung hängt einzig von der sie tragenden und durchsetzenden Schubkraft ab« (Fernand Braudel). Manche Erfindungen liegen jahrzehntelang ungenützt herum, bis eine Strömung sie erfaßt, ein Trend. Die großen Trends dieser Jahre heißen Individualisierung, Dezentralisierung, Globalisierung; sie treiben die Verschmelzung von Telekommunikation, Informatik und Audiovision voran.

Ich behaupte: In der Entwicklung des »Netzes« selbst stecken emanzipatorische Potentiale – der Dezentralisierung, der Stammesbildung (»Verspartung«) und Pluralisierung. Diese Potentiale müssen aber freigelegt werden, durch Politik.

IV.

Die »Änderung des Schaltplans«, die Vilém Flusser, der in Prag geborene und vor ein paar Jahren bei Prag auch umgekommene Kommunikationsphilosoph, gefordert hat, ist möglich. Aber sie verlangt vorausschauende Politik, und zwar Regulierung und Deregulierung. In der flotten Individualisierungseuphorie dieser Jahre ist solch eine Politik allerdings alles andere als populär. Typisch für die Stimmung der Mittneunziger ist das Manifest *Magna Charta für den Cyberspace* der amerikanischen Konservativen Alwin Toffler, George Gilder, George Keyworth und Esther Dyson. Sie kennen nur Konkurrenz, Privatisierung, Deregulierung, Dezentralisation. In der EU-Kommission denkt man ähnlich. Der Staat als Moderator oder gar Kontrollmacht soll verschwinden.

Nun ist ja nicht zu leugnen, daß die Funktionäre des Staates oft genug von archaischen Ängsten geschüttelt werden. Die panische Furcht der Geheimdienste vor Mobiltelephonen, die sie nicht abhören können, ist genauso albern wie der betuliche Wunsch, das »anarchische« Internet so rasch wie möglich von Pornographie oder fragwürdiger politischer Propaganda zu reinigen. Auch wurde – jedenfalls in Europa – die Telekommunikation zu lange als Hoheitsverwaltung betrieben statt als Dienstleistung. Eine liberale Stoßrichtung der Kommunikationspolitik macht also durchaus Sinn.

Aber kein liberalistischer Fundamentalismus. Datenschutz, Datensicherheit und Urheberrecht verlangen Regulierung, nicht Rückzug des Staates. Wo »virtuelle Firmen« entstehen, wird man das Vertrags- und Haftungsrecht überprüfen müssen. Es kann nicht sinnvoll sein, die wichtigste Branche des 21. Jahrhunderts einer Handvoll internationaler Großkonzerne auszuliefern. Während in den Vereinigten Staaten kostenlose Internet-Zugänge für die Bürger geschaltet werden und öffentliche Verwaltungen über kommunale Angelegenheiten elektronische Diskussionsforen eröffnen, weiß bei uns kein Mensch, was die Amerikaner mit *universal service* meinen. Es handelt sich – unbeholfen übersetzt – um einen »Basisinformationsdienst«: So wie wir uns neben eigenen Büchern öffentliche Bibliotheken geschaffen haben, müssen im digitalen Zeitalter Schulen oder Bibliotheken kostenlos vernetzt werden. Wir bräuchten einen »deutschen Al Gore«, einen integrativ die Ressorts und Ebenen (Land/Bund/Europa) zusammendenkenden Industrie- und Ordnungspolitiker. Aber wer bestimmt die deutsche Debatte? Vor allem Kompetenzrangler, Standortpolitiker, Zukunftsäusler führen das Wort.

V.

Gefahren? Sie existieren ohne Zweifel. Man kann ihnen aber nicht begegnen, indem man so tut, als ob die technische Entwicklung aufhaltbar wäre. Die Modernisierung, so lehren die 400 Jahre seit René Descartes, ist zivilisierbar; zum Beispiel durch antizipatorische Politik. Verhinderbar ist sie nicht. Ein technisch-ökonomischer Prozeß, international vernetzt, ist nicht für ein einziges politisches Grundstück (wie Deutschland) aufhaltbar. Deswegen muß sich die Anstrengung darauf richten, kommunikative Kompetenz zu erzeugen. Das Verhängnis der gegenwärtigen europäischen Mediendebatte ist diese seltsame Polarisierung: unrealisierbare, melancholisch eingefärbte, trotzig hervorgestoßene Zensur-Sehnsüchte der Medienmoralisten gegen euphorisch-technokratische, schwärmerisch-naive Neue-Welt-Phantasien der Industrielobbies. Notwendig wäre eine trockene Doppelstrategie von Kommunikationsordnungspolitik und aufwendiger Medienerziehung.

Dabei müßte klargemacht werden, daß kommunikative Kompetenz eine technische *und* eine soziale Dimension hat. Notwendig ist der souveräne Umgang mit der Remote control, mit Joystick, Maus, Keyboard, digitalisierten Timern oder Abtaststiften für die programmierte Aufzeichnung. Genauso notwendig aber ist die Kunst des Ignorierens und Abschaltens, die Fähigkeit zum Medienwechsel, ein »kommunikatives Gewissen«, also die Beherrschung von Kontaktaufnahme, Kontaktverweigerung sowie Kommunikationsmanieren, Kommunikationskonventionen. In einer Kommunikationskultur, die den Namen verdient, ist klar, daß der Satz des Schweizer Schriftstellers Adolf Muschg: »Ein Kapitel Jean Paul ist ein unvergleichlich reicheres Dokument als alles, was das Internet mir abliefern konnte«, einen absurden Vergleich produziert. Warum Jean Paul ausspielen gegen 2000 Datenbanken und 600 Foren, die allein

Compuserve anbietet? Warum nicht beides nutzen – die Kontemplation über dem *Siebenkäs* und die Online-Dienste als Treffpunkt für Menschen aus der ganzen Welt?

Möglich ist das. Menschen mit »Media and Computer Literacy« entwickeln Filterfähigkeit, mediale Skepsis und kluge Zeitökonomie gegenüber dem Angebot von Kommunikation. Man kann es lernen, sich einen »virtuellen Mediamix« zurechtzulegen und mit Fernseher, Recorder, Telefon, PC, aber eben auch mit Zeitungen, Zeitschriften, Büchern oder Comics emanzipiert umzugehen.

Die Dominanz der Anbieter ist also eindeutig schwächer geworden. Dazu kommt die Ausrüstung wachsender Minderheiten mit Rückkanälen. Die Zentralisierung, die Joseph Goebbels mit seinem Volksempfänger und der Ufa erreicht hatte, ist nirgends mehr erreichbar. Der Soziologe Gerhard Schulze, Verfasser einer Studie über die »Erlebnisgesellschaft«, faßt das Dilemma in prägnanten Sätzen: »Das Fernsehen macht nichts mit einem, der mitmacht. Zur Verführung gehören immer zwei, oft genug hat es das sogenannte Opfer faustdick hinter den Ohren. Die Explosion der Wahlmöglichkeiten katapultiert die Konsumenten aus dem warmen Biotop der Fernsehidiotie der achtziger Jahre hinaus. Fröstelnd spüren sie den kalten Wind der Selbstverantwortung.«

Was ist Kommunikationskultur? Zuerst ein Begriff von verständigungsorientierter Kommunikation. Man könnte »Medienkompetenz« instrumentell definieren; dann wäre sie die geschickte Rhetorik von Sophisten, also die Durchsetzungsfähigkeit in zweckkommunikativen Kampfspielen. Sofern diese Art von Kompetenz eine Gesellschaft dominiert, wird diese Gesellschaft zu einer Veranstaltung von Gruppen, die sich gegenseitig übers Ohr hauen.

Sodann Auswahlvermögen, Filterfähigkeit, Kompetenz zum Mediamix. Dazu gehört auch das instinktive Wissen, wie und wann man von medial vermittelter zu persönlicher Kommunikation wechseln muß und welche Konventionen und Manieren dabei zu beachten sind. Es ist falsch, so zu tun, als ob die Verdichtung von Raum und Zeit – die vielzitierte *time space compression* – die Menschen schizophren machen müsse, wie die Apokalyptiker behaupten. Es hängt von sozialen Konstruktionsleistungen der Individuen der jeweiligen Gesellschaft ab, wie wir den Ansturm der Impulse aus den unterschiedlichsten alten und neuen Kommunikationsmaschinen verdauen.

Die technischen Neuerungen der Informationsgesellschaft jedenfalls werden uns nicht erschlagen. Eher schon unser Relativismus. Die »Super Highways«, die gerade entstehen, sind intelligenter als die alten zentralisierten Netzwerke der Massendistributionsmedien. Allerdings verlangen sie den Mut zur »riskanten Selbststeuerung« (Jürgen Habermas) – und der scheint vielen von uns derzeit zu vergehen.

(1995)

Zwischen Kulturkritik und Technikwahn

Net-enthusiastische Senatoren oder Handelskammer-Präsidenten jubeln gerne darüber, daß Berlin nur noch einen Mausklick von Los Angeles entfernt sei. Dann aber geben sich dieselben Leute maßlos erstaunt und entsetzt, wenn sie registrieren müssen, daß sich auch Rechtsradikale, die amerikanische Christian Coalition oder Pädophile vernetzen. Und blitzschnell tritt ein Reflex auf, den man ansonsten nur von defensiven Gewerkschaftern und Aktivisten von Umwelt- oder Tierschutzgruppen kennt: »Wir werden nicht zulassen, daß ...« Man soll alles tun, um Kinderpornographie und Rechtsterrorismus wirksam zu unterbinden; aber man soll sich bitte nicht wundern, daß das kunstvolle Beziehungsgefüge und die Geschwindigkeit elektronischer Netze nicht nur für edle, sondern auch für unedle Zwecke benutzt werden können.

Es gibt eine fatale Tendenz, die digitale Revolution nicht als Herausforderung für intelligentes politisches Handeln zu verstehen, sondern als wunderbare Brotvermehrung. Wer aber so tut, als ob Deregulierung, Privatisierung und Globalisierung im Selbstlauf zu Wohlstand, Gerechtigkeit und sozialem Frieden führten, täuscht sich selbst und die, die ihm gläubig zuhören. Man muss die Kraft haben, die neuen Chancen aufzugreifen, und gleichzeitig Vorsorge für die Modernisierungsverlierer treffen, in unserem Fall für die Vernetzungsverlierer, die Opfer von Geschwindigkeit, Gleichzeitigkeit und Konnektivität.

Versucht man, sich von wütender Enttäuschung über die Internet-Revolution genauso freizuhalten wie von Propaganda, kann man den derzeit ablaufenden Prozeß etwa so charakterisieren: Die Beschleunigung weltweiter Kapitalbewegungen führt zur »Entmächtigung des Nationalstaats« (Habermas), der allerdings keine Ermächtigung neuer Akteure, etwa Europas, gegenübersteht. Der Industriekapitalismus wird in eine deutlich weniger regulierte Ökonomie transformiert. Ich nenne sie den digitalen Kapitalismus. Damit ist ein höheres Wachstum, aber auch eine spürbar asymmetrischere Verteilung des Zuwachses verbunden. Der globale Kapitalmarkt bekam plötzlich die Macht, nationale Regierungen zu disziplinieren, etwa 1994 die mexikanische. Staaten sind eher in Märkte als Volkswirtschaften in Strukturen eingebettet.

Die entstehende Boom-Society produziert viel neuen Reichtum und eine Change-Kultur, die oft genug einer »Neuen Ökonomie« und einer neuen Generation zugute kommt. Sie produziert aber genauso die Zerstörung alter Strukturen und ein merkwürdig zusammengesetztes drittes Drittel der Gesellschaft, in dem sich die Modernisierungs- und Vernetzungsverlierer mit Leuten treffen, die die Beschleunigung aller Lebensverhältnisse nicht mitmachen wollen und sich deshalb in sogenannte *downshifting*-Prozesse stürzen, also aus materiellem Verzicht Lebensqualität erlösen wollen.

Während die Wirtschaft bereits globalisiert ist, gilt das für die Politik noch lange nicht, wie ich mit vier Beispielen zeigen will:

Eine neue Geographie der Zentralität: Die digitale Revolution ermöglicht es zwar, daß irgend jemand aus einem Dorf heraus große Geschäfte machen kann. Insgesamt bleibt Zentralität aber eine Schlüsselkomponente des Wirtschaftssystems. New York, London, Tokio, Hongkong, Paris, Frankfurt oder Zürich bestimmen die Informationsökonomie. Selbst innerhalb der großen Städte gibt es eine Geographie der Zentralität und eine der Marginalität: Im Zentrum New Yorks gibt es die höchste Konzentration der ganzen Welt an Gebäuden mit Glasfaser-Netzanschluß, doch daneben, in Harlem, gibt es nur ein einziges solches Gebäude; das südliche Zentrum von Los Angeles hat überhaupt keins. Saskia Sassen spricht von einer »Verräumlichung der Ungleichheit«.

Steuerdumping: Mit dem Verlust des Primats der Politik gehen die Möglichkeiten der Besteuerung weltweit operierender Unternehmen zurück. Internationale Börsen und Offshore-Bankplätze mit beschränkter Bankaufsicht bieten Möglichkeiten, bei denen der Gewinn privat bleibt und der Verlust über den Internationalen Währungsfonds zum Steuerzahler geht. Insgesamt gelingt es dem ökonomischen System immer besser, die Verteilungsspielregeln systematisch zu verändern. Es kommt zu einer Umverteilung mit einem begrenzten Kreis von Gewinnern. Nach Ermittlungen der EU-Kommission waren die Arbeitnehmer in der EU im Jahr 1995 im Schnitt um 20 Prozent stärker belastet als im Jahr 1981, die selbständigen Unternehmen dagegen um 22 Prozent geringer. Die Folge: Der Staat wird immer unfähiger, Steuerungs- und Organisationsleistungen zu erbringen.

Bildungspolitik in der globalen Ökonomie: Der Staat ist immer weniger in der Lage, die Menschen aus öffentlichen Mitteln angemessen aus- und weiterzubilden. Deutschland hat sich deshalb – völlig konsequent – die amerikanische Green-Card-Politik zu eigen gemacht und wirbt qualifizierte Arbeitskräfte aus anderen Weltregionen an. Deren Ausbildung muß allerdings von den Herkunftsländern finanziert werden. Diese Art von »Bildungspolitik« bedeutet eine Umverteilung von der Peripherie in die Zentren.

Die Arbeitsplatzbilanz der digitalen Ökonomie: In der Regel wird das amerikanische »Beschäftigungswunder« des vergangenen Jahrzehnts als Beweis dafür zitiert, daß der Wandel zur digitalen Ökonomie die Arbeitslosigkeit lindere oder wegschaffe. Der Erfolg der USA bei der Schaffung neuer Arbeitsplätze hängt aber vor allem mit einer rigorosen Deregulierung des Arbeitsmarktes und mit der starken Stellung des Dollar zusammen. Die entsprechenden Bedingungen sind in anderen Gesellschaften nicht einfach kopierbar. Die weltweite Arbeitsplätzebilanz der digitalen Revolution ist schwer aufzumachen; möglicherweise profitieren Schwellenländer mit gutem Bildungssystem und niedrigen Löhnen wie Indien. In den großen alten Industriegesellschaften dürften im nächsten Jahrzehnt eher leichte Arbeitsplatzverluste stattfinden. Die Idee des Ministerrats der Europäischen Kommission, man müsse die digitale Revolution beschleunigen, um die strukturelle Arbeitslosigkeit endgültig wegzubringen, ist naiv.

Ein Horrorszenario? Ich bestehe darauf, daß es politische Möglichkeiten gibt, mit diesen Herausforderungen fertigzuwerden. Allerdings nicht dadurch, daß man sie leugnet.

Lösbar sind die dargestellten Probleme nur durch weltweite Vereinbarungen. Etwa indem man eine Mindestbesteuerung gewährleistet und das spekulative Element der Ökonomie zu Sicherheitszahlungen bringt, damit im Krisenfall nicht der Steuerzahler aushelfen muß, allzu spekulative Finanzprodukte und Spekulationsprozesse wieder in den Griff zu bekommen. Vorbedingung ist allerdings, daß die Europäer ihre derzeitigen Probleme lösen und so überhaupt in die Lage kommen, ihre sozialstaatliche Tradition, ihre Erfahrungen mit sozialer Marktwirtschaft und sozialökologischen Arrangements einzubringen. Denn die größte Gefahr im gegenwärtigen historischen Moment ist, daß die neuen Formen der globalisierten, digitalen Ökonomie den Nationalstaat entkräften, ohne daß die nächsthöhere Ebene, im europäischen Fall also die Europäische Union, gestärkt wird.

Zur Zeit ist eher zu befürchten, daß Europa sich noch handlungsunfähiger macht, als es heute schon ist. Die Osterweiterung der Union ist einerseits unausweichlich, wird andererseits aber zu einer weiteren Lähmung der Union führen, wenn nicht vorher die Vertiefung der Gemeinschaft durchgesetzt wird. Um es deutlich zu sagen: Eine EU 28 wird mehr der OSZE, dem Europarat oder den Vereinten Nationen ähneln als einem föderalen Europa, wie es sich die Gründerväter nach dem Zweiten Weltkrieg vorgestellt haben. Die Gefahr, daß die Europäische Union – wie ältere Imperien auch – durch Überdehnung ihrer Raumvorstellungen erodiert, ist groß. Gelegentlich beschleicht einen der Verdacht, daß die heillosen Versprechungen insbesondere der Deutschen an viele osteuropäische Staaten nur noch um den Preis einlösbar sind, daß Europa zur Freihandelszone verläppert.

Die Pessimisten sagen, der digitale Kapitalismus sei nicht zukunftsfähig, das Mißverhältnis zwischen globaler Wirtschaft und globalisierungsunfähiger Politik zerstöre die »Nachhaltigkeit«. Das ist ein alter forstwissenschaftliche Begriff, der, kurz gesagt, darauf hinausläuft, daß nicht mehr Holz aus dem Wald entfernt werden sollte als nachwächst. Davon sind wir heute tatsächlich weit entfernt. Beim Thema Beschleunigung trifft der Vorwurf allerdings nicht. Sie erzeugt keine höheren Geburtenraten, eher das Gegenteil. Es entsteht eine Konzentration auf das Arbeitsleben, die gegen große Familien wirkt. Das werden die Befürworter der Nachhaltigkeit den Beschleunigern aber nicht gutschreiben. Ihre Kritik gilt der Unrast und Atemlosigkeit, dem Wachstumsdruck. Untersuchen wir also den intergenerativen und intragenerativen Aspekt des Nachhaltigkeitsbegriffs, also die Berücksichtigung der Bedürfnisse zukünftiger Generationen und der Bedürfnisse aller jetzt lebenden Menschen.

Die elektronischen Informations-, Kommunikations- und Medientechniken tragen durchaus zu einer Verbesserung des Verhältnisses von Mensch und Biosphäre bei. Die Beschleunigung von Produktionsprozessen und die Steigerung ihrer Effizienz entlasten oft genug die Natur. Die digitale Technologie entstofflicht Produkte und Prozesse, bewirkt die Einsparung von Material und Energie und verschiebt den Schwerpunkt menschlicher Tätigkeit von der Stoffbearbeitung zur Dienstleistung. Beschleunigung ist keineswegs generell unökologisch.

Natürlich muß man die Wirkung von Beschleunigung auf Biographien genau analysieren. Jedes menschliche Leben braucht ein vernünftiges Verhältnis zwischen Beschleunigungs- und Entschleunigungsphasen, sonst droht das Burn-out-Syndrom. Die Heiligsprechung des Forstwarts im Sinne der Technikkritik Martin Heideggers löst allerdings nicht die Probleme der Moderne. Die Vita activa muß nicht betäuben, sie kann erfüllen. Man kann es lernen, sich den technischen Rhythmen anzupassen und ein Ethos zu entwickeln, daß dem »Ge-stell« der Technik angemessen ist. Wer dieses Ethos hat, kann sich Angst, Ekel, Hochmut und Berührungsangst gegenüber der Welt der neuen Medien sparen.

Ein Einwand allerdings verdient sorgfältige Abwägung. Die Beschleunigung der Neuen Ökonomie ist natürlich ein Wachstumsmotor. Und die digitale Technologie ist keineswegs völlig spur- und schwerelos; sie besteht aus Computern, Mobiltelefonen, Anrufbeantwortern, Spielekonsolen und vielen ähnlichen Instrumenten. Und der E-Commerce beschleunigt den Umlauf von Gütern aller Art. Wer also *down-shifting* für nötig hält und sich etwa zur Regel macht, alle Gegenstände auszusondern, die er ein Jahr nicht benutzt hat, wird das hohe Tempo der digitalen Ökonomie mit einem gewissen Recht kritisieren.

Die Beschleunigungstendenz des digitalen Kapitalismus hat also, wie die meisten Basistrends der gesellschaftlichen Entwicklung, mehrere Seiten. Man muß mit ihr umgehen können. Geschwindigkeit verlangt Geistesgegenwart, Geschicklichkeit und Präzision. Wer sich diese Eigenschaften aneignet, wird Leistung bringen und an dieser Leistung Glück erfahren. Nicht alle schnellen Prozesse führen aber zu wünschenswerten Ergebnissen. Wenn der Rezipient des interaktiven Fernsehens im Jahr 2010 die Kleidungsstücke der Hauptdarsteller seiner Lieblingsserien durch einfaches Anklicken kaufen kann, mag dies zu fragwürdigem Konsum führen. Wenn der E-Commerce der Zukunft die *middle-men,* also viele Intermediäre, übergeht und ausschaltet, zerstört dies Existenzen. Solche Entwicklungen können spätere Generationen oder schwächere Mitmenschen belasten und schädigen, also das Einschlagen eines nachhaltigen Entwicklungspfades behindern.

Ich bestehe darauf, daß weder Beschleunigung noch Entschleunigung Patentrezepte sind. Die Verachtung der Aktiven wegen sündhafter Seinsvergessenheit ist so anmaßend wie die Abwertung der Kontemplativen wegen Leistungsverweigerung und Hedonismus. Wir müssen unterschiedliche Lebensstile tolerieren, mit *multiple modernities* fertigwerden, politische Rahmenbedingungen konstruieren, die unterschiedliche Lebensentwürfe ermöglichen. Der digitale Kapitalismus kommt, wie immer wir zu ihm stehen. Stellen wir uns darauf ein und verfallen wir nicht in die alten Reflexe – schwarze Kulturkritik gegen borniertes Ingenieursseligkeit. Vielleicht sollten wir es nicht den Märkten und den Unternehmen allein überlassen, die Entwicklung zu bestimmen und die Debatten zu dominieren.

(2000)

PORTRÄTS

▪ Rudolf Augstein

In grauer Vorzeit, als es in Deutschland noch ein Bildungsbürgertum gab, hätte man Rudolf Augstein eine »Catilinarische Existenz« genannt. Der Mann hat sich Macht und Geld erarbeitet; aber die Ziele, Ideale oder Utopien, die der katholische Fabrikantensohn irgendwann einmal mit sich herumgetragen haben mag, haben seinem Naturell, seinem hellsichtigen, decouvrierenden Blick nicht standgehalten; vielleicht sind sie auch in einem Krieg geblieben, den er, als halbes Kind, mitmachen mußte. Aber auf die Frage, warum er viermal verheiratet war, antwortet er mit dem rüden Satz: »Ich kann doch nicht sagen, daß ich gerne ficken möchte.« Er gibt den Nihilisten, wenn auch keinen »astreinen«; aber er steckt voller Mitleid, Familiensinn und einer knabenhaften Trauer über die Welt, von der er glaubt, daß sie bald als menschenleerer Planet durchs All trudeln wird.

Er ist – *in the long run* – der erfolgreichste Journalist seines Landes; aber gleichzeitig – sein eigener Begriff – ein »Viertel-Philosoph«. Er ist ein Pessimist, aber auch gleichzeitig ein ausdauernder Kämpfer. Ihn treibt die Schmählust, aber gleichzeitig die Sehnsucht nach Größe. Kurz und gut, Rudolf Augstein ist ein Aufklärer, den es oft vor der aufgeklärten, entgötterten Welt graust, ein Zyniker aus Selbstschutz. »Kein Zyniker zu sein«, hat der alte Tycoon in einem seiner leichtsinnigen Großinterviews zum 70. Geburtstag gesagt, »ist in heutiger Zeit nahezu lebensgefährlich«. Mit dieser Philosophie ist er alt geworden – und die Legende seiner selbst.

Sein Lebenswerk als Blattmacher und Publizist ist ohne Zweifel bedeutend. Mit seiner Schöpfung, dem *Spiegel,* hat er den investigativen Journalismus in Deutschland eingeführt, die Aufdeckung als journalistisches Prinzip. Daß die autoritäre Staatsgesinnung der 50er Jahre – zum Beispiel durch den jahrzehntelangen Kampf gegen Strauß – überwunden wurde, ist unter anderem das Verdienst des Hamburger Nachrichtenmagazins. Die Enttarnung des Typus Barschel hat die Republik ebenso verändert wie die Durchleuchtung der faulen Geschäfte einer bestimmten Sorte von Gewerkschaftsfunktionären (Neue Heimat, Coop). Und durch konsequent durchgehaltene Positionen (etwa für die Ostpolitik der sozial-liberalen Koalition) hat der *Spiegel* die Kommunikationskultur dieser Gesellschaft geprägt – indem er nämlich zeigte, daß die General-Anzeiger-Presse nicht alles ist. Der *Spiegel* wurde ein Faktor der Bonner Republik, durchaus vergleichbar der Wirkung des *Rheinischen Merkurs* des jungen Joseph von Görres oder des *Berliner Tageblatts* von Theodor Wolff.

Dazu kommt die persönliche publizistische Leistung Augsteins, sein Lebenskampf wahlweise auf der Schreib- oder Diktiermaschine. Er hat sich hundertmal geirrt, wie jeder. Auch mag man der Auffassung sein, daß die historische Rolle des frühen Jens Daniel – die Kritik der Adenauerschen Logik – gewichtiger war als die des verspäteten Nationalliberalen Rudolf Augstein in den Kommentaren der 80er und 90er Jahre. Ohne Zweifel aber war der Publizist Augstein – mit Paul Wilhelm Wenger, Sebastian Haffner und Paul Sethe – eines der raren außenpolitischen Temperamente des deutschen Journalismus. Er hat, wie er einmal über Wenger schrieb, »geschäumt, gegeifert, gekrallt und gelegentlich prozeßgehändelt wie jeder große Journalist«. Da sieht man mit einer gewissen Melancholie, wie dem Erfinder sein eigener Markenartikel, der immer postmoderner werdende Dampfer *Spiegel,* langsam fremd wird. »Ich will nicht sehen«, sagt der Verleger Augstein erbittert, »wenn die Herzogin von York, Sarah Ferguson, ihre Titten festhalten muß, damit sie ihr nicht wegfotografiert werden.« Das wird ihm nichts helfen. Die coolen Bootsmannsmaate aus seinem Zwischendeck jagen zwar nicht Sarah Ferguson, dafür aber Oskar Lafontaine oder Manfred Stolpe, und zwar mit der gleichen Interesse- und Gesinnungslosigkeit, mit der buntere Blätter auf Tittenjagd gehen. Wer will, mag das tragisch nennen. In Augsteins lakonisch-dürrem Stil könnte man sagen: Gelegentlich ist es beschissen, alt zu werden.

Augsteins Stärke ist ein stereoskopischer Realismus, seine Schwäche die gelegentlich herabsetzende, hämische Perspektive. Der Mann ist sozusagen respekt- und traumlos, erhellend, aber auch utopiezerstörend. Er entlarvt das Gesülze auf der Bühne, aber manchmal hält er auch noch den letzten Monolog des König Lear für leeres Geschwätz. Bei ihm geht es nach dem Motto: Alle Frauen sind gelegentlich geil und untreu. Das mag »realistisch« sein; aber es ist nicht der Boden für die große Emotion, nicht einmal für eine wirklich gute Ehe. Hier liegt der Grund für Augsteins obstinate Weigerung, der europäischen Idee auch nur nachzuspüren.

Wer ihm vorhält, er sei ein altmodischer National-Liberaler, ein Nationalstaatler, ein gelegentlich konventioneller deutscher Patriot, der hätte recht – aber warum wäre das ein Vorwurf? Daß Frankreich zu egoistischem Nationalismus fähig ist, läßt sich kaum bestreiten, daß der Vertrag von Maastricht zahlreiche Fragwürdigkeiten kodifiziert, ist unbestreitbar – und ob eine neue europäische Konstruktion, ob Bundesstaat oder Staatenverbund, gelingt, ist völlig offen. Es ist das gute Recht eines Kommentators, die europäischen Spiegelfechtereien von der Agrarpolitik bis zur »Subsidiarität« aufzuspießen.

Weniger legitim ist schon der sozusagen altdeutsche Widerwille gegen die Franzosen. Die wollen die Deutschen abkassieren, basta; schon 1948 fiel Augstein an de Gaulle vor allem der »Spargelhals« auf. Über die Tatsache, daß Kohl sich vor der Trikolore zweimal verbeugt hat, kommt er gar nicht hinweg; er zitiert sie immer wieder. Das ist zuviel Ernst Moritz Arndt, im Klartext: zuviel deutsch-nationales Ressentiment.

Vor allem aber hat Augstein die Vision Adenauers – die irreversible Verklammerung der tiefen Deutschen mit dem rationalistischen Westen – nie begriffen. Das war und ist ihm Rheinbündlertum. Er wollte in den Fünfzigern den Vorrang der Wiedervereinigung vor der Westbindung und in den Neunzigern den Vorrang der deutschen vor der europäischen Einheit. Und in welcher Terminologie! »Der Kompaniechef, der seinen zum Angriff (!) bereitstehenden Truppen ›abschnallen‹ zuruft, muß mit der Prophezeiung recht behalten« – so kommentierte er 1961 Adenauers Deutschlandpolitik, »er werde den feindlichen Graben nicht nehmen. Der Kanzler hat nicht gerufen, und, o Wunder, die Nation hat seinen Ruf nicht gehört.« Das heißt: Das deutsche Dilemma – dieses Volk ist zu klein, um Europa zu führen und zu groß, um sich in Europa einzuordnen – hat Rudolf Augstein nie geschert. Jetzt wird er, das ist Strafe genug, recht behalten: Die Deutschen werden ihre europäischen Träume begraben, auf den Nationalstaat setzen – und in die Querelen der Zwischenkriegszeit zurückfallen. Das hat Augstein nicht gewollt, aber riskiert.

Man könnte es auch so sagen: Der Oberbeleuchter Augstein benutzt in seinen späten Jahren immer dieselbe Scheinwerfereinstellung – sein Kommando lautet: volle Pulle drauf. Schatten, Grautöne und Geheimnis interessieren ihn nicht mehr. Er will ein Aufklärer ohne Tabus sein; so wird seine Welt grell. Am grellsten, wenn er das Unbeschreibliche behandelt – den Judenmord der Deutschen.

Er sagt dann Sätze, die hilflos machen. Zum Beispiel: »Ich glaube, daß die Vergangenheit vergehen muß.« Oder: »Ich meine, man kann nicht von Leuten verlangen, sich dauernd für etwas verantwortlich machen zu lassen, für das sie gar nichts können.« Oder gar: »Sehen Sie mal, der Kohl wird ja erst neuerdings als Freund Israels angesehen. Vor einem Jahr ist er beschimpft worden, Genscher auch. Und da sagen die in Bonn, dann sollen sie nicht immer kommen und die Hand aufhalten, wenn sie uns beschimpfen wollen. Das muß man wohl für eine ganz normale und natürliche Reaktion halten.« Diese Natürlichkeit ist furchterregend – auch wenn ein paar Zeilen später der erlösende Satz folgt: »Auschwitz war nie vergleichbar, wird es nie sein.« Man kann die Unbefangenheit auch übertreiben.

An seinem 70. Geburtstag erinnert Rudolf Augstein an seinen alten Feind, an Strauß. »Ich will auch Casablanca nicht mehr sehen«, hat er Giovanni di Lorenzo von der *Süddeutschen Zeitung* gesagt. »Das einzige, was ich an diesem Film sehen will, ist, wenn die Deutschen ›Die Wacht am Rhein‹ singen, … und die Franzosen kommen dann mit der Marseillaise …, ich weiß aber genau, in welcher Minute das kommt. Dann schalte ich ein und weine, und dann schalte ich wieder ab.« Da fällt einem ein Vers des österreichischen Lyrikers Theodor Kramer ein, den Hitler zugrunde gerichtet hat. »Ein Glas noch, vom Fluß kommt's schon kalt.«

(1993)

▌ Rita Süssmuth

Man darf nicht zuviel verlangen: Profis können Quereinsteiger nicht lieben. Sie müßten zugestehen, daß man ihren Beruf auch ohne die mühsamen Exerzitien ausüben kann, die der reguläre Weg erzwingt. Deswegen war es normal, daß die katholische Pädagogik-Professorin Rita Süssmuth bei der politischen Klasse auf lauernde Skepsis stieß, als Helmut Kohl und Heiner Geißler sie 1985 in einem Überraschungscoup zur Familienministerin machten. Das Immunsystem wehrt sich gegen Transplantationen. Und die zierliche Dame überzog ihr Konto ja auch bald. Sie war nie provokativ; aber sie konnte nicht aufhören. Mit einer schwer bekämpfbaren, stillen Ernsthaftigkeit war sie ätzend konsequent.

Nun hatte Geißler sie ja für den Reißer *Die Modernisierung der CDU* engagiert. Sie sollte verblüffen, Effekt machen, Biotope des Gegners anziehen. Das mit der »Vereinbarkeit von Beruf und Familie« war in Ordnung, obwohl es dem Frauenbild Alfred Dreggers keineswegs entsprach. Ihre Aids-Politik, die auf Aufklärung statt auf Schleppnetzfahndung setzte, war erwünscht; sie ermöglichte eine Abgrenzung zum Rechtspopulismus Peter Gauweilers. Sogar das ewige Gerede von der sexuellen Selbstbestimmung der Frau war hinnehmbar; schließlich war sogar ein Drittel der Unions-Frauen für eine Fristenlösung bei der Abtreibung. Daß diese Rita Süssmuth aber auch noch öffentlich über die Gleichstellung nichtehelicher Lebensgemeinschaften nachdachte, brachte sie in den typischen Konflikt zwischen Handlungs- und Wertorientierung, in der Sprache der Hinterbank: zwischen Profi und Professor.

Der professionelle Politiker, laut Richard von Weizsäcker ein Spezialist in der Bekämpfung von (zumeist innerparteilichen) Gegnern, fragt zuerst einmal, was sich durchsetzen läßt. Man kann Menschen, so würde der Profi sagen, nicht Jahrzehnte mit allem Pathos auf einen Begriff verpflichten und dann an diesem Begriff herumdifferenzieren. Wer die Ehe mit gschlamperten Verhältnissen gleichsetzt, sprengt das Milieu der Union. Und wer gar erkennen ließe, daß auch homosexuelle Beziehungen zur Ehe hinaufgeadelt werden könnten, triebe Blasphemie. Es gibt Probleme genug; ob Hella von Sinnen Cornelia Scheel heiraten darf, ist kein Problem. Die Weiber sollen froh sein, daß niemand sie behelligt, basta.

»Aber ist das gerecht?« würde Rita Süssmuth sanft fragen. Sie hat ja keine revolutionären Vorschläge gemacht. Sie hat nur das Unsagbare ausgesprochen. Wissen wir so genau, was »normal« ist? Ist Beständigkeit und Treue nur in legalisierten Beziehungen möglich? Man kann sich vorstellen, wie der Prototyp Kohl auf solche Debatten reagiert: Er schüttelt sich. Warum solche Fragen stellen? Sie führen zu nichts. Das ist vielleicht klug, aber es ist nicht gescheit. Daß Rita Süssmuth hartnäckig ihrer eigenen Logik verpflichtet blieb, muß dazu geführt haben, daß der Kanzler eine Thüringer Delegation, die sie als Ministerpräsidentin erwog, barsch beschied, die Dame sei ein »auslaufendes Modell«. Bei diesem Gespräch durfte sie im übrigen nicht anwesend sein; sie wurde aus dem Kanzleramt komplimentiert.

Und wahr ist ja, daß die Zeiten sich – seit 1989 – dramatisch geändert haben. Der CSU-Politiker Glos, der Rita Süssmuth wegen ihrer Kritik am Präsidentschaftskandidaten Heitmann vorwarf, sie wolle immer »auf der Woge des Zeitgeistes schwimmen«, redete blanken Unsinn. Der Zeitgeist des Herbstes 1993 ist national, und Steffen Heitmanns neue Normalität dürfte schon heute mehr hinter sich haben als Rita Süssmuths tapfere Toleranz. Sie wurde als Spezialistin für weiche Themen in die Politik geholt. In einer Gesellschaft mit fünf Millionen Arbeitslosen und wachsendem Rechtsradikalismus sind die weichen Themen der 80er Jahre aber so tot wie die blutenden Katzenkadaver am Rande unserer Autobahnen. So wehen einen die Kosenamen, die die Verehrer Rita Süssmuth gaben, im kalten Wind der Krise eher fremd an. »Tiger-Mutti« hat eine ihrer begeisterten Mitarbeiterinnen sie genannt, na schön. Der gelegentlich bissige Pater Basilius nannte sie mit einem Unterton der Verachtung »Parteijungfrau, ein blühend Reis, das der CDU aufgepfropft sei«. Gefährlicher sind gutgemeinte Charakterisierungen wie »Streetworkerin« oder »Bewährungshelferin« der Nation, gar »Heilige der Schwulenszene«. Um sie zu schützen, möchte man ihr am liebsten den drohenden Umgang mit der Handtasche beibringen, den die Dame Thatcher so perfekt beherrscht haben soll. Aber Rita S. hat nichts Drohendes an sich. Über die Ökolibertären und Feministinnen, die Rita Süssmuth an der Spitze einer gefährlichen Modernisierer- Fraktion (Geißler, Fink, de Maizière!) schon als »personelle Alternative für einen Neuanfang« sahen, mag man nicht einmal mehr Schadenfreude empfinden. Die rasche Begeisterung der Ex-Spontis für eine sozial-republikanische CDU war ja verständlich; sie speiste sich aus dem Widerwillen gegen die Betonköpfe der SPD.

Und was nun? Rita Süssmuth ist nicht nur ein Kommunikationsgenie und ein Medienereignis. Das ist sie auch – eine Verknüpfungskünstlerin, die wertkonservative Grundprinzipien und die Freiheitssehnsüchte der 68er zusammendenken kann. Aber die Frau wäre unterschätzt, wenn man sie nur für eine Königin der Talk-Shows, eine Bewußtseins-Artistin halten würde. Ihr Mut hat auch realpolitisch etwas bewirkt. Sie hat mit ihrer offenen Gesprächsstrategie die erste Welle der Angst, die die Seuche Aids ausgelöst hatte, gebrochen, und sie hat in der Abtreibungsdebatte von 1991 mit ihren Argumenten für die Straf- und Entscheidungsfreiheit der Frau 32 CDU-Abgeordnete hinter den Gruppenantrag von SPD, FDP und Bündnis 90 gebracht. Das war ein Etappensieg in einem viele Jahrzehnte währenden und immer noch nicht beendeten Kampf. Insofern kann man durchaus die berühmte Formel ihres Ahnherren Eugen Gerstenmaier benutzen: Rita Süssmuth hat sich um das Vaterland verdient gemacht. Oder um das Mutterland!

Ein »political animal«, ein Mensch, der mit Macht umzugehen weiß, ist sie trotzdem nicht. Dazu ist sie zu einzelgängerisch, zu offen, gelegentlich auch zu furchtsam und zuwenig kaltblütig. Das sieht man nicht nur an vielen liegengebliebenen Problemen in ihrem alten Ministerium. Auch der dilettantisch mißglückte Putsch gegen Kohl auf dem CDU-Parteitag 1989 mag mehr auf das Konto der Berufspolitiker Geißler und Späth gehen. Aber daß sie sich vom Kanzler aus der operativen Politik auf die hochrangige, aber einflußarme Position der Bundestagspräsidentin schieben ließ, hinterläßt den Nachgeschmack von Schwäche. Kohl besetzte ihr schwer erkämpftes Imperium zuerst mit einer unpolitischen Altersforscherin und zerschlug es später in läppische Mini-Ministerien. So verwehen die Spuren ihrer sanften Frauen-Revolution.

Den neuesten Kampf, den gegen Steffen Heitmann, könnte sie zwar gewinnen; Kohl dürfte Heitmann irgendwann zurückziehen, um Roman Herzog, den Präsidenten des Verfassungsgerichts, zu präsentieren. Aber dieser Kampf zeigt die Lage, in der sich die vom demoskopischen Volk geliebte Politikerin befindet. Sie hat der Nominierung des dürftigen Sachsen zuerst zugestimmt. Als sie ihm in der Fraktion dann vorhält, er verharmlose die Nazi-Vergangenheit, wird sie erbarmungslos ausgelacht und niedergebrüllt. Zwar hält sie mutig dagegen: »Sie können ruhig schreien, ich habe keine Angst vor Ihnen.« Aber sie ist, sagen Beobachter, »in ihrer Aufregung wirr«. Ungerügt, so liest man in den Zeitungen, kann der niedersächsische Abgeordnete Klaus-Jürgen Hedrich in jener Sitzung sagen: »Ich möchte die jüdischen Repräsentanten warnen vor dem Hintergrund des Antisemitismus, den Holocaust gegen uns zu instrumentalisieren.« Ist es da ein Wunder, daß die Präsidentin, die ihre Freunde »lovely Rita« tauften und die heute zur »lonely Rita« wird, »wirr« wurde?

Helmut Kohl, der Profi, hat die Gefahr gewittert. Er weiß, daß er mit seinen Schildknappen, die sich nur an der Farbe ihrer Jacken unterscheiden lassen, die Wahl nicht gewinnen kann. Also gratuliert er Rita Süssmuth inzwischen überschwenglich für gute Reden. Er läßt sogar zu, daß gewispert wird, er wolle sie auch nach der nächsten Bundestagswahl als Präsidentin des Bundestags. Das ist zwar ein ungedeckter Scheck. Aber vor der Wahl hat Rita Süssmuth einen Gebrauchswert für Kohl. Sie bindet christlich-soziale, vielleicht grünlichliberale Wählerminderheiten. Wenn es um Wähler geht, springt der breitlebige Herr aus der Pfalz auch über den eigenen, großen Schatten.

Rita Süssmuth aber muß über die ewige Frage nachdenken, wie weit man sich einlassen muß, wenn man mitreißen will. Sie ist jetzt sehr allein. Die Bündnispartner sind verdrängt. Geißler wird auf seinem Krankenlager immer radikaler, Späth (viel weltläufiger und leichtblütiger) macht den Manager, Albrecht hat sich zurückgezogen. Katholische Intellektuelle, mit denen sie von gleich zu gleich streiten könnte, spielen keine Rolle mehr in der Union. Bleiben ein paar Youngster, die Kohl zu überleben hoffen, und ein paar Frauen, die von Frauensolidarität nicht nur reden. Dünne Luft im Präsidententrakt.

(1993)

▌ Brigitte Seebacher-Brandt

Wenn Brigitte Seebacher-Brandt sich, gelegentlich und wohlüberlegt, in den Streit der politischen Klasse mischt, rauschen die Emotionen auf. Vor allem im eigenen Biotop, in der SPD, die ihr Mann ein Vierteljahrhundert souverän geführt hat, spürt man dann gelegentlich nicht nur Entfremdung, sondern Fremdheit, nicht nur Verwunderung, sondern Wut. Mag sein, daß das an der klirrenden Kompromißlosigkeit liegt, mit der die zierlichelegante Endvierzigerin formuliert; oder an der gelegentlich bitter wirkenden Unnahbarkeit, die selbst der Starmoderator Erich Böhme mit seiner selbstironischen Brillenakrobatik nicht aufbrechen kann. Ein Hillary-Clinton-Typ mit einem Stich ins Defensive, Genervte. Der Widerstand der früheren Freunde entzündet sich wahrscheinlich stärker am Habitus als an der Kulturkritik; eher an der höchst bewußt vorgeführten Bindungslosigkeit als am konkreten Argument.

Es wäre aber ganz falsch, die Schritt für Schritt an Einfluß gewinnende politische Publizistin Seebacher-Brandt beim Stil zu packen, statt beim Wort zu nehmen. Die Coolness, mit der sie den Verein ihres verstorbenen Mannes attackiert, mag sicher einzelne Mitglieder dieses Vereins ärgern; und manche ihrer aktuellen Interventionen sind vordergründig. Herbert Wehners rücksichtslos entschlossener Beitrag zum Rücktritt des Kanzlers Brandt hatte mit dem unbändigen Machtwillen des Obertaktikers zu tun, nicht mit der Erpreßbarkeit des abgefallenen Kommunisten. Der Versuch, Rudolf Scharping in die Kabale um Wehner zu zerren – weil man ihm doch schon vor Monaten »Hinweise auf Wehner und Wienand gegeben habe« –, ist täppisch. Hätte der neue SPD-Vorsitzende aufgrund vager Spekulationen eine Pressekonferenz gegen den toten Wehner geben sollen?

Aber es geht nicht um solche Fehlgriffe, es geht um die Substanz der Seebacherschen Publizistik. Im Pulk der jungen, intellektuell erstklassigen, patriotisch-konservativen Kampfgruppe, die Joachim Fest im Feuilleton der *Frankfurter Allgemeinen Zeitung* zusammengeschweißt hat, spielt der rechtssozialdemokratische Normalisierungs- Nationalismus der Brandt-Witwe eine wichtige Rolle. Und die deutsche Linke sollte nicht verdrängen, daß die geistige Führung des nächsten Jahrzehnts davon abhängt, ob sich in Deutschland die Leitbilder von Verfassungspatriotismus und ziviler Gesellschaft halten oder durch eine erneuerte nationale Kulturidee ersetzt werden. In dieser Auseinandersetzung sollte man Brigitte Seebacher-Brandt, ihre Talk-Show- Prominenz und ihre spitze Feder nicht unterschätzen.

Ihre beiden Biographien über die SPD-Vorsitzenden Erich Ollenhauer und August Bebel sind originell, professionell recherchiert und gut geschrieben. Gelegentlich gelingen ihr – besonders bei Themen jenseits ihrer politischen Obsessionen, zum Beispiel bei der Darstellung der Liebesbeziehung zwischen Martin Heidegger und Hannah Arendt – zauberhaft einfühlsame Texte. Und ihre Artikel in der *FAZ* halten einigermaßen das Niveau des ambitionierten Blattes. Brigitte Seebacher-Brandt ist eine tüchtige Frau.

Was hat sie aus dem *main-stream* der deutschen Sozialdemokratie – einer Partei, der sie mit 19 Jahren beigetreten ist und für die sie ein Jahrzehnt gearbeitet hat – vertrieben? Woher kommt die brüske Kritik an der SPD, der gelegentlich ein Unterton von enttäuschter Liebe, gelegentlich von Verachtung beigemischt ist? Zwei Themen, zwei große politische Motive dürften es sein, an denen sich der innere Bruch vollzog: die Kulturrevolution von 1968 und die deutsche Einheit. Die vermutlich aus der Berliner Studienzeit der späten 60er Jahre stammende Ablehnung der freudianisch gefärbten Emanzipationsideen, die die Bremer Bürgerstochter ängstigten, verband sich 1989 mit nationalen Sentiments. In Oskar Lafontaine, dem Antipoden Willy Brandts in den Wiedervereinigungsjahren, verband sich beides: die provozierende Lebenslust mit dem nationalkritischen Europäertum. So wurde das Revolutionsjahr 1989 für Brigitte Seebacher-Brandt zur historischen Zäsur, zu einer Art Bekehrung. Wobei die innere Wende nichts mit Opportunismus zu tun hatte. Die Ingredienzien der neuen Überzeugung lagerten schon lange in ihrer Seele; sie ordneten sich nur neu und wurden übermächtig.

Brigitte Seebacher-Brandts Ekel vor der seltsamen Mischung von Befreiung und Libertinage, die das Jahr '68 brachte, muß aus tiefen Schichten ihres Bewußtseins kommen, aus Schichten, in die niemand eindringen kann und niemand eindringen sollte. Jedenfalls spricht sie von dieser zwieschlächtigen Entwicklung fürchterlich eindeutig: mit catonischer Strenge, feierlichem Ernst und dem Pathos gravitätischer Kleinbürgerlichkeit. Die »zur Schau getragene Lust am guten Leben« führe zu »Selbstsucht«, es gebe einen »Egoistenkult der Selbstverwirklichung«, das »Herz werde träge«. Das ist schon mehr Hans Carossa als Joachim Fest. Die verletzliche, vermutlich auch oft genug verletzte Intellektuelle, die 1968 das Abitur gerade zwei Jahre hinter sich hatte, übernimmt die Gefühlswelt ihrer Mentoren – und übertrumpft sie. Politisch waren das Männer wie die Bürgermeister Klaus Schütz und Hans Koschnick, intellektuell politisierende Professoren wie Ernst Nolte und Arnulf Baring. Weder Koschnick, ein mit allen Wassern gewaschener kluger Pragmatiker, noch Baring, ein genialischer Zuspitzer, würden so steil formulieren.

Beim nationalen Thema ist Brigitte Seebacher-Brandt radikaler, populistischer, simpler und von wirksamer »Natürlichkeit«. Zackig erklärt sie: »Wer mit dem Selbstbestimmungsrecht der Deutschen nicht zurechtkam, kommt auch nicht mit dem der Kroaten zurecht.« Kann man die deutsche Frage so mit der kroatischen vergleichen und das Recht auf Selbstbestimmung so als Recht auf beliebige Sezessionen oder beliebigen Zusammenschluß werten? Scheinbar kühl weist sie Leute zurecht, die aus der deutschen Geschichte der ersten Hälfte dieses Jahrhunderts etwas Besonderes lernen wollen. Man müsse vielmehr »endlich lernen«, daß der »Zweck der nationalen Einheit« sich »von selbst versteht«. Und provozierend wie eine (kleinere, deutsche) Margaret Thatcher sagt sie: »Ich denke zuerst daran, was ich für mein Land will, und in zweiter Linie daran, was unsere Nachbarn für Sorgen haben. Ich bin auch nicht bereit, mich dafür zu rechtfertigen. Das ist eine Selbstverständlichkeit, die aus der nationalen Zugehörigkeit folgt.«

Es ist die Sehnsucht nach »Normalisierung«, die sie plagt: Die Deutschen sollen endlich wieder werden wie Engländer und Franzosen. *Germany first* – das sei natürlich. Es führt in aller Natürlichkeit in die giftigen Konkurrenzkämpfe, die die europäischen Nationalstaaten zwischen dem Berliner Kongreß von 1878 und 1933 miteinander ausgetragen haben. Das Ende ist bekannt.

Aber auch sonst wandert die Lady mit versonnener Entschlossenheit der Mitte entgegen, der rechten Mitte. Wenn sie – im Ton allerdings sehr erbarmungslos – auf die notwendige Verschlankung des Sozialstaats verweist, trifft sie noch einen richtigen Punkt. Wenn sie bemerkt, »das Tarifvertragssystem« sei längst nicht mehr zeitgemäß, kann man noch fragen, was das im einzelnen bedeute. Wenn sie schließlich aber in erstaunlicher Präzision formuliert: »Der Sozialismus gehört ins Industriezeitalter – und geht mit ihm unter«, dann fragt man sich doch, ob diese These von Ralf Dahrendorf nicht schon besser begründet vorgebracht worden ist. Nein, eine faszinierende oder gar zu neuen Ufern aufbrechende Analytikerin der gesellschaftlichen Entwicklung ist Brigitte Seebacher-Brandt nicht.

In der SPD, nicht in ihrer Führung, wohl aber in den mittleren Rängen, wird diskutiert, ob man so jemanden nicht aus der Partei hinauskomplimentieren sollte. Dazu gibt es keine Chance, auch keinen zureichenden Grund. »Gesinnungsdelikte« dürfen in demokratischen Organisationen nicht geltend gemacht werden. Man könnte die inzwischen in der rechten Mitte höchst prominente Publizistin fragen, ob es nicht fair wäre, ihr altes Parteibuch zurückzugeben. Aber so einfach funktionieren Bekehrungen nicht. So skeptisch Brigitte Seebacher-Brandt der täglichen Politik ihrer Partei gegenüberstehen mag, die seelischen Bindungen an die eigene Vergangenheit und an bestimmte Menschen bestehen fort. Auch ist die Aufmerksamkeit, die die Publizistin für ihre Thesen als Sozialdemokratin erzielt, größer als bei einem Abfall, einer Konversion. Uta Ranke-Heinemann und Eugen Drewermann wären als Dissidenten ohne öffentliche Resonanz. Ihre Wirkung hängt davon ab, daß sie ein Ärgernis sind – in ihrer Kirche. Brigitte Seebacher-Brandt dürfte diese Zusammenhänge durchschauen.

Bleibt der eskalierende Streit um den Nachlaß Willy Brandts. Er selbst hat seine Akten über zwei Jahrzehnte der Friedrich-Ebert-Stiftung gegeben, in das Archiv, in dem die Nachlässe fast aller wichtigen Sozialdemokraten lagern. Er hat aber gleichzeitig seine Frau als Generalerbin eingesetzt. Jetzt will sie alle Bestände in eine öffentlich-rechtliche Stiftung einbringen, in ein Brandt-Haus sozusagen, eine Einrichtung nach dem Vorbild des Adenauer-Hauses in Rhöndorf. Dort sprach Anneliese Poppinga, die langjährige Mitarbeiterin Konrad Adenauers, das entscheidende Wort. Zwei Vertreter des Bundes, zwei Vertreter der Familie Adenauer und ein vom Bundespräsidenten benannter Kurator wirkten mit. Der Einfluß der Witwe auf die Verwendung der Dokumente wäre in einer solchen Konstruktion ungleich größer als bei einer Eingliederung des Nachlasses in das renommierte, aber sehr offene »Archiv der Sozialen Demokratie« der Ebert-Stiftung.

Falsche Vorwürfe an Brigitte Seebacher-Brandt in diesem Zusammenhang wären fatal. Bisher hat sie die politischen Auffassungen ihres Mannes in der Zeit, in der niemand ihm näher war als sie, korrekt beschrieben. Wer sie als weiblichen Rasputin, bösen Geist oder nationalistischen Kobold des großen Vorsitzenden abbilden wollte, ginge fehl. Brandt war bis in die letzten Wochen seines Lebens ein unabhängiger, höchst eigenständiger und für Manipulation unzugänglicher Geist. Seine »nationale Wende« – oder Rückwende – hat er im Laufe des Jahres 1989 höchstselbst vollzogen. Das Ehepaar mag sich gegenseitig beeinflußt und gelegentlich hochgesteigert haben; kein Außenstehender wird das je beurteilen können. Mag sein, daß die Witwe irgendwann auch noch den Brandt der 70er und 80er Jahre als »Wiedervereinigungs-Willy« darstellen wird. Das wäre eine Fälschung. Bisher aber ist das nicht erkennbar.

Die deutsche und internationale Öffentlichkeit muß allerdings daran interessiert sein, daß niemand ein Interpretationsmonopol auf den großen Charismatiker Brandt bekommt. Brigitte Seebacher-Brandt gerät in den Verdacht, die Elisabeth Foerster-Nietzsche der SPD werden zu wollen. Dieser Vergleich ist ungerecht. Nietzsches Schwester und Nachlaßverwalterin war pompös, kleinlich und beschränkt. Willy Brandts Witwe ist klug, beweglich, vielseitig. Allerdings ist sie auf dem Weg ins Freie, in ein eigenes Leben. Wohin immer sie dieses Leben führt, sie kann den Toten dorthin nicht mitnehmen. Er gehört sich selbst.

(1994)

▌ Manfred Wörner

Steckt Wörner dahinter? Das war in Deutschland die (etwas naive) Frage, als die NATO am Montagmorgen zum erstenmal in ihrer Geschichte scharf geschossen hatte. Amerikanische Jets hatten über Bosnien vier Kampfflugzeuge heruntergeholt, von denen vermutet wurde, sie seien serbische. In jedem Fall war es ein Kraftakt. Seit dem November 1992 hatten die Vereinten Nationen ein Flugverbot über Bosnien verhängt; doch seit damals blieben gelegentliche Luftraumverletzungen Routine. Und plötzlich setzen sich die Amerikaner durch, die in Bosnien schon immer härter zuschlagen wollten – wenn auch nur aus großer Höhe. War das nicht ein Werk des Ehrenamerikaners Manfred Wörner, seit 1988 erster deutscher Generalsekretär der NATO?

Diese Geschichte ist zu einfach konstruiert. Kein Zweifel, Manfred Wörner, der über viele Jahre mit Brillanz und Arroganz innere Unsicherheiten überspielt hatte, war sein Leben lang ein Falke, ein Hardliner. Schon in den späten 70er Jahren hätte er gerne NATO-Flottenverbände *out of area* operieren lassen, zum Beispiel »um deutlich zu machen, daß die NATO es nicht hinnimmt, daß irgendeine fremde Macht sich Afrika unterjocht«. Die Nachrüstung war ihm immer eine »gebieterische« militärische und politische Notwendigkeit. Und Entspannungspolitik war ihm – noch 1980 – eine zwar »wünschenswerte Option«, aber nie eine »Politik ohne Alternative«. Von daher kann man sicher sein, daß Wörner die Zerstrittenheit seiner 16 Dienstherren, der NATO-Verteidigungsminister, in der bosnischen Krise gehaßt hat und daß er die erste militärische Aktion seiner »Jungs« als Durchbruch, als Symbol für eine neue Beweglichkeit des Bündnisses begrüßt haben muß.

Auch an der engen Bindung Wörners an die Amerikaner kann nicht gezweifelt werden. Die brauchte er als NATO-Generalsekretär dringend, denn im eigenen Land war er durch die Affäre mit dem geschaßten General Kießling zutiefst geschwächt. Nur durch engsten Kontakt mit der Führungsmacht seines neuen Vereines konnte er Autorität gewinnen. Aber man darf die These von der Amerikahörigkeit nicht übertreiben. Ein NATO-Generalsekretär kann keine eigene Politik machen, er ist immer auf das Wohlwollen der Supermacht USA angewiesen. Und genaue Kenner des NATO-Hauptquartiers in Brüssel bestätigen Wörner, daß er sich als fairer Moderator im Bündnis versucht hat. Sie werfen ihm eher vor, daß er konzeptionelle, neue Ideen unterdrückte, wenn sie konfliktträchtig waren. »Wörner schwimmt mit dem Strom, nicht gegen ihn«, sagt ein pensionierter General, der ihn gut kennen muß. Aber pensionierte Generäle sind gelegentlich tapferer als aktive.

Nein, Manfred Wörner, der heute schwerkranke und im Kampf mit seiner Krankheit milder gewordene Mann mit der schneidigen Vergangenheit, hat die vier Flugzeuge nicht persönlich vom Himmel geholt. Diesen Eindruck suggerieren Boulevard- Zeitungen, die in allen Einzelheiten darstellen, welche Kraft der an Darmkrebs Erkrankte nach seiner dritten Operation brauchte, um die entscheidenden Verhandlungen der NATO leiten zu können. *Bild* zitiert ihn mit den Sätzen »Mein Schicksal liegt in Gottes Hand. Der Tod hat viel von seinem Schrecken verloren« und »Statistisch gesehen müßte ich längst tot sein. Aber ich gebe nicht auf.« Der Grund für die neue Handlungsfähigkeit der NATO liegt trotzdem nicht im Charisma eines Todkranken, der seinen Körper noch einmal besiegt, sondern in der neuen Konstellation im Militärrat des Bündnisses. Nach dem Massaker von Sarajevo gaben die Engländer und Franzosen – die Bodentruppen in Bosnien haben – ihren Widerstand gegen Bombardements auf. Die Rückkehr der Russen auf die Weltbühne, und zwar in der Rolle der Serben-Beschützer, verlangte einen westlichen Gegenzug. Es durfte nicht so aussehen, als ob Jelzin alle Fäden in der Hand hielte. Also signalisierte die NATO, daß mit ihr nicht zu spaßen sei.

Aber auch derjenige, der vor einer Dämonisierung der Rolle Wörners bei den letzten NATO-Beschlüssen warnt, muß einräumen, daß Manfred Wörner, der früher eher als draufgängerischer Starfighter-Pilot, outrierter Heldendarsteller und »Minna fürs Grobe« galt, eine beachtliche Entwicklung durchgemacht hat. Niemand darf sich täuschen: Die NATO hat sich unter der Moderation Wörners höchst trickreich von den Begrenzungen befreit, denen sie als Verteidigungsbündnis viele Jahrzehnte unterworfen war. Der elegante Kunstgriff, mit dem das erreicht wurde, war die Überlassung der NATO-Infrastruktur an die Vereinten Nationen und an die Westeuropäische Union.

Zwar tut man immer noch so, als ob die NATO nichts wollte als »Konfliktlösungsstrategien« zu unterstützen. Man sei eben auf »Schutz« aus, zum Beispiel auf Schutz für die humanitäre Hilfe von UN-Friedenstruppen. Aber auch die »Gewährleistung und Versagung des Rechts auf Bewegungsfreiheit« gehört inzwischen zu solchen »Konfliktlösungsstrategien«, zum Beispiel also das Flugverbot, das jetzt zum Abschuß der vier Flugzeuge geführt hat. In Wirklichkeit kann die NATO – wenn sie einig ist – inzwischen so ziemlich alles, jedenfalls sehr viel. Wer hätte sich noch vor zwei oder drei Jahren träumen lassen, daß NATO-Jets die Flugzeuge von Schützlingen der Russen vom Himmel holen könnten, ohne daß darauf brutale Reaktionen folgen?

Diese Entwicklung ist nicht allein das Verdienst Manfred Wörners, aber er hat an ihr entscheidend mitgewirkt. Aus dem immer schon intelligenten, aber allzu forschen, allzu schnell aggressiven und oft genug unüberlegt-eitlen Haudrauf ist ein gelegentlich sogar souveräner Diplomat geworden, der nicht nur seine perfekten Englisch- und Französischkenntnisse einzusetzen weiß, sondern dann und wann auch Nachdenklichkeit und Kompromißfähigkeit signalisieren kann.

Nach dem, was in die Geschichte der Bundeswehr als »Affäre Kießling« einging, ist diese Karriere erstaunlich. Die Affäre hatte Ende Dezember 1983 begonnen, als Wörner den ranghöchsten deutschen Offizier in der westlichen Allianz wegen angeblicher Homosexualität in aller Heimlichkeit schaßte. Begründung: Kießling sei erpreßbar und deswegen zum Sicherheitsrisiko geworden. Am Tag vor Weihnachten zwang der Minister seinen General, in Zivil auf der Hardthöhe zu erscheinen und ließ ihm von seinem Staatssekretär die Entlassungsurkunde überreichen. Wörners Informationen stammten vom Militärischen Abschirmdienst. Gelegentlich ist auch behauptet worden, daß das Ministerium für Staatssicherheit in Ostberlin die Affäre eingefädelt habe, um den Hardliner Wörner zu stürzen. Bewiesen ist das nicht. Klar ist nur, daß der Minister dem MAD mehr glaubte als dem Ehrenwort von Kießling und daß er auch in einer Situation, in der man wissen konnte, daß die Vorwürfe nicht haltbar waren, viel zu lange an den Beschuldigungen festhielt.

Wörner scheute auch nicht davor zurück, einen zwielichtigen Schweizer Homosexuellen namens Alexander Ziegler persönlich zu empfangen. Der Mann hatte sich als Zeuge gegen Kießling angedient. Dazu ist ein emotionaler Satz des Generals Kießling überliefert: »So dumm konnte er nicht sein – und so gemein auch nicht. Also muß er unter irgendeinem Druck gehandelt haben.« Aber nicht nur Kießling, der Betroffene, reagierte scharf; selbst Franz Josef Strauß hat die Handlungsweise Wörners in seinen *Erinnerungen* rundheraus verurteilt. »Ein Verteidigungsminister«, schrieb Strauß, »der sämtliche Ehrengebote verletzt, das Offizierskorps beleidigt, Generale demütigt, sich dazu noch widerlichster Kronzeugen bedient, wäre in jedem anderen demokratischen Lande keinen Tag länger im Amt geblieben.« Viel brutaler kann man so etwas nicht ausdrücken.

Wie Wörner die Kraft fand, aus dem Morast der Kießling-Affäre herauszufinden, bleibt sein Geheimnis. Eine wichtige Rolle bei diesem Prozeß spielte ohne Zweifel Helmut Kohl. Er hielt seinen Schützling mit eiserner

Hand und ignorierte dickfällig den Sturm der öffentlichen Meinung, der über seine Regierung hinwegbrauste. Das ist übrigens einer der Gründe, warum Kohl in seiner Partei so unbesiegbar ist. Er weiß, wie man straft, aber er weiß auch, wie man belohnt.

Jetzt, am Ende seiner Karriere, und vielleicht auch kurz vor dem Ende seines Lebens, hat der 60jährige Wörner das Parvenuhafte seiner Jugend verloren. Die Bewegungen sind knapper geworden. Er setzt seine Stimme nicht mehr ein, um sie tönen zu lassen, er versucht einfach etwas zu sagen. Er ist geworden, was er immer werden wollte, ein international beachteter Politiker, im Rang eines Premierministers. Aber gelegentlich, wenn er über einen seiner Interviewer hinwegschaut, kann man seinen Augen ansehen, daß ihm das nun auch nicht mehr hilft. Ein Berufspolitiker macht die letzten Schritte auf einem langen Weg. Man wünscht ihm unwillkürlich, daß sie ihm nicht allzu schwerfallen mögen.

(1994)

▌ Heinrich von Pierer

Da hätten sie eine Chance gehabt, die Leute von der bayerischen CSU. Noch heute gerät der Chef von 400 000 Mitarbeitern in 130 Ländern der Erde, tätig auf 300 Geschäftsfeldern, in Rage, wenn er auf einen Zettel malt, wie ihm 1976 die Land-Delegierten um Erlangen herum das Bundestagsmandat verweigerten. 18 Jahre lang war Heinrich von Pierer, heute 53 Jahre alt, Stadtrat der CSU in seiner Heimatstadt. Er war bereit, ganz direkt politische Verantwortung zu übernehmen. Aber sie haben ihn abgeschmettert, zu seinem Glück. Denn Vorstandsvorsitzender bei Siemens zu sein ist auch kein schlechter Job – man wird nicht nur besser bezahlt, man sieht auch mehr, sitzt sozusagen auf einem Feldherrenhügel.

Wobei man sich fragt, ob der schlanke, unauffällig sachliche und von keinem Geheimnis umwitterte Spitzenmanager in der Politik mehr geworden wäre als, sagen wir, Entwicklungshilfeminister und Schatzmeister der CSU. Natürlich zeigt seine Lebensleistung, daß er ein besserer Finanzminister sein könnte als der integre Schwabe, der sich derzeit unter dem Mammutressort windet. Er wäre frei von jenen Prisen von Habgier und Polemik, die einen Teil der CSU-Prominenz gelegentlich schwer erträglich macht. Aber Charisma, Wucht, Tragik oder unwiderstehliche Brillanz strahlt Heinrich von Pierer nicht aus. Hätte er die Qualitäten, die ihn heute befähigen, einen Weltkonzern zu steuern, in einem Bürgerbüro neben dem Erlanger Bahnhof entwickelt? Beim Streit um Abtreibungsgesetze, Blauhelme, Investitionszulagen und die Trassenführung des ICE?

Man kann es nicht wissen. Denn Heinrich von Pierer ist heute, vier Jahre nach seinem Aufrücken in den Zentralvorstand des Unternehmens und eineinhalb Jahre nach der Übernahme des Vorstandsvorsitzes, noch stärker ein Produkt von Siemens als Siemens ein Produkt von ihm. Seit 1969 arbeitet der Jurist und Volkswirt bei dem Riesen, den böse Zungen eine Bank mit angeschlossenem Elektroladen nannten. Die internationale Perspektive, die Pierer zur Verfügung steht, die achselzuckende Sachlichkeit, die aus großer Liquidität folgt, die unideologische Beweglichkeit, die man lernt, wenn man Kleinkriegen ausweichen kann – das alles ist Siemens-Kultur. Und da es leichter ist, ein Siemens-Patriot zu sein als ein deutscher oder englischer oder gar slowenischer Patriot, läßt sich über den einst möglichen Politiker Heinrich von Pierer nicht spekulieren. Er ist einer der einflußreichsten deutschen Manager – basta. In Deutschland gehen Manager nicht in die Politik und Politiker nicht ins Management; sie leben, leider, auf verschiedenen Sternen. Vielleicht führt das einmal zum Niedergang der erfolgreichsten Industrienation Europas.

Natürlich würde Pierer den Begriff vom Siemens-Patriotismus ablehnen; er ist lieber erfolgreich als originell. Mit seinem Vorgänger Kaske konnte man streiten, wenn es einem gelang, ihn aus der Reserve zu locken. Pierer entspannt Kontroversen durch intelligente Konventionalität, vermutlich nicht aus Raffinesse, sondern aus einem glücklichen Naturell. »Ich mag das Wort Macht nicht«, antwortete er einem Frager trocken. »Das Unternehmen wird von einem Kollegialteam geleitet. Dort setzt sich der durch, der die besseren Argumente hat. Macht spielt keine Rolle.« Also niemals Machtkämpfe in der Industrie, nicht zwischen Wilfried Guth und Edzard Reuter bei Daimler, nicht zwischen Piëch und Goeudevert bei VW? »Nicht bei Siemens«, würde der Enkel eines k. u. k. Generalmajors antworten – und das Thema wechseln.

Nur: Unbeweglichkeit, Handlungsarmut, systemische Zwänge kann der Unternehmer Pierer schwer ertragen. Niklas Luhmann, einem der bedeutendsten deutschen Soziologen, fährt er auf einem Podium im Ruhrgebiet fast aggressiv in die Parade: Als der von Universitätsreformen berichtet, die auf die Leute zwar herunterregneten und »kleine Wunden« erzeugten, aber dann doch schnell und ergebnislos »vernarbten«, wird der höfliche Herr im tadellosen Konfektionsanzug heftig wie ein zorniger Student bei der Debatte um Regelstudienzeiten. Die Logik von bürokratischen (und politischen) Mobiles, die immer wieder in eine Normalstellung zurückschwingen, ist ihm unverständlich, geradezu widerlich. In solchen Momenten kann man spüren, daß der Kapitalismus das letzte Abenteuer der verwalteten Welt ist.

Kein Zweifel, Pierer war bisher erfolgreich. Zwar erwirtschaftet der Konzern immer noch eine unbefriedigende Netto-Rendite; drei große Verlustbringer vor allem, die amerikanische Erwerbung Rolm, das Engagement bei Nixdorf und die Mikroelektronik, kosten gutes Geld. Aber der neue Mann, der kühl auf die Kosten seines Unternehmens sieht und schmerzhafte Entscheidungen (sprich: Entlassungen) nicht scheut, hat sich als Stratege erwiesen. Pierer ist kein Totsparer. Stärker als jeder andere deutsche Industrielle hat er auf Asien gesetzt und in diesen wachsenden Märkten das erreicht, was die Wirtschaftsteile der Zeitungen eine »Volumenausweitung« nennen. Er hat sein Unternehmen als letzte europäische Bastion in der Mikroelektronik gehalten; Siemens engagiert sich zwar nicht mehr in der Massenproduktion von Speicherchips, erhält sich aber in der Kooperation mit Amerikanern (IBM) und Japanern (Toshiba) das Know-how und die Chance, bei anwendungsspezifischen Schaltungen (ASICS) stark zu bleiben oder stärker zu werden. Die noch vor wenigen Jahren katastrophalen Verluste auf diesem Geschäftsfeld sind nicht verschwunden, aber im Griff. Und die Art, wie der sich locker und fast harmlos gebende Mann gegen die Mitbewerber Westinghouse und ABB bei der Übernahme des Lokomotiv- und Kraftwerkbauers Skoda Skoda in Pilsen die Oberhand behielt, verschaffte ihm internationales Prestige.

Am beeindruckendsten scheint seine Fähigkeit zum Entschärfen zu sein, zum fachmännischen Entfernen von Zündern: Pierer ist der Sprengmeister der Industriepolitik in Deutschland. Er bemerkt, ohne die Stimme zu heben, daß der Wettbewerb der Firmen sich heute zu einem Wettbewerb der Nationen gewandelt habe, beim Kraftwerksbau, bei Telefonnetzen, bei großen Verkehrsprojekten. »Wir brauchen deshalb auch in Deutschland eine neue Form der Zusammenarbeit von Staat und Wirtschaft.« Wenn Edzard Reuter oder Bahnchef Heinz Dürr so etwas sagen, pflegt Graf Lambsdorff auszurasten. Pierer aber beherrscht die Kunstform des »low profile«.

Am deutlichsten kann man das in der Energiepolitik beobachten. Pierer, der lange Chef der Kraftwerk- Union (KWU) war, ist erklärter Befürworter der zivilen Nutzung der Atomenergie. Natürlich hält er die Politik Joschka Fischers zur Hanauer Wiederaufarbeitungsfabrik für »zynisch«. Drohgebärden aber, wie sie noch Pierers Vorvorgänger Plettner zeigte, sind ihm fremd. Er arbeitet mit Fragen, nicht mit Attacken: Wäre es nicht sicherer, das Geld, das ein »Ausstieg« aus nicht abgeschriebenen Kernkraftwerken in Deutschland kosten würde, zur Abschaltung und

Sanierung maroder russischer Kraftwerke zu nutzen? Habe man bei den deutschen Kernkraftgegnern bedacht, was es ökologisch bedeute, wenn die Chinesen demnächst jährlich eine Milliarde Tonnen Kohle verbrennen würden? Und überschätze man das Potential der Solarenergie für Europa nicht ein wenig, jedenfalls für die nächsten Jahrzehnte? Nein, Siemens engagiere sich für die Sonnenenergie – mit 250 Millionen Mark, kein Pappenstiel. Aber derzeit würden weltweit 60 Megawatt Solarenergie vorgehalten, manch mittleres Kohlekraftwerk bringt mehr. Pierer predigt nicht, er reagiert: Die Auftragseinbrüche im Kernkraftgeschäft wurden durch rechtzeitige Rationalisierung und einen Wechsel auf fossile Kraftwerktechniken abgefangen. Er nutzt den Erkenntnisgewinn des Feldherrenhügels: Multinationale Zahlen erscheinen ihm allemal plausibler als deutsche Postulate. Ein Internationalist, doch anders als Rosa Luxemburg. Alles sieht man auch vom Feldherrenhügel nicht. Gegen »Leute in Turnschuhen, die Garagenfirmen gründen«, hat er nichts. Als Konzernchef findet er aber doch, daß ein wenig zuviel Lärm um sie gemacht werde. Da hat auch er nicht alle Zahlen parat. In den USA werden im Jahr zweieinhalb Milliarden Dollar für technologieorientierte Firmengründungen mobilisiert, in Deutschland 50 Millionen. Bei den Amerikanern entstanden in wenigen Jahren 250 neue biotechnische Firmen, bei uns eine Handvoll. Droht da nicht doch eine Gefahr, trotz der 145jährigen Erfolgsstory des Hauses Siemens?

Aber Heinrich von Pierer ist eben nicht Minister, sondern Mister Siemens geworden. Kein Magnat wie Stinnes oder Flick – ein Demokrat. Kein prophetischer Vordenker wie Rathenau – ein Mitdenker. Kein genialischer Gründer wie Bill Gates – ein Erhalter, vielleicht ein Mehrer. In normalen Zeiten hätte man gesagt: Deutschland, geplagt von seiner Geschichte und seinem meist rechts politisierenden Kapitalismus, könnte sich nichts Besseres wünschen als solche lockeren Bosse. Jetzt muß man nur noch auf die Rückkehr normaler Zeiten hoffen.

(1994)

▌ Wolfgang Schäuble

Vor mehr als zwei Jahrzehnten, 1972, als Wolfgang Schäuble, ein schmaler, intelligenter, zäher, wendiger 30jähriger, zum ersten Mal in den Bundestag gewählt wurde, konnte man ihn für das halten, was im Jargon mittelmäßiger Intelligenzblätter »Politmanager« heißt. Er eroberte die »Sportpolitik«, nicht gerade ein Zentralgebiet des Politischen. Er verhandelte das Hochschulrahmengesetz, listenreich, gelegentlich abgefeimt, vor allem aber mit erstaunlicher Geduld. An Härte, advokatischer Schläue und durchtrainierter Fingerhakelei war er seinem nachdenklich- fairen Vormann Toni Pfeiffer, dem bildungspolitischen Sprecher der damaligen Union, deutlich überlegen; ein paar Jahre später hat er ihn ja auch weit überholt. Zwar konnte man ihn in den späten Siebzigern und den frühen Achtzigern als alerten Geschäftsführer der Fraktion und als lautlos effizienten, kompromißfähigen Chef des Kanzleramtes für einen der vielen Adepten Kohls halten, für eine der Figuren aus der Reihe Jenninger, Seiters, Bohl, Rüttgers, jener farblos Tüchtigen, die man nur am Muster des Jacketts voneinander unterscheiden kann. Aber wahrscheinlich täuschte das.

Wolfgang Schäuble dürfte schon damals hierarchischer, konservativer, düsterer, kurz »größer« gefühlt und gedacht haben, als er in der durch die Kulturrevolution von '68 gelockerten Wachstumsperiode dieser beiden Jahrzehnte merken ließ. Er verbarg, so steht zu vermuten, sein protestantisches Sündenbewußtsein, seine finstere Entscheidungsfähigkeit und sein demagogisches Talent hinter dem biedernüchternen Weltbild des badischen Kleinstädters. Damit belog er seine Umwelt nicht einmal; denn ein klardenkender, realistischer, kaltschnäuziger, eben »nüchterner« Anwalt (mit Praktikum bei der Bezirkssparkasse Hornberg) war er halt auch. Daß die »stählerne Härte«, die Affenliebe fürs »Symbolische« und die nationalkonservative Gesinnung aber erst in der Gaststätte »Bruder« in Oppenau, dem Ort des Attentats, über ihn gekommen sei, dürfte eine Verharmlosung dieses starken Charakters sein.

Wobei die endlosen, einfühlsamen, aber oft genug hinterfotzigen Erörterungen über das Attentat und seine Wirkungen auf die Psyche Wolfgang Schäubles zwar »verständlich«, vielleicht unvermeidbar, in vielen Fällen aber degoutant sind. Das Munzinger- Archiv merkt sachlich zutreffend an, die körperliche Behinderung habe (angeblich ohne sein Zutun) zu Schäubles Durchschlagskraft beigetragen. *So what?* Der Mann hat sich sein Schicksal nicht aussuchen können und macht jetzt, mit einer respekterheischenden Willensleistung, das Beste daraus. Der Ernst, den überstandene Todesgefahr und lebenslanger Schmerz ausstrahlen, erzeugt Charisma. Schäuble benutzt die Aura, die ihm da zugewachsen ist, wie er die Demütigungen erträgt, die der Rollstuhl erzwingt. Das ist legitim. Man sollte ihm Mitleid und scheinheilige Rücksichtnahme ersparen. Für die Linke ist Schäuble der gefährlichste, weil kälteste Gegner.

Was Schäuble betreibt, ist die Nationalisierung der CDU. Mit einem düsteren, aufgeladenen Politikbegriff beschwört er Gefahren, grenzt Feinde aus. Das bietet die Chance, den Staat als »Schutz und Schicksals«-Gemeinschaft aufzubauen. Nicht als Organisationsform einer offenen Gesellschaft, der man beitreten kann, wenn man bestimmte Grundprinzipien akzeptiert, sondern als Volksgemeinschaft. Wohin das führen wird, hat Schäubles Parteifreund Warnfried Dettling unbarmherzig klar formuliert: »Die CDU geht kleiner und rechter, sie geht einheitlich und geschlossen in ihren Untergang als Volkspartei.« Einer der Treiber sei Schäuble. Dettlings Analyse ist richtig und unfair zugleich, weil sie Schäuble kritisiert, Kohl aber schont. Es ist ja unbestreitbar, daß der pfälzische Europäer Kohl am Ende seiner Karriere zu seinen Nachkriegs-Überzeugungen steht und also der letzte Felsblock ist, der dem Vormarsch des nationalkonservativen Flügels in der Union noch im Wege liegt.

Wer allerdings den Nachtgedanken des unbeugsamen Rechtsanwalts Schäuble gerecht werden will, muß sich klarmachen, daß Kohls *Muddle-Through*-Pragmatismus die Union von 48 auf weniger als 40 Prozent geführt hat, mit langfristig eher fallender Tendenz. Kohl hat die Zerstörung des sozialrepublikanisch-christlichsozialen Flügels seiner Partei wo nicht betrieben, so doch zugelassen. Er hat den Dreispänner CDU (aus wirtschaftsliberalen, christlichsozialen und nationalkonservativen Kräften) zu einem Zweispänner gemacht. Er hat also einerseits die Mitte freigegeben und andererseits die seit dem Tod von Strauß unbehauste Rechte nicht genug bedient. Jetzt attackieren die Populisten die Union von rechts. Wenn Schäuble wieder auf mehr als 40 Prozent kommen will, so sagt er sich, muß er national zulegen. Also greift er zum Gefühlskitt des Nationalen. Nicht weil er ein Nationalist wäre, sondern weil er »in charge« ist, der verantwortliche, beamtete Stratege.

Schäubles Verhalten ist trotzdem unentschuldbar: Er zündelt. Man kann ihm glauben, daß er nicht bedenkenloser ist als die meisten. »Die meisten Menschen«, so hat er dem *Spiegel* gesagt, »wollen nicht unanständiger sein, als unvermeidlich ist, aber manches ist ja unvermeidlich, seien wir doch ehrlich.« In Deutschland die Delegitimierung des Nationalismus rückgängig zu machen ist eine politische Untat. Wolfgang Schäuble wird enden wie die Zauberlehrlinge Meciar aus der Slowakei oder Landsbergis Landsbergis aus Litauen; er wird die Geister, die er ruft, nicht mehr loswerden. Wer 1942 geboren ist, könnte das (noch) wissen. Das Ziel, die CDU an der Macht zu halten, rechtfertigt manches, aber nicht die Aufstachelung nationaler, völkisch angehauchter, ethnopathetischer Instinkte.

Seine Verteidiger werden das »Aufstacheln« bestreiten, denn in der Tat ist Schäuble kein Schmied von Kochel, kein Gäuboden-Demosthenes wie Strauß, ihm unterlaufen nicht einmal decouvrierende Gelegenheitsradikalismen wie Edmund Stoiber, der vor Jahren von »Durchmischung und Durchrassung« der deutschen Gesellschaft sprach. Schäubles Sätze sind für sich genommen zwar oft pathetisch und fragwürdig dunkel, aber nie ganz und gar unvertretbar. Schäuble erzeugt seine Effekte durch Tonfall, Kadenz und Kontext. Zum Meister des nationalen Geraunes macht ihn die Atmosphäre, die er zu erzeugen versteht, nicht ein einzelner Hieb oder gar ein trennscharfes Argument. So ist er schwerer faßbar als seine naiveren, aufschäumenden, um sich schlagenden Kombattanten. Der kontrollierte Anwalt aus Gengenbach ist ein leiser Demagoge.

Am deutlichsten wurde das bei einer seiner wirkungsvollsten Reden während der Berlin-Debatte des Bundestages. Er sprach leise, konzentriert, mit nüchternem Pathos und sittlichem Ernst. Natürlich wußte er, daß man es nicht als Zeichen für Nationalismus werten kann, wenn einer den Regierungssitz nach Berlin verlegen will. So war er ganz ohne Skrupel. Gustaf Gründgens hätte die Szene nicht perfekter arrangieren können. Der ernste, schmale, verletzliche Mann setzte ruhig Allgemeinplatz an Allgemeinplatz. Am Schluß tat ihm der alte Fuhrmann Brandt, teils mitgerissen, teils gerissen, noch den Gefallen einer zeremoniellen Gratulation. Dieses Intermezzo kippte die Mehrheit. Ein Glanzstück nationaler Rhetorik, »feierlich und gemessen, ohne zu schleppen«, wie der dritte Satz von Mahlers Symphonie »Der Titan«.

Schlimmer die Asyl-Reden. Da schlug er zu: *Spiegel*-Autor Jürgen Leinemann sprach von einem »bösen Kunstwerk demagogischer Aufheizung«. »Warum sollen wir eigentlich von unseren Mitbürgern verlangen, daß sie ertragen sollen ...«, fragte Schäuble und attackierte nur die »erheblichen finanziellen Belastungen für die Steuerzahler«, die die Asylbewerber verursachten. Er traf aber die Menschen – und setzte Maßstäbe.

Am schlimmsten war Schäubles Rede auf dem Berliner CDU-Parteitag. Da zog er alle Register des Nationalkonservativismus. »Nur gemeinsame Werte und auch die nationale Zusammengehörigkeit können unserem Staat Stabilität verleihen.« – »Für mich ist die zentrale Frage, ob unser Staat von uns allen noch als eine Schutz- und Schicksalsgemeinschaft verstanden wird.« – »Dienen ist nichts Altmodisches, sondern etwas Notwendiges, wenn wir die Zukunft bewältigen wollen.« Der kluge, harte, professionelle Mann läßt sich nicht zu leichtsinnigen Sprüchen verleiten. Er macht klar, wohin der Weg geht; er läßt durchblitzen, wen er schützen wird. Aber er vollbringt keine törichten Heldentaten. Wolfgang Schäuble wird die Politik Adenauers und Kohls immer loben, aber ohne jeden Skrupel verlassen. Die nationalkonservative Strömung der Union, die täglich stärker wird, aber seit dem Tod von Franz Josef Strauß und der Pensionierung Alfred Dreggers ohne Führer ist, hat ihren Paten gefunden.

(1994)

▌ Roman Herzog

Einen Bruch markierte die zehnte Präsidentenwahl, die erste im wiedervereinigten Deutschland. Nicht weil sie Roman Herzog hervorgebracht hat, den robusten, bäuerischen Landshuter, noch einmal einen Repräsentanten der zivilen Gesellschaft der Bonner Republik – insofern scheint alles wie immer. Aber diesmal war der Vorlauf ein Skandal: zuerst der tastende Versuch der Union, es mit einem Normalisierungsnationalisten wie Steffen Heitmann zu versuchen, dann die kalte Gleichgültigkeit, mit der man die fast überwältigende Volksstimmung für Johannes Rau wegschob – legal, aber nicht legitim. Der Höhepunkt war der freche Satz des FDP-Vorsitzenden Klaus Kinkel, *seine* Partei entscheide, wer Bundespräsident werde, sonst niemand. Der glanzlose schwäbische Exekutor hatte die Wahrheit gesagt, sie aber in all seiner Unsicherheit allzu provokant herausgebracht. Daß eine Partei, die nicht einmal sicher sein kann, daß sie wieder in den Bundestag gelangt, bestimmt, wer in Deutschland Präsident wird, hat der Volkswahl des Präsidenten viele neue Unterstützer gebracht. Der Tag wird kommen, an dem der Präsident – zum Beispiel nach österreichischem Vorbild – in seinen Kompetenzen aufgewertet und von allen Deutschen – und nicht von einer schwer durchschaubaren »Bundesversammlung« – gewählt wird.

Aber noch ist das nicht so. Roman Herzog muß das Amt nehmen, wie es seit 1949 ist, als Staatsnotariat und Predigtkanzel, aber ohne – oder fast ohne – politische Interventionsmöglichkeiten. In der derzeitigen Lage ist das kein Zuckerschlecken, das weiß der Mann. Herzog ist nicht übertrieben sensibel, aber wach, gebildet und illusionslos. Er kennt die katastrophale Arbeitslosigkeit, die Verkarstung wichtiger Wirtschaftsbranchen, die innere Unsicherheit mancher Institutionen, und er hat sogar offen gesagt – gegenüber dem *Spiegel* –, »daß die Gesellschaft insgesamt nach rechts gerückt ist«. Der wuchtige, instinktiv konservative Professor Herzog bekommt jetzt statt Pension Schwerarbeit zugewiesen. Die Amtsperiode, die vor ihm liegt, ist so kitzlig wie die erste des Theodor Heuss und die zweite des Richard von Weizsäcker. Herzog wird keine Zeit mehr haben, beeindruckende Bücher über die »Frühzeit des Staates« zu schreiben. Er wird eine neue, raffinierte Rechte abwehren müssen, die von der Vereinigungskrise und dem Schwächeanfall der Europäischen Union plötzlich aus der Nische ins Freie katapultiert wird. Wird er das packen? Wird er es überhaupt wollen?

Dafür gibt es – trotz seiner miserablen Antrittsrede am Ende der Bundesversammlung – begründbare Hoffnungen. Er wird wie Kohl ein regionalistisch geprägter Föderalist, kein nationaler Mann. Er hat das in den Vorstellungsinterviews auch mit wünschenswerter Deutlichkeit gesagt: »Ich glaube nicht, daß Nationalgefühl noch eine bewegende Kraft für unser Volk sein kann.« Das unterscheidet Herzog von Wolfgang Schäuble. Auch sei sein Bewußtsein für Nationalstolz »und für derartige Dinge« unterentwickelt. Noch klarer: Das Wort Nationalstaat sei »ein antiquiertes Wort«. Wer so in die sich wandelnde CDU/CSU hineinformuliert – ohne die er doch nie und nimmer gewählt werden konnte –, ist stur. Das ist nicht genug, aber immerhin etwas. Deswegen hat ihn der blondeste Präsident aus deutschen Landen, Edmund Stoiber aus der Lion-Feuchtwanger-Stadt München, auch schon maliziös »unberechenbar liberal« genannt. Der gelegentlich grobe und da und dort sogar ein wenig zynische Niederbayer wird es ertragen. Ein Weizsäcker, ein eleganter, kühler, präziser Formulierungskünstler also, wird Herzog nicht werden, dazu ist er zu leichtfertig- selbstbewußt, zu direkt, zu wurstig. Roman Herzog fehlt die Begabung zur Feierlichkeit, das ist für das neue Amt ein Problem, berechtigt aber auch zu gewissen Hoffnungen.

Was haben sich die Leute das Maul zerrissen, weil er sich »ein Geißeltierchen« nannte, das im Wasser liege und auf das warte, was dahergeschwommen komme! Wie irritiert waren feinere Geister, als er – damals als baden-württembergischer Kultusminister – heimlich das Zentralabitur in Latein ablegte – und glänzend bestand! Und wie pikiert reagierte ein rechtsphilosophischer Kongreß seiner Partei auf Herzogs robuste Formulierungen zur Genmanipulation: »Man könnte ja sagen«, hub er an, »daß Artikel 1 des Grundgesetzes nur die Würde des Menschen schützt, nicht aber auch die Würde von Rind, Schwein und Ziege und schon gar nicht die Würde von Getreide und Kopfsalat.« Den Rechtspolitikern soll das allzu unbefangen gewesen sein.

Bei der Wachablösung von Weizsäcker zu Herzog wird es also einen krassen Stilwechsel, aber hoffentlich keinen politischen Bruch geben. Herzog ist zwar grobkörniger als sein Vorgänger, ungeschlachter, ein paar Grade konservativer. An der entscheidenden Front aber, bei der Ablehnung des Geschichtsrevisionismus, vertrat er bisher die richtigen Auffassungen, obwohl er ein Schüler des den Nazis dienstbaren Theodor Maunz war.

Vielleicht wird er, anders als Weizsäcker, das Jahr 1945 nicht als Jahr der Befreiung bezeichnen. Aber er räumt ein, daß die militärische Niederlage des Deutschen Reiches die einzige Aussicht war, um ein freies Deutschland und ein freies Europa zu bekommen. Auch hat er knapp und bündig gesagt: »Wir müssen auf die Empfindlichkeiten, die wir in unserer eigenen Geschichte geschaffen haben, noch lange Rücksicht nehmen.« Das wird der Grund sein, warum Steffen Heitmann Herzog säuerlich als »austauschbar« bezeichnete. Der Lordsiegelbewahrer der (demokratischen, aber harten) deutschen Rechten, Friedrich Karl Fromme von der *FAZ,* hat jedenfalls über Herzog gesagt: »Ein Konservativer ist er nicht.« Das ist falsch, aber bezeichnend.

Natürlich hat Herzog im Lauf einer langen, zielstrebigen Karriere vom 31jährigen Berliner Lehrstuhlinhaber für Staatsrecht und Politik über den baden-württembergischen Landeskultus- und Innenminister bis zum Verfassungsgerichtspräsidenten gelegentlich bösen Göttern geopfert. Aber es macht wenig Sinn, ihm heute seine lautlose Anpassung an den Opportunisten Theodor Maunz, irgendwelche Gummiwuchtgeschosse aus der Innenministerzeit oder gar die hochkonservativen Ansichten vorzuwerfen, die er als junger Ordinarius zur Hochschulpolitik vertrat.

Der Republik muß es um die Zukunft gehen, nicht um die Wirren vergangener Jahrzehnte. Und da muß man durch die labbrige Antrittsrede beunruhigt sein, die der frisch gewählte Bundespräsident, halb und halb aus dem Stegreif, hielt. Man kann verstehen, daß der Mann bewegt war – und deswegen unüberlegt und flapsig formulierte. Aber warum, um Himmels willen, hatte er sich für diese Minuten nicht zehn knappe und klare Sätze aufgeschrieben?

In dieser Antrittsrede fehlte die Ausgrenzung der von Solingen bis Magdeburg wütenden Gewalttäter ebenso wie die Erwähnung des Gründungsmythos dieser Republik, des Judenmords der Nazis oder die Erwähnung des Elends der Arbeitslosigkeit. Natürlich: Drei Sätze hätten auch genügt – ein Dank an die Bundesversammlung, ein Wort des Respekts für die Konkurrenten, eine Verpflichtung auf die Überparteilichkeit des Amtes. Aber der neue Präsident beschränkte sich eben nicht auf die in diesem Moment ausreichende Formel. Er versuchte, sozusagen aus dem Stand, den ersten Sprung – und sprang zu kurz. So enttäuschte er einen Teil des Volkes, das er repräsentieren soll, schon vor der ersten Amtshandlung.

Die Linke wäre trotzdem schlecht beraten, Roman Herzog jetzt auf die Philipp-Jenninger-Schiene zu schieben und so der Rechten in die Arme zu treiben. Der Mann hat ein respektables Leben gelebt, er kennt sein Land, er ist guten Willens. Mag sein, daß ihm die symbolbildende Kraft seines Vorgängers fehlen wird, die teils versöhnende, teils aufstörende Redegabe eines kühlen Machtmenschen aus dem Milieu einer alterfahrenen, an Ämter gewöhnten Familie der Oberschicht. Roman Herzog, der Sohn des Landshuter Archivars, mag simpler sein, gefühliger, breitlebiger als Weizsäcker. Aber steifnackig ist er, intelligent und zäh auch. In seiner Heimat pflegt man solche 60Jährigen als »g'standene Mannsbilder« zu bezeichnen. Sie schlagen gelegentlich krachend auf den Tisch und überlegen nicht jedes Wort, haben aber sehr genau gelernt, wo der Barthel den Most holt, und verstehen die Proportionen des Lebens. So einer muß nicht der schlechteste Nachfolger eines Präsidenten sein, den zu kopieren sowieso scheitern müßte. Die Wahl Johannes Raus, eines hochsensiblen Kommunikationsgenies mit unübertrefflichen politischen Erfahrungen, wäre einleuchtender gewesen. Aber Roman Herzog verdient, wie alle neu gewählten Präsidenten, seine Chance.

(1994)

▌ Hilmar Kopper

Die öffentliche Meinung, eine direkte Verwandte des Ungeheuers von Loch Ness, ist ein unberechenbares Tier. Sie interessiert sich viel mehr für Braunbären und Brillenkaimane als für die ernsten Besorgnisse christlicher Politiker über die »Volksfront« in Sachsen-Anhalt. Und es ist ihr auch herzlich gleichgültig, daß Hilmar Kopper, der 59jährige Gutsbesitzersohn an der Spitze der Deutschen Bank, seinen Laden in fünf Jahren praktisch verdoppelt hat. Immer noch trauert sie Alfred Herrhausen nach, dem am 30. November 1989 ermordeten Vorstandssprecher der späten 70er und 80er Jahre, einen »Typ wie Alain Delon, aus Samt und Stahl zugleich«. Selbst das zweifellos seriöse Munzinger- Archiv schreibt den absurd untertreibenden Satz »Auch unter Kopper behauptete die Deutsche Bank erwartungsgemäß ihre führende Position ...«

In Wirklichkeit ist das Wachstum der Bank größer, als es jemals war, keine Rede von »Konsolidierung«, Kopper ist ein General der Expansion, der Marschall Vorwärts der Deutschen Bank. Es war Hilmar Kopper, der aufgestiegene Banklehrling, den keiner jemals mit Alain Delon verglichen wird, der schon in der Ära Herrhausen den Weg der Deutschen Bank zur europäischen Universalbank, der das wirklich multinationale Denken durchboxte. Er betrieb die größte Einzelakquisition, die Übernahme der britischen Bank Morgan Grenfell für 2,67 Milliarden Mark 1989, später den Kauf der Banca d'America e d'Italia mit mehr als 100 Zweigstellen in Italien und den Banco Comercial Transatlántico mit ebenfalls 100 Zweigstellen in Spanien. Das war vor der Zeitenwende von 1989 konzipiert; lediglich der Schritt nach Osten, das große Investment von dreieinhalb Milliarden in der früheren DDR, war sozusagen geschichtlich erzwungen. Es kann gar keinen Zweifel geben, daß der hünenhafte »Bankpraktiker« aus Oslanin in Westpreußen, ein offen wirkender, aber höchst vorsichtiger, den Großstrategien mißtrauender Anpacker, die Bank schon heute mehr geprägt hat als sein charismatischer und philosophierender Vorgänger. Wer Unvergleichliches auf einen Nenner bringen wollte, eine politische Partei von Arbeiterschaft und Kleinbürgertum mit der feinsten Bank Deutschlands, könnte ihn den Wehner der Deutschen Bank nennen.

Typisch für Koppers uneitle Vorsicht, eine pragmatische Trockenheit, die man als Mißtrauen wie als Fairneß deuten kann, sind seine knappen Kommentare zum Vorgänger. Der Mann wäre eine Art Erzengel, wenn er sich nicht über die Tatsache ärgern würde, daß er ständig hinter dem Weltstrategen und Solitär Herrhausen als bloßer »Praktiker« einrangiert wird. Aber er verliert kein kritisches Wort über den Toten.

Selten sagt der alleinige Vorstandssprecher Kopper »Ich«, meistens »Wir«. Er will die gemeinsame Verantwortung seines Vorstands betonen, eines viel umwisperten, nur einstimmig entscheidenden, gleich bezahlten Clubs von zwölf Herren und einer Dame. »Es ist ja nicht so, daß der Sprecher der Deutschen Bank ins Wasser geht und die Wogen teilt«, soll Kopper ironisch gesagt haben. Andererseits weiß er schon: Wenn die Nachbarbank händeringend auf Partnersuche ist, braucht er bloß mit einem Halbsatz eine Kaufabsicht anzudeuten – und sofort drängeln sich die Käufer. Die übliche Reaktion deutscher Manager, wenn sie auf das Wort »Macht« angesprochen werden, ist ängstlich: »Wir haben Einfluß, keine Macht«, sagen sie – und grenzen sich von der Politik ab. Kopper sagt knapp und mürrisch: »Natürlich hat man Macht« – und wechselt das Thema. Er will nicht herumreden, aber er will mit dem Wort auch möglichst nicht herumgezerrt werden. So etwas würde das Geschäft stören.

Vermutlich ist Hilmar Kopper, gemessen an den in Deutschland gängigen Begriffen von rechts und links, ein ziemlich konservativer Mann. Er bestreitet nicht, daß er für eine »Marktwirtschaft ohne Attribute« eintritt. Das ist an sich der Gag des tschechischen Thatcheristen Václav Klaus. Allerdings reitet Klaus täglich eitel auf dieser Weisheit herum, Kopper behandelt das Statement als Petitesse. Der Arbeitsmarkt sei in Deutschland sowenig ein Markt wie der Wohnungsmarkt. Kopper setzt auf Deregulierung, allerdings ohne das unterschwellige Ressentiment, das den durchschnittlichen deutschen Leistungsträger schon nach dem ersten Glas Tokaier gegen die »soziale Hängematte« zu Felde ziehen läßt. Kopper vergleicht internationale Kennziffern, prophezeit einen ansteigenden »Leidensdruck«, meidet aber apokalyptische Visionen. »Wir werden zurechtkommen«, sagt er knapp.

Kopper ist Europäer, nicht Nationalist. Diese Auffassung verdankt er nicht den Theorien des Internationalisten Eric Hobsbawm, sondern seinem Geschäft; sie macht ihn aber zu einem möglichen – allerdings höchst kritischen – Verbündeten der europäischen Linken. Berlusconi, gar Obristen gefährden die Kohäsion des westeuropäischen Kraftzentrums. Hier liegt einer der Unterschiede zwischen 1994 und 1933; die Stinnes und Flicks finanzierten Hitler. Die Reuters, von Pierers, Koppers sind zwar nicht »die deutsche Wirtschaft«; unter ihnen wuselt ein gelegentlich poujadistischer Mittelstand. Auch würden sie unnachsichtig auf ihre Zahlen achten und die sozialdemokratischen Sozialpolitiker genauso aufs Blut reizen wie die Protagonisten der katholischen Soziallehre. Bei der großen Auseinandersetzung aber, die Europa bevorsteht, beim Konflikt zwischen einem Delors-Europa und dem aufkommenden Nationalpopulismus, ob rechtsrum wie bei Franjo Tudjman oder linksrum wie bei Andreas Papandreou, werden sie auf der richtigen Seite stehen. Bleibt nur die Frage, ob die europäische Linke das begreift. Sie muß diese blaugewandeten, unsentimentalen, achselzuckend auf »Challenges« reagierenden Herren ja nicht umarmen. Begreifen wäre allerdings lebensnotwendig.

Auch Hilmar Kopper wird in den nächsten Jahren Kröten schlucken müssen. Er hat derzeit ein paar Fehler zu verkraften: die Fälle Schneider, Sachsenmilch, Metallgesellschaft. Das wird die Bank verkraften. Tiefer geht ein grundsätzliches Problem: Deutschland wird von der Deutschen Bank, von Siemens, Bosch und anderen Dinosauriern beherrscht, die in der ersten Gründerzeit nach 1871 geschaffen wurden. Die neuen Unternehmen der Erhard-Zeit, Grundig oder Nixdorf zum Beispiel, gehören heute Philips und Siemens. Während in den USA täglich neue, technologieorientierte Firmen entstehen, von denen einige im Lauf eines Jahrzehnts Weltgeltung erreichen, versteinert die europäische Industriestruktur. Eine neue Gründerzeit ist nötig, und sie würde die deutschen Universalbanken Macht kosten. Wird Hilmar Kopper da mitspielen?

Er läßt das nicht raus, klar. Er ist viel zu klug, um unbestreitbare Facts abzustreiten. Er ist aber auch viel zu umsichtig, um sich auf Zukunftsdebatten einzulassen, die möglicherweise Debatten bleiben. Wer weiß, ob es je eine deutsche Regierung geben wird, die ein Gesamtkonzept zur Vitalisierung der deutschen Industriestruktur anpackt? In dieser Lage verhält sich der Banker Kopper wie der Außenpolitiker Hans-Dietrich Genscher: Er bleibt allgemein, undementierbar – analytisch, therapeutisch vage. Würfe man ihm dies vor, würde er vielleicht sagen: »Ein Geschäftsmann ist kein Bismarck.« Vermutlich würde er aber nicht einmal so prononciert werden – nicht, weil ihm so ein Satz nicht einfiele, sondern weil er Schlagfertigkeit zurückhalten kann, wenn sie Risiken heraufbeschwören könnte. Dieser Mann ist »sachorientiert«. Das hat Vor- und Nachteile.

Von seiner Biographie redet er nur auf Aufforderung und dann karg. Deswegen stehen in den Porträts nur wenige farbige Details und immer die selben farbigen Sprüche. Das Gutshaus des Vaters soll 24 Zimmer gehabt haben, die Kinder wurden mit der Kutsche in die Schule gefahren. Gut, zur Not kann man sich ihn als westpreußischen Großlandwirt vorstellen; aber er verließ diese Welt mit zehn, danach war die Flucht, ein bißchen Schwarzhandel, Forellenfischen mit pulvergefüllten Bierflaschen, also das Übliche, dann die Banklehre, ein erster Amerika-Aufenthalt – als Trainee bei J. Henry Schroder in New York – und ein langer Weg bei der Deutschen Bank, da verliert sich viel Westpreußisches. Ein raumfüllendes Lachen ist geblieben, auch die gedehnte, irgendwie generös wirkende Selbstsicherheit von Einsneunzigmännern. Aber nichts von martialischer ostelbischer Kraftentfaltung. Der Mann wirkt so, als könnte er auch aus Peine stammen und höflich erstaunt fragen: Warum nicht aus Peine? Wenn der nach Kanzler Kohl zweitmächtigste Mann Deutschlands arrogant sein sollte, versteckt er es klug.

Und falls er die immer wieder zitierten Sätze »Brauch ich Popper? Bin ich Kopper« jemals gesagt haben sollte, muß er einen extrovertierten Moment gehabt haben. Zu ihm paßt, daß er sich Zitate von Antoine de Saint-Exupéry, Hans Jonas und dem inzwischen unvermeidlichen Sir Karl Popper eher schenkt. Das aber kommentieren? Wozu? Wer viel entscheiden kann, muß weniger reden.

(1994)

▌ Tyll Necker

Kein Zweifel, die Prägung dieses schmalen, gelegentlich fast ausgemergelt wirkenden, zarten Sanguinikers stammt aus dem von ihm geleiteten Unternehmen, einer Dreizehnhundert-Mann-Firma für Reinigungsmaschinen aus Bad Oldesloe in Schleswig-Holstein, Hako-Werke genannt und entwickelt aus dem kleinen Flüchtlingsunternehmen eines Hans Koch.

Der im hohen Norden der Republik festgewachsene Berliner Tyll Necker, Schwiegersohn jenes Hans Koch, ist ein Mittelständler; keine Spur der imperialen Selbstinszenierung großer Vorstandsvorsitzender. Aber obwohl er als Chef des Bundesverbandes der deutschen Industrie in seiner Bedeutung eigentlich nur mit Fritz Berg, dem ersten in der Reihe der (inzwischen sieben) BDI-Präsidenten, zu vergleichen ist, fehlen diesem sensiblen Rackerer die eckigen Mittelstandsallüren des legendären Vorgängers in der Regierungszeit der Bundeskanzler Konrad Adenauer, Ludwig Erhard, Kurt Georg Kiesinger und Willy Brandt. Berg war erfolgreich, in seinem Erfolg aber oft genug massiv, populistisch, laut und gelegentlich ein wenig borniert.

Necker dagegen ist ein Hinhörer, sonst hätte er den Produktwechsel von Motorhacken für Nebenerwerbssiedler und Baumschulen zu seinen modernen Kehr- und Naßreinigungsmaschinen nie geschafft. Er wäre im EU-Markt gescheitert. Er ist auch ein – gemäßigter – Modernisierer. Vor ein paar Jahren hat er mit aller Kraft versucht, in den Markt für Elektroautos einzubrechen. Er war schon weiter als VW. Nur die Vertriebsprobleme zwangen ihn schließlich, den großen Plan aufzustecken.

Ihn mag das Missionarische treiben, das in Provinzlern entsteht, die ihren Erfolg einer kargen Landschaft, einer harten Konkurrenz und arroganten Bankern abringen mußten. Aber Tyll Necker ist phantasievoll geblieben, das Florett der Industrie, ein eher leiser, mit trockenem Witz arbeitender Fachmann für Ziselierung. Necker dröhnt nicht, Necker stichelt. Oft genug sitzen seine Stiche; und es scheint ihm gleich zu sein, wem sie weh tun.

Das heißt natürlich nicht, daß der Mann ein Neutöner wäre, ein Industriepolitiker wie sein Stellvertreter Gerhard Zeidler vom Großkonzern Alcatel, ein Gewerkschaftsfreund gar, ein Korporatist. Necker war wenn nicht der Erfinder, so doch der wichtigste Protagonist der 1987 losgetretenen Standortdebatte in Deutschland. Und er verfügt über ein großes Repertoire marktradikaler Orgeltöne, von der Senkung der Abgabenquote über die Verschlankung der Verwaltung bis zu polemischen Ausfällen gegen die 35-Stunden-Woche, Flächentarifverträge und die »Vollkasko-Mentalität«.

Er weiß, wie er seine Unternehmer bei der Stange hält. Aber er ist erstens kein Hardliner; als sein Lager Angriffsaussperrungen verlangte, blockte er konsequent. Er ist zweitens nicht allzu parteiisch; gelegentlich müssen Kanzlergehilfen wie Friedrich Bohl gravitätisch erklären, die Behauptungen Neckers seien »inakzeptabel und zurückzuweisen«; da hatte der von protestantischer Ethik befeuerte Maschinenbauer Kohl persönlich für den Vertrauensverlust der Wirtschaft in die Politik verantwortlich gemacht. Und er ist drittens mutig. Gelegentlich schlägt er auch schon mal Lohnkostensubventionen für Ostdeutschland vor oder prangert die »Kapitalfehlleitung« durch die groteske Begünstigung von Immobiliengeschäften in den neuen Bundesländern an. Die Förderung technologieorientierter Unternehmen in Leipzig oder Frankfurt an der Oder ist ihm wichtiger als die Vermögensbildung von Zahnärzten, Bierbrauern und Maschinenbauern.

So bleibt um den Mann ein Hauch von Umstrittenheit in allen Lagern. Tyll Necker ist kein »Querdenker«. Querdenker werden nicht Präsidenten. Aber er ist auch kein satter, dicker Fisch, der in der Mitte des Flusses schwimmt. In jedem Fall ist er ein brillanter Formulierer. Tyll Necker kann weder Empörung noch Bonhomie ausstrahlen. Dafür erzielt er Aha-Effekte, Lachsalven und brausende Zustimmung, wenn er mit schief gehaltenem Kopf und durch Charme verschleierte Sturheit seine Erfahrungen auf den Punkt bringt. »Ein Maler muß heute«, bemerkt Necker beiläufig, »mehr als fünf Stunden arbeiten, um sich selbst einen Klempner für eine Stunde regulär leisten zu können.« Nach solch einem Beispiel erübrigen sich biblische Verfluchungen der Schattenwirtschaft. Gute Konjunkturen lenken ihn nicht von Strukturproblemen ab, »Dachstuhlreparaturen müssen«, sagt er, »bei gutem Wetter ausgeführt werden.« Und schon hat die Bundesregierung ihr Fett weg.

Er hat aber auch keinerlei Schwierigkeiten, sich mit sozialdemokratischen Beschäftigungspolitikern herumzuprügeln: »Wenn ein Schiff ein Leck hat«, meint er dann bildhaft, »das ständig größer wird, hilft auch die Installation größerer Pumpen nicht.« Necker, heißt das, braucht im Unterschied zu Kohl Pepe Boenisch nicht. Ihm fallen die notwendigen Sottisen selbst ein.

Dieses Talent ist in der wirtschaftlichen Elite Deutschlands selten. Es hat Necker so populär gemacht, daß seine Verbände immer wieder auf ihn zurückkommen mußten, obwohl er ihnen mit seiner Originalität immer wieder auf die Nerven ging.

Es wäre ganz falsch, in Tyll Necker einen Luftikus zu sehen, einen heiteren, souveränen, intelligenten und gelegentlich eigensinnigen Springinsfeld, sozusagen einen konservativen Lafontaine. Der Mann ist witzig, konfliktfreudig und nachdenklich. Aber er dürfte eher schwerblütig sein als salopp, eher pflichtgetrieben als leichtfüßig.

In Oldesloe ist er eine Art King. Sein Büro aber ist so karg wie die Bude eines Turnschuhunternehmers. Sosehr er inzwischen in Schleswig-Holstein verwurzelt sein mag, von jeder Barschelei hielt er sich fern, immer schon. In der Verfolgung von als richtig angesehenen Zielen aber ist er so penetrant wie Heinz Nixdorf bei der Durchsetzung seines Flugplatzes in Paderborn. Necker ist, im Unterschied zu Nixdorf, kein unternehmerisches Genie. Anders als Nixdorf ist er aber auch kein überschnappender Patriarch. Als er BDI-Präsident wurde, ließ er im eigenen Unternehmen das Steuer los und installierte angestellte Manager. Er ist ein Nixdorf fürs normale Leben, ein protestantischer Gemeinschaftsmensch, der übers eigene Konto hinausschauen möchte, und ein intelligenter Akteur, dem der angeborene Machtinstinkt fehlt.

Nichts ist typischer für Tyll Necker als ein Satz, den er in einer Debatte mit Oskar Lafontaine im *Stern* von sich gab. Er stritt vehement für eine Steuerentlastung für die Unternehmen, fügte dann aber lässig hinzu: »Ich habe weniger Probleme, persönliche Einkommen höher zu besteuern.« Für das Besitzbürgertum war das das Aus. Für Necker ist das ein Anfang.

Der Mann hat die Arbeitskraft der letzten Jahre einer schweren Krankheit in bemerkenswerter Haltung abgerungen. Woher seine Kraft kommt, bleibt im dunkeln. Sind es die Jahre, die er in der Odenwaldschule, einer Stätte der Reformpädagogik, verbrachte? Da war er sogar Schulsprecher. Ist es das Eingehaustwerden in einer überschaubaren Stadt, einer langdauernden Ehe, einer großen Familie mit vier Kindern? Kein Außenstehender kann das wissen.

Der Sensible ist auch scheu, er plaudert nicht aus dem Nähkästchen seines Refugiums in Bad Oldesloe. Die Leute mögen herumraten oder es lassen. So unabhängig kann ein deutscher Mittelständler schon noch sein.

Natürlich, Tyll Necker ist für die Lockerung des Ladenschlußgesetzes und die Flexibilisierung des Arbeitsmarktes. Er ist ein Gegner von Rot-Grün und ein großer Deregulierer vor dem Herrn; die Privatisierung der Postunternehmen hat er kräftig vorangetrieben.

Tyll Necker ist aber auch der einzige Funktionär der deutschen Industrie, der den Motor von Kohls Wahlkampagne, den »Aufschwung«, frivol als »Auf ohne Schwung« charakterisierte. Die Forschung, rief er dem Kanzler zu, müsse man viel mehr fördern. Unausgesprochen hieß das: Die Zukunft ist wichtiger als der Besitz Individualismus. Das sagte der zähe, schmale und wendige Mann zwar nicht, aber er meinte es. So bleibt er, für die Hundertprozentigen, ein Unverläßlicher. Für die anderen ist er jedenfalls einer, mit dem man sich zanken kann.

(1994)

▌ Jürgen E. Schrempp

Vielleicht brauchen große Unternehmen gelegentlich Kulturbrüche, Kalt-wasserschocks, harte Schnitte. Jürgen E. Schrempp jedenfalls, designierter Vorstandsvorsitzender des Daimler-Benz-Konzerns, ein gerade 50 Jahre alt gewordener Aufsteiger aus dem Freiburger Kleinbürgertum, ist die denkbar radikalste Antwort, die der Aufsichtsrat des Unternehmens auf den hochgebildeten Konzernstrategen Edzard Reuter geben konnte. Es ist wie bei der Deutschen Bank: Kopper statt Herrhausen, Dynamiker statt Denker. Kopper fing als Banklehrling an, Schrempp unter dem Laster, als Kraftfahrzeugmechaniker in der Daimler-Benz-Niederlassung seiner Heimatstadt. Erst später schloß er ein Ingenieurstudium an. Brauchen die großen Läden im Zeitalter der Globalisierung der Märkte rüde Troupiers, erbarmungslos geradlinige Realisierer?

Noch wichtiger als die Herkunft – »nicht in Butter geboren« lautet die scheue, oft zitierte Selbstcharakteristik – dürfte für Schrempp der Werde-gang sein, seine Erfahrungen am Kap, in Cleveland. Der junge Ingenieur muß nach ein paar Jahren in der Stuttgarter Daimler-Zentrale den »Kick« gesucht haben, den man in der projektlos gewordenen alten Welt allein durch *gambling* bekommt, beispielsweise als Abenteuer-Urlauber unter den Fittichen des Reinhold Messner. Später, zurück in Deutschland, wird Schrempp Messner, den Spieler in der Simulationskultur, tatsächlich für irgendwelche Bergtouren engagieren.

Mit 30 aber muß er auf ernste Missionen gebrannt haben. Acht Jahre schlug er sich bei Mercedes in Südafrika herum. Dann Cleveland/Ohio: ein schwieriger Sanierungsfall, ein zäher Kampf mit einem abgestandenen Management und verbiesterten Gewerkschaftsführern. Noch einmal Süd-afrika: Schrempp war so lange am Kap, daß man ihm sogar eine »Spring-bock-Connection« andichtet, eine Seilschaft mit Südafrika- Erfahrenen wie Gerhard Liener, dem langjährigen Finanzchef von Daimler, BMW-Chef Bernd Pischetsrieder und Ernst G. Stöckl von der AEG.

In den letzten Jahren war Schrempp zwar, als Vorstandsvorsitzender des prekären Konstrukts »Deutsche Aerospace« (Dasa), als Konzernbastler eingesetzt, als Schachspieler. Und er scheint im Generalstab nicht verblüht zu sein. Der Unternehmensberater Roland Berger sagt sogar schon, Schrempp sei »vor allem ein Stratege«. Die prägenden Jahre aber war dieser Hobbyfallschirmspringer in Fabriken, am Kunden, im wechselhaften Klima einer kaum gebändigten Marktwirtschaft. Der Troupier mag strategische Fähigkeiten haben, aber er bleibt ein Troupier – trotz Designerbrille, gedeckten Einreihern und Vortragsverpflichtungen in Davos.

Noch ist der Mann keine Legende, zum Ober-Establishment gehört er gerade ein halbes Jahrzehnt. Die Histörchen aber, die sich später zur Legende verdichten, gibt es schon. So soll er, von Werner Niefer, dem verstorbenen Urviech in der Mercedes-Spitze, verführt, ungerührt ein rohes Ei samt Schale zerkaut haben. Stimmt die Geschichte, was keiner mehr nachprüfen wird, wäre der Fighter Schrempp auch zu Konzessionen an martialische Sitten deutscher Fröhlichkeit bereit.

Aussagekräftiger ist eine Spekulation von *Capital*. »Das Schlimmste wäre«, schreibt das Blatt, »wenn Schrempp beim Staatsempfang des Bundeskanzlers zwischen zwei Sherry nippenden Botschaftergattinnen nach einem Pils rufen würde und eine Packung Marlboro aufreißt.« Das Schlimmste? Hätte der künftig erste Mann des größten und politischsten deutschen Unternehmens einen Image-Berater, müßte der ihm die Inszenierung der Szene geradezu nahelegen. *Capital* hat das begriffen, denn der Porträtist setzt hinzu: »Das Beste, wenn er es trotzdem tun würde.« Er wird: Niemand kann seiner Legende entfliehen, auch Schrempp nicht.

Das Verblüffendste an Schrempp ist seine Kommunikationsstrategie: Er düpiert durch Offenheit. Fragt ihn die Zeitschrift der IG Metall, was er mit den Arbeitsplätzen in Augsburg, Manching und Ottobrunn machen werde, wenn der »Jäger 90« nicht komme, weicht er nicht in vage Versprechungen unter der Überschrift »Konversion« aus. »Für den Extremfall«, sagt er kalt, »wenn also das Flugzeug ersatzlos gestrichen würde, sage ich deutlich, daß es keine Kompensation für die Arbeitsplätze gibt.« – »Das Unternehmen«, wenden die Gewerkschafter trotzig ein, »muß sich doch aber rechtzeitig Gedanken machen, was passiert …« – »Ich muß mit dem Märchen aufräumen«, antwortet Schrempp sozusagen südafrikanisch, »daß wir im Fall kurzfristiger Entscheidungen über den Wegfall von Großprojekten auch kurzfristig einen Ausgleich finden können.«

Die Logik des Unternehmers Schrempp kommt in provozierend unbefangen formulierten Wenn-dann-Sätzen daher. Wenn ihr ein Transportflugzeug braucht, herrscht er Verteidigungspolitiker in schneidender Höflichkeit an, sagen wir euch, wie es aussehen wird und bauen es zum Festpreis. Aber entscheiden müßt ihr euch, früh und endgültig. Wer ihm mit haushaltsrechtlichen Bedenken und Demokratie-theoretischen Vorbehalten kommt, wird ohne Zögern mit den Zwängen einer multinationalen Aktiengesellschaft konfrontiert. Wenn–dann.

Jürgen Schrempp hat volles Verständnis für eine SPD, die keinen Sinn in bemannter Raumfahrt sieht. Er schwätzt nicht über die Chancen der »Mikrogravitation«. Er gibt zu: Ob die sündteuren Astronauten je Ergebnisse auf die Erde bringen, die zu Wachstum führen, ist offen. Die Eroberung des Alls ist ein Traum; wer ihn sich leistet, muß löhnen. Wenn eine neue Regierung die Förderung der Raumstation einstellte, würde sie von Jürgen Schrempp nicht kritisiert. Er würde allerdings in Bremen ein paar tausend Arbeitsplätze abbauen. Für einen Multi gibt es auf jede politische Entscheidung eine betriebswirtschaftliche Antwort. Die Mittel, die in Bremen frei werden, kann man auch in Singapur investieren. Eine Rose ist eine Rose ist eine Rose, sagte die Dichterin Gertrude Stein. Die Marktwirtschaft ist die Marktwirtschaft ist die Marktwirtschaft, sagt der Unternehmer Schrempp. Der Unterschied zu (vielen) anderen Unternehmern ist, daß er es nicht nur denkt, sondern eben auch sagt, und zwar deutlich hörbar.

So weit so gut – oder schlecht. Das Überraschende ist nur, daß dieser Klartextredner nicht zum Feindbild wird. Schrempp hat bei der Dasa 16 000 Arbeitsplätze gestrichen – und wurde im Aufsichtsrat von Daimler-Benz mit allen Arbeitnehmer-Stimmen zum neuen Vorsitzenden gewählt. Er führt die größte Waffenschmiede des Landes – und wird vom Gesamtbetriebsrats-Vorsitzenden von Daimler, dem Sozialdemokraten Karl Feuerstein, einem der letzten großen Betriebskaiser, trotzdem als »Hoffnungsträger« eingeordnet. Wie erklärt sich das Wunder? Vielleicht ist es das Charisma der nackten Wahrheit, vielleicht auch die Kommunikationsmethode der Provokation. »Den Grünen zollt er Respekt«, schreibt der *Spiegel* widerwillig anerkennend. »Die CSU ist nicht meine Couleur«, und wem das noch nicht verwegen genug ist, dem erzählt er: »In meinem Vorstand bin ich ein Linker.«

Ein Linker ist Jürgen Schrempp nicht, wohl aber ein habitueller Demokrat, ein kalkulierbarer Arbeitgeber und, wie alle Manager von Multis, ein Internationalist. In Südafrika wehrte er sich gegen die Apartheid; die Frage seiner Zentrale, ob eigentlich die Weißen oder die Schwarzen große Autos kauften, warf ihn nicht aus der Bahn. Mag sein, daß nicht Menschenliebe, sondern Klugheit ihn trieb. Das Scheitern der Apartheidpolitik war zu Schrempps Zeit absehbar. Aber immerhin, der Mann stand auf der richtigen Seite.

Natürlich läßt er Standorte schließen, die sich nicht rechnen, aber er hält sich an Absprachen – schon weil er keine trifft, die sein Unternehmen nicht verkraften könnte. Und er hat den Mut, Rechten wie Linken gleichermaßen ihre Widersprüche entgegenzuhalten – der Rechten die zittrig- inkonsequente Bundeswehrplanung, der Linken die augenzwinkernd moralisierende Waffenexportpolitik. Wer eine europäische Satelliten- oder Hubschrauber-Industrie wolle, müsse Franzosen, Engländer, Spanier mitnehmen. Wer sie mitnähme, müsse wissen, daß diese Partner die Produkte auch außerhalb Europas verkaufen. Suchköpfe seien Wehrtechnik. Suchköpfe seien aber auch zivile Technik. So einfach sei das, sagt Jürgen Schrempp. Betriebsräte pflegen zu wissen, daß das wirklich so einfach ist. Beziehungsweise so vertrackt.

Es ist immer dieselbe Leier, immer dieselbe Güterabwägung zwischen fragwürdigen Alternativen. Entweder ein industriepolitisch zusammengefügtes Europa der Konzerne und Kernbelegschaften – Zweidrittelgesellschaften mit ein bißchen Sozialpolitik. Oder ein strukturloses Chaos großer und kleiner Nationalstaaten – Europa als Industriemuseum, als stolzer, geschichtstrunkener, gelegentlich von wilden Konflikten geschüttelter Restposten, als halbmündiges Objekt. Ihr könnt wählen, sagen die Schrempps, sozusagen rechnerisch korrekt, den Politikern. Aber so einfach ist das nun auch wieder nicht.

(1995)

▌ Hans Tietmeyer

Regieren nicht eigentlich die Tietmeyers das Land? Natürlich gibt es dann und wann einen eindrucksvollen Politiker, Karl Schiller zum Beispiel, der im Gedächtnis bleibt. Aber wie sollen die Waigels, die Stoltenbergs oder Apels in ihren paar Ministerjährchen den Einfluß Hans Tietmeyers erreichen, des jetzigen Präsidenten der Bundesbank? Der sitzt seit einem Vierteljahrhundert als Spinne im Netz; damals wurde er Unterabteilungsleiter im Wirtschaftsministerium und griff sich die ersten großen Aufgaben. Fragt man ihn nach der Europäischen Währungsunion, kann er einem mit ausdruckslosem Gesicht eine kluge Rede von 1972 über den Tisch reichen, die man auch heute noch halten könnte; da war er – selbstredend im Hintergrund – schon der deutsche Macher in der berühmten Werner-Gruppe, einer Kommission unter dem luxemburgischen Ministerpräsidenten Pierre Werner, die eine Währungsunion der damals noch sechs EG-Staaten vorbereiten sollte. Der Plan scheiterte später an Frankreich. Nur: Tietmeyer sitzt seit damals an der Pumpe, in der Herzkammer des

Kapitalismus, am Schnittpunkt von Bankensystem, Geldpolitik und Finanzverwaltung. Er kennt sie alle, ob Amerikaner, Japaner oder Europäer, ob aus Zentralbanken, Währungsfonds, Weltbank oder Privatkapital. Er ist der Tastendrücker, die Eminenz in der zweiten Reihe.

Ein Parteimann? Sicher, Hans Tietmeyer ist seit Jahrzehnten Mitglied der CDU. Das ist nicht Opportunismus, sondern Milieu; der vierschrötige Westfale, geboren 1931 als Sohn eines kleinen katholischen Beamten mit elf Kindern, wäre fast Priester geworden. Aber aufgestiegen ist der rastlose Ackerer unter dem Sozialdemokraten Schiller. Dem durfte er sogar die Totenrede halten. Inzwischen haben drei Kanzler und ein ganzes Schock von Finanzministern über Währungspolitik nach Papieren Tietmeyers geredet. Er gehört zu einer kleinen und durchaus vielfarbigen Gruppe ökonomisch geschulter Workaholics, die bei dem nervösen Genie Schiller gelernt hatten, ein bis zwölf Uhr nachts hin und her gewendetes Papier ab sechs Uhr früh umzudiktieren und um neun fertig zu haben: Schlecht, Pöhl, Lahnstein, Hiss, Schulmann, Hankel hießen einige der Herren. So richtig prominent wurden sie in der Regel nicht, keine Autogrammwünsche an der Straßenecke. Allerdings waren sie einflußreicher als viele »Spitzenpolitiker«, für Hans Tietmeyer gilt das noch heute. Heute erst recht.

Denn seit 1. Oktober 1993 ist der Aufsteiger Präsident, Chef der Deutschen Bundesbank, hält eine geheimnisumwitterte Machtposition. Mag sein, daß dieser Job weniger spektakulär ist, als französische Politiker meinen; sie halten die deutsche Notenbank für den Heiligen Gral. Aber ohne Zweifel sitzt der Sohn eines Finanzverwalters der Kleinstadt Metelen heute an einer Schlüsselstelle der europäischen Politik. Der Präsident der Deutschen Bundesbank prägt nicht nur die Geldpolitik eines Leitwährungslandes, er beeinflußt – über das Thema Währungsunion – auch die Zukunft der europäischen Einigung. Zwar ist auch dieser höchst unabhängige Herr nicht allein auf der Welt. Er muß mit seinem Zentralbankrat auskommen und ist im übrigen Oberpriester und gleichzeitig Gefangener deutscher »Stabilitätskultur«. Aber Tietmeyer ist halt auch ein geschickter Akteur. US-Ökonomen wollen inzwischen einen Tietmeyer-Effekt entdeckt haben (was immer das auch sei). Sein Geschäft versteht der Schüler Alfred Müller-Armacks, das streitet ihm niemand ab. Was natürlich nicht an seinem Studium bei Ludwig Erhards Weggefährten liegt, nicht einmal bei seiner Lehrzeit bei dem Zauberer Schiller. Es liegt an den aufgeschichteten Erfahrungen aus 30 Jahren: Grundsatzreferent des Wirtschaftsministeriums, Leiter der Abteilung Wirtschaftspolitik, Finanzstaatssekretär, »Sherpa« des Kanzlers als Berater für die Weltwirtschaftsgipfel, Berater zur deutschen Währungsunion, Bundesbanker. Tietmeyer hat fast jedes Problem, das ihm auf den Tisch kommt, schon zigmal erörtert, beredet, geschoben, verleugnet oder gelöst. Er hat auch ein sehr schlaues Telefonbuch. Insofern ist er nicht unschlagbar, aber unstörbar. Als die RAF 1988 ein Attentat auf ihn versuchte, saß er eine Stunde nach den Schüssen wieder am Verhandlungstisch. Ob das nun sein Katholizismus ist (»So wichtig bin ich nicht«) oder sein westfälischer Dickschädel (es gibt Weggefährten, die ihn hart, sogar unkollegial nennen) – jedenfalls ist er ausgefuchst, robust, ein Haudegen. Man könnte ihn den John Wayne der deutschen Finanzpolitik nennen. Nur dessen schief lächelnde Wurstigkeit fehlt ihm. Tietmeyer ist klug, aber sehr vorsichtig, vielleicht sogar konventionell. Oder nennt man das konservativ? Sein Motto, im berühmten Fragebogen des *FAZ-Magazin* preisgegeben, lautet jedenfalls: »Tue recht und scheue niemanden.«

Es ist einfach die Frage, wie weit Hans Tietmeyer sich auf die große Politik einlassen wird. Die Lage ist schwierig. Der Maastrichter Vertrag gilt. Er legt fest, daß es spätestens ab 1999 eine Europäische Währungsunion mit unabhängiger Zentralbank geben soll. Aber deutsche »Wirtschafts- und Finanzkreise« (zu denen natürlich auch Notenbanker gehören) bezweifelten, sagt die EU-Kommission in ihrem jüngst veröffentlichten Grünbuch, die »Zweckmäßigkeit, Glaubwürdigkeit und Durchführbarkeit« der einheitlichen Währung. Da ist Hans Tietmeyer in der Zwickmühle. Denn einerseits hat er die währungspolitischen Bestimmungen des Maastrichter Vertrages mitgeprägt. Und andererseits muß er jetzt, als oberster Hüter der heiligen DM, mit den Wölfen der deutschen Finanzkultur heulen. Denen sind das Schuldenkriterium, das Inflationskriterium und die »Sanktionen« des Maastrichter Vertrages zu schlapp. Die »kalten Krieger der Neoklassik« (so Claus Noé in der *Zeit*) möchten am liebsten – verfassungswidrig – aus dem Maastrichter Vertrag aussteigen. Sie verlangen als Voraussetzung der gemeinsamen Währung inzwischen eine perfekt vergemeinschaftete Wirtschafts-, Finanz- und Sozialpolitik samt parlamentarisch legitimierter Regierung in Brüssel. Die wird es nicht geben.

Auch »Kerneuropa«, also die Währungsunion eines harten Kerns von EU-Ländern, ist kein grandioser Ausweg. Je kleiner dieser Kern wäre, desto größer die Gefahr, daß die Wechselkurse zwischen Einheitswährung und dem Geld der anderen EU-Mitglieder zum Spielball der Finanzmärkte würden. Man müßte also sofort ein neues Wechselkurs-Sicherungssystem erfinden, ein neues EWS. Die Bundesbanker waren aber in der Vergangenheit keine Fans des EWS. Würde Tietmeyer seinen Zentralbankrat dazu bringen, über diesen Schatten zu springen?

Was auf dem Spiel steht, ist klar: Europa. Dort geht's entweder voran – oder zurück. Stagnation bedeutet Rückschritt. Das weiß Hans Tietmeyer. Entweder entsteht eine einheitliche und angemessene europäische Geld- und Währungspolitik – oder die EU zerfällt zu einer besseren Freihandelszone. Dann triumphieren die Nationalstaatler. Das will Tietmeyer, ein enger Gefolgsmann des Europäers Kohl, sicher nicht. Er hat zwar, 1982, das Lambsdorff-Papier mitformuliert und hat durchaus seine marktradikalen Züge. Aber er ist geistig eben auch ein Flakhelfer. Er begreift die »nicht ökonomischen« Vorteile der Währungsunion. Wie Claus Noé zu Recht sagt: »Die Nationalstaaterei hat von 1870 bis 1945 zu drei Kriegen in Europa geführt. Diese haben die Überlebenden Billionen Mark, Franc und Lira gekostet. Die Vermeidung der Wiederholung erspart den Teilnehmern Billionen durch vermiedene Rüstung, vermiedene Kriege, vermiedene Inflation.«

Aber wird Hans Tietmeyer zu einem Thomas Becket, also einem, der durch ein neues Amt zum Gesinnungstäter wird? Becket war ein lockerer Zeitgenosse, der als Erzbischof schließlich sogar zum Märtyrer für seinen Glauben wurde. Märtyrertum ist heute nicht verlangt. Tietmeyer aber müßte so mutig werden wie Walter Hallstein, auch er ein konservativer Beamter, der – als Präsident der Europäischen Union – seine deutsche Herkunft ebenso zurückdrängte wie ordnungspolitischen Rigorismus. Das Kredo der Bundesbank lautet: Mehr als 2 Prozent Inflation sind des Teufels. Eine europäische Zentralbank, die dieses Stabilitätsmaß übernähme, würde eine Reihe von europäischen Partnern (die mit höherer Preisrate in die Währungsunion einträten) in absurd hohe Arbeitslosenzahlen zwingen. Wird Tietmeyer die klassische Bundesbankphilosophie mäßigen? Wird er, mit Helmut Kohl, für die Realisierung von Maastricht kämpfen? Oder wird der münsterländische Preuße aus mißverstandenem Pflichtgefühl seine Bundesbank doch mit dem Heiligen Gral verwechseln?

Das weiß niemand. Im Fragebogen des *FAZ-Magazin* beantwortete er die Frage, was er gerne sein möchte, mit »Ich selbst, nur besser«. Der Mann wird Gelegenheit bekommen, noch besser zu werden, als er sowieso schon ist.

(1995)

174

▪ Dieter Hundt

Die Grundfrage ist so prinzipiell wie schlicht: Kann die deutsche Konsenspolitik im Zeitalter der New Economy überhaupt noch funktionieren? Sind Gipfelbündnisse (wie Schröders Bündnis für Arbeit) nicht zum Scheitern verurteilt, weil Gewerkschaften und Verbände in der globalisierten Wirtschaft zahnlos werden? Setzen die transatlantischen Großfusionen nicht eine Shareholder-Value-Ideologie durch, die Ludwig Erhard als linken Prediger zurücklassen? Sind Flächentarifverträge nicht Mechanismen, deren Hebel längst ins Leere greifen, weil nur eine »betriebsnahe Tarifpolitik« die Probleme in Erfurt oder Pinneberg lösen kann? So lauten die Problemstellungen der gesellschaftstheoretischen Gurus von Andre Gorz in Vosnon über Anthony Giddens in London, Fritz Scharpf in Köln oder Angelo Bolaffi in Rom. So wogt die Debatte um die Ablösung des Industriekapitalismus durch den digitalen Kapitalismus hin und her.

Dieter Hundt ist keine soziologische oder ökonomische Zelebrität. Ein Doktor ist er schon, sogar promoviert in Zürich, mit einer Arbeit über Leistungslohn. Aber vor allem ist er ein schwäbischer Unternehmer, ein deutscher Korporativismus-Praktiker, ein gerissener Kollaborateur, ein Mittelstands-Dinosaurier aus Uhingen bei Stuttgart, ein mit allen Wassern gewaschener Paket-Packer. Ist er eine aussterbende Spezies oder ein kaltschnäuziger Realist? Diese Frage ist für Deutschland, diese schwankende Mittelmacht, entscheidender als die meisten Meinungsführer begreifen.

Hundt (61), Präsident der Bundesvereinigung der Arbeitgeberverbände (BdA), ist weder ein Grübler noch ein Magensensibler; er steht fest im Fleisch und krönt seine 80-Stunden- Woche mit der Präsidentschaft des SV max.0676 Bad Aussee, des Fußball-Clubs am Ort seines Ferienhauses in der Steiermark, und dem Vorsitz der Freunde des VFB Stuttgart. Nur darf man ihn nicht zur Frohnatur aus dem baden-württembergischen Maschinenbau-Biotop vereinfachen. Dieser rasche, verbindliche, aber zähe Libero des deutschen Unternehmerlagers hat sich aus den vielen Erfolgen und Mißerfolgen, Höhe- und Tiefpunkten, Normalitäten und Überraschungen seiner Verhandlungsmarathons eine Linie zurechtgeklaubt, die einem Konzept schon gefährlich ähnlich sieht.

Das hängt vermutlich mit seinem Doppelleben zusammen. Hundt ist nämlich nicht nur Verbandsmann, sondern auch Unternehmer, der sein eigenes Geld einsetzt, Gesellschafter und 50-Prozent-Besitzer der Allgaier-Werke GmbH und Co. KG in seiner Heimatstadt Uhingen, eines 1400-Mann-Betriebs für Umformtechnik, Preßteile, Karosseriewerkzeuge. Als Hundt zu Allgaier ging, Mitte der 70er Jahre, war der Laden in der

175

Krise und machte 48 Millionen Mark Umsatz. Die Besitzer gaben dem Kraftwerks-Manager Hundt, der bei Siemens damals immerhin 1,5 Milliarden Mark Umsatz zu verantworten hatte, 7,5 Prozent der Anteile, um ihn zu gewinnen. Heute steht Allgaier bei mehr als 300 Millionen Mark (153 Mio. Euro) Umsatz und erlaubt Hundt den berühmten Standardsatz, die einzige Distanzierung von seinem Rivalen Hans Olaf Henkel vom BDI, die er sich gestattet: »Wer eine Firma führt, weiß, wie wichtig die Sozialpartnerschaft ist.« Die Firma ist für Hundt Experimentierfeld und Erfahrungshintergrund. Hier hat er einen Standort und Beschäftigungssicherungsvertrag abgeschlossen, der betriebsbedingte Kündigungen ausschließt, Überstunden zur Verhandlungssache macht und Flexibilisierungen ohne Zuschläge ermöglicht. Ein Bündnis für Arbeit auf betrieblicher Ebene; es gilt erst einmal bis 2002. Hundt weiß, dass er mit seinem Betriebsrat eine Sonderschicht auch schon mal telefonisch aushandeln kann. Er will sich diese Atmosphäre erhalten. Deshalb wischt er thatcheristische Strategien, die auf die systematische Schwächung der Gewerkschaften hinauslaufen, mit einer ungeduldigen Bewegung der Hände vom Tisch. Das ist Theorie; das widerspricht dem Leben; Uhingen ist überall.

Dabei ist dieser Mann weiß Gott kein halber Sozialdemokrat. Er kommt aus der Kerntechnik und hält vom Atomausstieg gar nichts. Er hat nicht das geringste Problem, Kürzungen von Weihnachts- oder Urlaubsgeld zu fordern und den Witwen eigene Einkommen auf die Hinterbliebenenversorgung anrechnen zu wollen. Er kann, wenn die Lage danach ist, genauso gegen »Vollkasko-Lösungen« vom Leder ziehen wie jeder beliebige Neoliberale. Nur rechnet er sich penibel aus, was der Gegner ertragen kann und was nicht. Mit der Änderung des Lohnfortzahlungsgesetzes zum Beispiel waren Kohl und Schäuble »falsch beraten«. Hundt war nicht gegen den Ansatz. Er wusste nur, dass die Sache nicht funktionieren würde. Es habe keinen Sinn, die Verkürzung der Schwangerschaft auf sechs Monate zu fordern, sagt er mit einem Anflug von schwäbisch gemildertem Zynismus. Hans Olaf Henkel, seinen Kollegen vom Industrieverband, erwähnt er dabei nicht.

Hundts Schule war der Verband der Metallindustrie Baden-Württembergs (VMI). Dort sind 1200 Betriebe der Metall- und Elektroindustrie aus 13 Branchen zusammengeschlossen, 84 der Mitgliedsbetriebe haben weniger als 500 Leute. Ab 1988 war Hundt der Chef dieser komplizierten Flotte, der Nachfolger von Hans Peter Stihl und Verhandlungspartner des IG-Metall- Bezirksleiters Walter Riester. Von hier aus stieg er auf in der Hierarchie der Unternehmerverbände. Von hier aus wurde er zu dem, was er heute ist: zum nicht unumstrittenen, wohl aber akzeptierten Verhandlungsführer der halb triumphierenden, halb verunsicherten Kapitalseite einer Gesellschaft im Umbruch.

Nicht unumstritten – darüber muß sich keiner wundern. Hundt schloß den Manteltarifvertrag von 1990 ab, in dem die schrittweise Umsetzung der 35-Stunden-Woche festgeschrieben wurde. Er war mitverantwortlich für den Metall-Tarifabschluß von '95, der per Saldo 10 Prozent kostete und vielen Betrieben ganz und gar nicht gefiel. In einer Zeit, in der das Pendel nach rechts schwang und der Neokapitalismus so modern war wie der Neomarxismus nach 1968, waren das fette Ochsenfrösche, die nicht leicht zu schlucken waren.

Auch Hundt schluckte sie ohne Vergnügen. Man muß sich nicht einbilden, daß er der 35-Stunden- Woche viel abgewinnen könnte. Inzwischen aber verteidigt er die entstandene Situation mit einiger Verve. Die 35-Stunden-Woche schwächte zwar die Wettbewerbsfähigkeit, nahm aber auch die Luft aus der Arbeitszeitdebatte. Es ist heute nicht mehr umstritten, daß weitgehende Flexibilisierungen der Arbeitszeit unumgänglich sind. 18 Prozent der Arbeitnehmer können bis zu 40 Stunden beschäftigt werden. Die Forderungen nach der 30-Stunden-Woche seien dünn und blechern geworden. Man stehe keineswegs schlechter da als die wichtigsten Konkurrenten.

Läßt man ihn reden, entwickelt Hundt eine Serie von Vorschlägen, die er selbst nicht zu einer Systematik verknüpft, die aber jeder mittlere Soziologe zu einer Theorie des deutschen Korporativismus aufwirbeln könnte. Flächentarifvertrag? Ja. Der Übergang zu betrieblichen Abschlüssen und Lohnkämpfen vor Ort arbeite einer syndikalistischen Gewerkschaftsopposition in die Hände. Man müsse weiter für zusammenhängende Tarifgebiete verhandeln, solle aber Öffnungsklauseln vereinbaren, Überschreitungen und Unterschreitungen des Resultats um 10 Prozent.

Niedriglohnsektor? Aber sicher. Hundt ist für einen »Kombi-Lohn«, der durch die Belassung von Transferleistungen (sagen wir: aus der Sozialhilfe) zur Annahme schlecht bezahlter Tätigkeiten anregt. Und dann sprudeln die Ideen nur so aus ihm heraus: von einer kapitalgedeckten Versorgungskomponente bei der Rente (»Riester ist auf dem richtigen Weg«) bis zu intelligenten Formen der Arbeitnehmerbeteiligung auf Unternehmensebene. Dieter Hundt hält das Bündnis für Arbeit keineswegs für eine Totgeburt. Er weiß genau, wie viele Widerstände es auf allen Seiten gibt. Aber es gebe auch viele Einigungschancen. Und der Kanzler, sagt Hundt, der strikt parteilose Vertreter der Unternehmerinteressen, der Kanzler Schröder mache seine Sache passabel.

Natürlich mag es so kommen, daß im Jahr 2010 die alte Konsens-politik ins Leere läuft. Wenn die großen Dienstleister alle amerikanisch beherrscht sein sollten, die Zahl der Selbstständigen sprunghaft gestiegen ist und die Stockoptions die deutsche Mitbestimmung ausgehebelt haben, mag die ethische Infrastruktur für Dialogpolitik zerfallen sein. Dann würden die Hundts, die Riesters, die Schmoldts, die von Pierers und die großen Betriebsräte, die »Betriebskaiser«, aus der Zeit gefallen sein. Aber wir stehen im Jahr 2000, nicht im Jahr 2010. Dieter Hundt weiß das sehr genau. »Mein Gott«, sagt er und setzt ein Lächeln auf, als rede er vom gerade geschafften Aufstieg des SV max.0676 Bad Aussee, »in zehn Jahren ändert sich die Welt noch.«

(2000)

▌ Gregor Gysi

Dreiundfünfzig ist ein gutes Alter für Lebenswenden, für die letzte scharfe Kurve. Gregor Gysi, laut *New York Times* der »bekannteste jüdische Politiker Deutschlands«, hätte dann 18 Jahre (von 1971 bis 1989) als Anwalt in der DDR gearbeitet, zwölf Jahre (von 1989 bis 2001) als teils gehetzter, teils umschwärmter Oppositionspolitiker – und hätte nun noch ein drittes Leben vor sich als hochprominenter Talker und Publizist, als Kultfigur im roten Osten Berlins, als sanfter Stachel im mürben Fleisch der Hauptstadt, die nicht zusammenwachsen will. Nicht der zur Unstetigkeit gezwungene Anwalt Geyer in Lion Feuchtwangers großem Roman *Erfolg* wäre dann sein Ebenbild, sondern der lebenssatte, gemäßigt zynische, aber sensible Anwalt Schmidt, den Louis Begley zum Protagonisten seiner späten Romane gemacht hat. Die Hauptfigur »lieferte« im Alter ein bißchen Glück an seine Nächsten.

Warum soll Gregor Gysi nicht das Recht haben, auch ein wenig zu »liefern«, zum Beispiel an seine Frau Andrea Lederer und die noch nicht fünfjährige Tochter Anna? Er muß sich doch nicht bis ins hohe Alter mit unbelehrbaren Alt- und Jungkommunisten, rachsüchtigen Dissidenten aus der DDR-Zeit und rachsüchtigen Generalstaatsanwälten der westdeutschen Bourgeoisie herumschlagen.

Aber da ist diese Berliner Versuchung. Eine brummende, immer lebendiger werdende Stadt mit blutenden Wunden, bankrott, mit einer politischen Klasse, die Anfang der 80er Jahre ihre Kraft verlor, aber bis gestern regierte. Natürlich nichts als zweischneidige Schwerter. Gysi ist zwar einer der populärsten Berliner Politiker, mehr als die Hälfte der Berliner würden ihm das Amt des Regierenden Bürgermeisters anvertrauen. Aber es ist mehr als unwahrscheinlich, dass seine PDS stärker wird als die SPD und damit das Amt beanspruchen könnte. Die PDS lag bei der letzten Wahl zwar nur 5 Prozent hinter der SPD, ein scheinbar aufholbarer Vorsprung. Aber in den neuen Umfragen nach dem Bruch der Großen Koalition hat die SPD den Vorsprung ausgebaut und mit der CDU bereits gleichgezogen. Soll die große Ikone Gysi also den Senator geben, einen Fachminister, der Theater schließen, Sozialarbeiter entlassen oder U-Bahn-Strecken einsparen muss? Soll er erneut in der Zirkus- Kuppel herumturnen, während die einen ihn anfeuern und die anderen »Gregor, Arsch lecken!« brüllen? Soll er weiter Prozesse führen gegen Freya Klier oder Bärbel Bohley oder den *Spiegel* oder irgendwelche neuen Gegner? Vergnügungssteuerpflichtig ist diese Perspektive nicht. Aber sie garantiert einen hohen Adrenalin- Spiegel. Politik macht süchtig; und den Rückzug auf den Öko-Bauernhof halten nur wenige aus.

Kein Zweifel, der helle, schnelle und realistische Gysi wäre ein Gewinn für eine neue Berliner Stadtregierung. Als großer Kommunikator brächte er die Stadt ins Gerede, als Figur des Ostens trüge er zum Zusammenhalt der auseinander gerissenen Hälften bei. Verwaltungserfahrung hat er keine. Aber er ist unberührt vom Filz des Westberliner Establishments und unsentimental genug, sich von der Ostalgie der Prenzlberger Intellektuellen-Biotope genauso frei zu halten wie von der seelischen Plaste und Elaste der Jammer-Ossis. Gysi wäre Leuchtspurmunition: Seht her, wir machen's jetzt anders! Aber Munition wird eben verschossen, auch wenn diese Munition wunderbare Kaskaden an den Himmel zeichnet. Natürlich würde er sich weiter mit dem Vorwurf auseinander setzen müssen, er habe mit der Stasi konspiriert. Zwar hat er mehr Prozesse gewonnen als verloren. Vor dem Verfassungsgericht unterlag er 1998 nur mit vier zu vier Stimmen, als er gegen eine Feststellung des Immunitätsausschusses des Bundestages klagte, die darauf hinauslief, er habe zwischen 1975 und 1986 für die Stasi gearbeitet. Aber zu ruhiger Sacharbeit wird ein Gebrannter wie Gysi nur schwer kommen. Zwar hat die Mehrheit der Leute, vor allem der Berliner, längst begriffen, daß die Deutschen nach 1945 viel belastetere Figuren eines viel schlimmeren Regimes mitspielen ließen. Jongleure wie Gysi, Grenzgänger, Frontenwechsler werden aber lebenslang gejagt, erst recht, wenn sie aus der harten Linken kommen. Sein Vater Klaus war ein Hitler-Gegner, ein kluger, zweifelnder Intellektueller, aber er war ein Kommunist, der hohe Würdenträger eines zweifelhaften Staates und ein

Feindbild für die Führungsschichten des Westens. Solche Bonbons kleben zäh, lebenslang.

Gysi hat sich redlich bemüht, aus seinem Verein eine demokratische Linkspartei zu machen, sozusagen eine volkssozialistische Alternative zur Catch-all-Party SPD. Aber man muß kühl konstatieren, daß ihm das nicht gelingen konnte. Dazu war das Erbe der SED zu sperrig. Nicht junge Leute mit leninistischen Träumen – wie die naiv-aggressive Sara Wagenknecht – sind das Problem. Die PDS ist zum sozialen Populismus verdammt, weil nur demagogischer Etatismus die Altkader daran hindert, ihre antimarktwirtschaftlichen Überzeugungen herauszuschreien. Im Osten der Hauptstadt ist das natürlich weit schlimmer als in Thüringen oder Sachsen. Zugänge aus dem SPD-Milieu sind selten; zwei Vögel wie Diether Dehm oder Uwe Hiksch machen noch keinen Sommer. Und die klugen kommunistischen Konvertiten vom Typus André Brie, Dieter Klein oder Lothar Bisky sind eine schmale Minderheit. Das aber bedeutet, daß die PDS auch mit einer Leitfigur wie Gysi viele in Berlin dringliche Reformen – intelligente Industrie-Ansiedlung, Aufhebung des Ladenschlusses für das Zentrum der Stadt, Studiengebühren oder eine Deregulierung von links – blockieren wird. Wie also soll Rot-Rot-Grün den drohenden Konkurs der Stadt abwenden und aus Berlin eine Metropole oder Madrid gleichziehen kann? Bitterschwer.

Gysis Äußerungen zur Zukunft Berlins zeigen das Problem in aller Schärfe. Bei Kultur, sagt er, dürfe nichts mehr gestrichen werden, bei Bildung und Forschung solle man 10 Prozent zulegen. Das hört sich gut an. Wer dieses Konzept aber verficht – die Hauptstadt als Wissens- und Kulturzentrum –, muss zu ziemlich radikalen Schnitten dort bereit sein, was man landläufig als »Sozialpolitik« bezeichnet. Die Hoffnung, man könne den Bund als Bankier und Notnagel gewinnen, ist ziemlich eitel. Der kann vielleicht eine von drei Opern übernehmen; und selbst das will er nicht. Gegen eine libertäre Wirtschaftspolitik aber, die den fürsorglichen Sozialstaat modernisiert und verschlankt, wird der linke Flügel der SPD ebenso wüten wie eine Minderheit der Grünen und eine Mehrheit der PDS. Auch Überflieger wie Gregor Gysi können dieses strukturelle Dilemma einer rot-rot-grünen Koalition nicht wegpusten.

Berlin ist in einer Lage, die man mit einem vollen deutschen Wort, von Luther geadelt, beschreiben kann: beschissen. Die Stadt, ohne eigene Schuld, deindustrialisiert, die Eliten wirtschaftsfremd und provinziell, die sozialen Gegensätze scharf, die Anforderungen gewaltig, das Budget aber katastrophal unterfinanziert. An sich ist das die Stunde für ganz große Koalitionen. In Berlin aber ist die Zusammenarbeit der beiden großen Parteien CDU und SPD nach einem Jahrzehnt an ihr Ende gekommen. Die Protagonisten können einander nicht mehr riechen – und ein Henning Scherf, der in Bremen eine Große Koalition brillant führt, ist nicht in Sicht. Die FDP ist nur noch ein Schatten ihrer selbst, Grün und Schwarz sind wie Feuer und Wasser, also bleibt nur noch Rot-Rot-Grün. Das wäre aber eben eine strukturkonservative Option. Das Ganze ein Labyrinth, ein Irrgarten, eine Geisterbahn.

Gysi, natürlich, weiß das alles. Der kleine, wendige, witzige und im tiefsten Inneren melancholische Herr kennt sie alle: die grauschuhigen Stasi-Pensionisten in seinen Hellersdorfer Sprechstunden, die schwarz behemdeten FU-Professoren aus den Frühschoppen am Schlachtensee, die Pin-Stripe-Guys der American Chamber of Commerce aus dem alten »Hotel Berlin« und die von Gräfinnen eingewiesene Schickeria von Berlin-Mitte. Ach ja, die einen wollen den Palast der Republik erhalten, die anderen ein versunkenes Schloss wieder errichten, die Dritten das Otto-Suhr-Institut konsolidieren und wieder andere wollen die Love Parade vertreiben oder retten. Wie soll das alles zusammengehen? Wer solch eine Aufgabe übernimmt, muss verrückt sein. Ein Jongleur eben, ein Grenzgänger, einer, der hinter vielen Fronten abgesetzt würde. Gregor Gysi schwankt. Man kann es verstehen.

Aus der Union droht man jetzt mit Wolfgang Schäuble. Der wäre eine Gefahr für die Berliner Linke. Alles offen in Berlin. Gregor Gysi ist ein Joker. Aber nicht der einzige.

(2001)

ANHANG

QUELLENHINWEISE

■ **Essays**

Deutschland

Am Widerstand scheiden sich die Geister
Die Zeit, 24.06.1983

Deutsche Gefahren
Der Spiegel, 25.04.1994

Endzeit für Flakhelfer
Der Spiegel, 26.12.1994

Die Krankheit Nationalismus
Die Zeit, 17.03.1995

Dein Abgeordneter, der arme Schlucker
Die Zeit, 18.07.2002

Europa

Neue Freiheit – alter Hader
Die Zeit, 24.08.1990

Neue deutsche Ideologie
Der Spiegel, 30.09.1991

Die Sieger in der Zwickmühle
Die Zeit, 17.04.1992

Wer kämpfen will, soll vortreten
Die Zeit, 15.01.1993

Das Projekt Telekratie
Die Woche, 21.07.1994

Soziale Demokratie

Partei oder Kreuzzug?
Der Spiegel, 07.12.1981

Pendelschwung
Der Spiegel, 19.11.1990

Auf dem nationalistischen Blocksberg ist heute Walpurgisnacht
Die Zeit, 20.11.1992

Die soziale Selbstgerechtigkeit
Die Zeit, 08.05.2003

Bildung

Die Hochschulen nicht abschreiben
Die Zeit, 20.01.1978

Die Linke und die Elite
Der Spiegel, 13.10.1980

Keine Fragen mehr?
Die Zeit, 15.04.1988

Verjuxt nicht unser Kapital
Die Zeit, 21.06.1996

Raus aus der Zwangsjacke!
Die Zeit, 04.04.2002

Kommunikation

Die deutsche Lesart
taz, 22.08.1992

Änderung des Schaltplans
Die Zeit, 10.11.1995

Zwischen Kulturkritik und Technikwahn
Die Zeit, 16.11.2000

▮ Porträts

Rudolf Augstein
Die Woche, 28.10.1993

Rita Süssmuth
Die Woche, 11.11.1993

Brigitte Seebacher-Brandt
Die Woche, 27.01.1994

Manfred Wörner
Die Woche, 03.03.1994

Heinrich von Pierer
Die Woche, 17.03.1994

Wolfgang Schäuble
Die Woche, 19.05.1994

Roman Herzog
Die Woche, 26.05.1994

Hilmar Kopper
Die Woche, 11.08.1994

Tyll Necker
Die Woche, 04.11.1994

Jürgen Schrempp
Die Woche, 13.01.1995

Hans Tietmeyer
Die Woche, 01.09.1995

Dieter Hundt
Die Woche, 07.07.2000

Gregor Gysi
Die Woche, 15.06.2001

PERSONENREGISTER